パリの住人の日記　Ⅲ

パリの住人の日記 Ⅲ

堀越孝一【訳・校注】

八坂書房

カバー装に使ったパリ絵図について

パリ市役所の広間の壁に掛かっていたタピスリー（綴れ織り壁掛け）の図案をもとにして16世紀なかばに製作された地図がある。これはいくつもの系統の複製があって、現在バーゼル大学図書館に保存されている「トゥルシェとオヨーのパリ絵図」が一番よく知られている（第Ⅰ巻巻末の「付録」参照）。他方、16世紀に製作された精巧な銅版画のがあって、一部だけパリのサンヴィクトール修道院の図書室に保存されていたのだが、18世紀なかば、1756年に、版画家ギュイオーム・ドゥーランによってその複製が製作された。19世紀以降製作されたサンヴィクトール修道院伝来の銅版画パリ絵図の複製は、すべてこのドゥーラン版によっている。十六世紀の原図は、フランス革命の混乱のなかをなんとかしのいで生きのびて、現在パリの国立図書館版画類資料室に保存されている。なお、このカバー装の出典は、訳注者個人蔵のドゥーラン版複製である。

Journal d'un Bourgeois de Paris

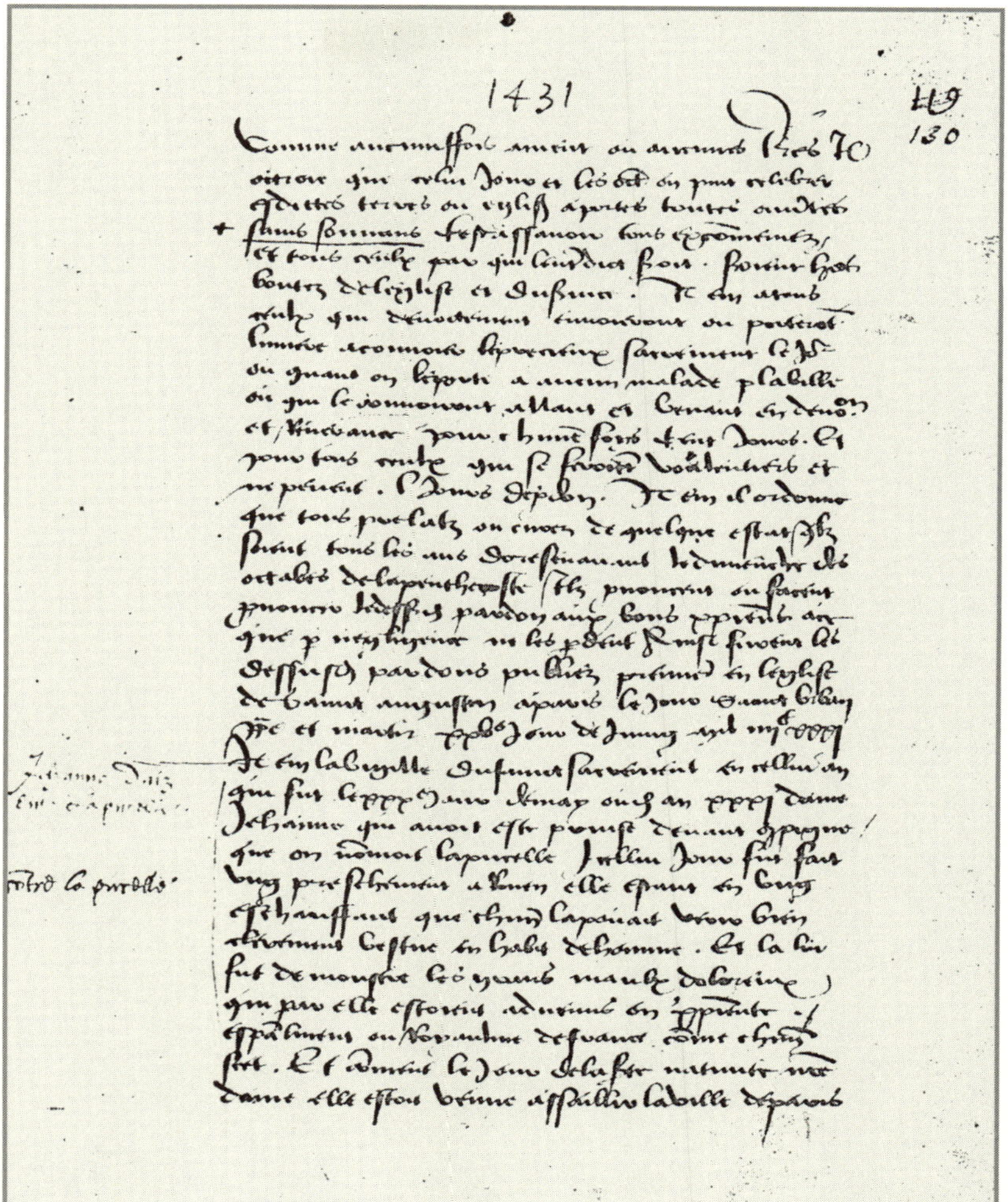
1431
119
130

ヴァチカン写本の一葉
（第130葉表：568～572番の記事を伝える）

パリの住人の日記 Ⅲ 目次

略史 9

1430 …… 13
1431 …… 49
1432 …… 109
1433 …… 139
1434 …… 157

文献案内 163
付録 165
中世人の日記を読む 167
日々の光景――月暦日記抄 176
「スウェーデン女王蔵書一九二三番写本」の筆者について 193
『パリの住人の日記』と堀越先生――あとがきに代えて（関哲行） 227
総索引 *1*

○一四〇五年から一四四九年にわたる「日記」の記事のうち、本巻には、一四三〇年から一四三四年の途中までの記事の訳と注釈を収めた。底本その他については第Ⅰ巻の「はじめに」を参照のこと。
○註文中の①は本シリーズの第Ⅰ巻、⑪は同じく第Ⅱ巻を指す。
○「〇〇番の記事をご参照」のように参照指示に添えられた記事番号はすべて、テュテイの校注本の区分けに従ったものである（第Ⅰ巻「はじめに」を参照。各記事冒頭下端の丸括弧内に記した数字がそれにあたる）。
○註文中、訳者の他著については（『パンとぶどう酒の中世』を「パンとぶどう酒」のように）、適宜略記している場合がある。
○地図については、第Ⅰ巻巻末に「トゥルシェとオヨーのパリ絵図」ならびに「関連略地図」を掲げたので、そちらを参看されたい。

略史——一四三〇年から一四三四年まで（『ジャンヌ・ダルクの百年戦争』から、断簡風に）

ブルグーン侯とシャルル七世の休戦協定は三月のなかばまで効力を保った。その後のことについては、四月上旬、オーセールで協議することになっていた。だが、オーセールの会議は開かれず、四月にはいった時点では、休戦期間が切れた状態になっていたのである。両者のかけひきが、春の到来とともに一段とエスカレートし、熱を帯びる。コンピーン（コンピエーニュ）の攻防とジャーン・ダールの失脚というエピソードは、この混迷の状況下に現象したのであった。

どちらが挑発的であったかは、なかなかに見分けがたい。しかし、ブルグーン侯フィリップは、一四二九年の冬から三〇年一月にかけて、ポルトガル王女イザベルを二番目の妻にもらい受けることにかまけていて、じっさいフランスの内政に首をつっ込む余裕がなかったと、これはブージュ（ブールジュ）駐在のヴェネチア人パンクラチオ・ジュスチニアーニも証言しているところである。さらにはフランドルの一地方が、パリの国王裁判所の介入によって騒乱を起こすという事件も持ちあがった。くわえて、数年前からのレジュ（リエージュ）との抗争が、三〇年にはいったころには、重大な様相を帯びてきた。このレジュ問題には、どうやらシャルル七世の、ということは北フランスにおいてシャルル七世を代理するランス大司教ルニョー・ド・シャルトルの手のものが動いていたらしい。ブルグーン侯を後方から牽制しようという作戦である。こういった動きに、［……］ブルグーン侯領のいわば出島であるラ・シャリテへの軍事攻勢、あるいはドイツ諸侯、諸都市に対する外交攻勢などを考え合わせると、どうやら積極的に攻勢に出ていたのはブージュ（ブールジュ）の政権の方ではなかったかとの判断が成立する。

パリ政府の方もまた、積極的にフィリップに働きかけていた。ホラントの代官ヒュー・ド・ランノワをはじめ、ブルグーン政府部内の反ヴァレ（ヴァロワ）王権派、ひいては親イギリス王家の立場に立つ顧問官たちが、ロンドンとパリの政権の呼びかけに応ずる姿勢を見せていた。じっさい、このヒュー＝ド＝ランノワを含むブルグーン使節団が、十二月、ロンドンに滞在し、作戦計画を協議している。フランス全域に関する遠大な作戦計画書が作製された。その一環として、パリ周辺の敵勢掃討計画が組まれ、コンピーン奪取が作成の要とされた。ブルグーン侯は、けっきょくこの作戦計画を承認し、三〇年二月以降、ひさしぶりに「フランスの戦争」に介入する肚《はら》を決めたのである。だが、実のところ、これはフィリップの本意ではなかった。先まわりして、ことの成りゆきを見るに、この夏一杯かけたコンピーン攻囲はけっきょく失敗し、その間に、本領ブルグーンと北の領国の一部ピカルディーがシャルル七世の手のものによって散々に荒らされ、フィリップはほとんど総退却という形でコンピーン前面から兵を引き揚げ、ピカルディーにはいって失地の回復に苦労しなければならないという破目におちいったのである。フィリップは、十一月四日付アラス発、イギリス王ヘンリー六世あて書簡に、強い口調でロンドン政府を非難している。もともと、とフィリップは開き直っている、あなたがたの強い要請に負けて「あなたがたのフランスでの戦争」に左袒《さたん》しただけのことだ。さらに、翌三一年春、ロンドンにおもむいたフィリップの特使は、この作戦に要した費用のうち、当然ロンドンの支払うべき分は支払っていただく、お支払いのないばあいには、と、このところに大いに注目すべきなのだが、ブルグーン侯はフランス王との単独の講和も辞さないであろうと脅しをかけているのである。

　フィリップがコンピーン攻囲に踏み切ったのは、イール・ド・フランスの東、ブリとシャンパーン（シャンパーニュ）への関心からであった。ベドフォード侯は、二月中旬、この両地方に対するブルグーン侯の統制権を認めている。フランドルとブルグーンをつなぐ中間地帯であるシャンパーンに勢力を伸ばしておけば、いずれシャルル七世と和解する機会に、それがものをいうことになるであろう。フランス全域に関してイギリスと全面的共同作戦に踏み切る気など、さらさらになかった。同盟者ベドフォード侯のメンツをたてることにもなる。フィリップの肚《はら》はそのていどのことだったのである。まず自領を固め、折を見てシャルル七世と和解する。これがフィリップの本音であった。これは、ヒュー・ド・ランノワをはじめ、ネーデルラントの領主貴族や都市の意向とは、大きく喰いちがっていた。かれらは、ブルグーン侯がフランス王権と縁を切り、自立することを望んでいた。フィリップにはその気がなかった。ブルグーン侯権の弱みがそこにあった。シャルル七世の顧問官たちはそこにつけ込んだ。かれらは、すでに三五年のアラスの平和を予測して行動していたのである。

1430

（五二五）

一

敵に向かっていく為政者がパリにいなくて、だから物がパリに来なくなった。なにしろ、運ばれて来る途中、二回も三回も税金をかけられるのだ。だから、なんとかかんとか運ばれてはきても、売り物にならなかった。なにしろ高くて、貧乏人の手にはいらなかった。そこで大変な苦悩が到来して、なにしろまずしい世帯主たちは、妻子がいるのもいないのも、大勢、群れをなしてパリを出ていった、この辛い暮らしの憂さを晴らそうと森に隠れようとするか、すこしでもかねを稼いでこようとするかのように。[1]そんなふうで、この貧乏どん底の暮らしに絶望して、同じ境遇の者同士、仲間を作り、敵に見習って、クレスティェン[2]がそこまでやっていいのかというほどまでの、ありとあらゆる悪事を働きはじめたので、やむを得ない、みんな集まって軍勢を催して、連中を捕らえた。なにしろ一度の襲撃で九十七人を捕らえ、数日後に、その内の十二人をパリのジベで吊った。[3]一月二日のことで、十日後には十一人をパリのレアルに引き出して、その内十人の首を斬った。[4]十一人目は、年の頃二十四歳のカッコよい若者だった。それが衣服をはがされ、いましも眼帯をあてられようとしたときだった、レアル生まれの若い娘が猛烈な勢いでかれを請求し、かの女の請求はなかなかにボンであるということで、若者はカストレにもどされた。[5]後日ふたりは結婚した。

（1）comme par maniere daler esbatre ou gaigner と書いていて、エスバッルしに行くか、ガーエするかのふりをとして、という文章だが、トブラー‐ロンマッチの esbatre の項に、一番最後に、付け足したかのように、sich erholen von の解が見える。「もとの状態に立ち戻る」とか、「病気から回復する」という意味あいで、そこに「エネアス」から用例をひとつ引いている。ira chacier en forest por esbatre de sa dolor というのだが、これはむりやり訳せば「悩みを忘れようと森に隠れた」というところか。

（2）chrestien と書いていて、「キリスト教徒」を意味する。Ⓘでは「クレティェン」と書いている。

（3）現在のパリのサンマルタン運河の東岸に位置したパリの刑場をいう。絞首台が集合的に組まれていた。Ⓘの一〇番の記事の注5をご覧ください。

（4）「レアルに」はここでは es halles と書かれていて、これは en les halles の約（約したもののいいよう）をいう。フランス語の慣行に連音というのがある。前の語の語末の子音ないし母音が、次の語の語頭の母音に音がつながるという。もうひとつ、ここでやっかいなのは、語頭の h は読まないという規則が十九世紀後半に作られた。以後、フランス語の教育はこれに従っている。ラルース社から出ている『古フランス語辞典』のジュリアン・グレマが「hors は fors を書き換えた語形で、気音の h をかぶっていて、このことを説明するのは困難だ」といくらぼやいても、まさにぼやきにしか聞き取られず、この場合の聞くは聴くの方だろうと思うのだが、そのぼやきもなかなかに聴きとってはくれない。ましてや聞きとってくれるなんてこうぼやいている本人もべつに期待しているわけではない。

（5）パリには現在カルチエが二〇あるが、権兵衛の時代には一六のカルテがあった。権兵衛がたぶん生まれたばかりの頃、王座にシャルル五世がついていたころのパリの話である。Ⓘの二〇五番の記事の注2をご覧ください。その区分けでいう「カルテ」のひとつに「レアル」があった。「レアル生まれの若い娘」はそれをいっている。「カストレ」はⒾとⅡではしきりに「シャトレ」といっていたそれである。もともと chastellet という、音のかたちにムリがあった。cha が「シャ」の音を作るなんて、じつはだれもまじめに考えてはいない。ただ、シャルルという音の形を「カール」と書き換えるなんて、そんな、と、みなさん二の足を踏んでいるということで、もう、いいのではないのですか。そうがんばることもないでしょう。わたしのパソコンみたいだ。

二

（五二六）

この頃、パックは四月十七日だった。ものが高く、とてもさむかった。薪は嵩で量ってモルあたり九スーペリジした。コストレものや木炭も高い。もっと高いというべきか。(1) 生活必需品全部が高かった。ただりんごは安値で、それが唯一、貧乏人にとって救いだった。油が不足していたので、小斎の日だというのに、レアルでは、バターを食べた。(2)

（1）「モルあたり」というのは、鉄のたがで編んだ四角い籠に、まだ割り挽いていない原木状の薪をつめて計量する。ほぼ一立方メートル。Ⓘの一七三・一七四番の記事の注2をご参照。「コストレもの」というのは、「コストレ」は「レ森のそばの」という意味で、現在パリ北方のオートンヌ渓谷にヴィレー・コトレという町がある。その「コトレ」が時代の発音で「コストレ」で、そのあたりで採取された銘柄物の薪をいったらしいが、それははじめはということで、やがてそういった規格の薪一般をそう呼ぶようになったのではないか。瀬戸物ではなくても「瀬戸物」というがごとし。

（2）これはたいそうややこしい。原文を示せば on mangoit dubeurre en cellui karesme es halles comme en charnaige「人はバターを食べた、このカレスムに、レアルで、カーナージにのように」es halles は en les halles の約で、どうしてまたレアルというふうに場所を特定するのか。「このカレスムに」バターを食べるという不遜を、どうしてまた「レアルで」というふうに特定するのか。分からない。「カレスム」と「カーナージ」の対比もまたおもしろい。「カレスム」は近代語で「カレーム」、ふつうには「四旬節」の訳語をあてる。そうすると「この四旬節には人はバターを食べた」ということで、なにか、カレームの四〇日間、せっせとバターを食べている光景が思い起こされておもしろい。そのイメージ連鎖を「カーナージにのように」が遮断する。「カーナージにバターを食べるように」ということで、「カーナージ」は「肉」であり、「肉の日」である。肉とバターが相通じる。「肉やバターを食べる日のように、カレスムにもバターを食べた」ということで、だから「カレスム」は「四旬節」ではなくて、そのいわば基礎概念である「肉絶ち」をいっている。教会用語で「小斎」である。そこでご覧のような訳文になったのだが、そこでは、だから、「カーナージにのように」は消えている。「小斎の日だというのに」で言い尽くされている。「小斎」は現代の日本のローマ・カトリック教会の用語で鳥獣の肉を食さない節制をいう。

三　（五二七）

また、三月二十一日、レザルミノーが人や家畜を取ろうとやってきて、この日、たくさん悪事をはたらいた。そこでパリではサヴーズの領主[1]にそのことを知らせたところ、かれは早速に武具を着込み、部下を引き連れて、パリの衆も大勢一緒に出掛けていった。コリネ・ド・ヌーヴィルというクァルトゥネで助力金収納役やサンポールの私生児、サヴーズの私生児も一緒だったが、それが全員捕虜になってしまった。野に出るやいなや、バラバラになってしまって、一時間もしないうちに捕まってしまったのだ。レザルミノーは、なにしろそれで大儲けした。

(1)アミアンの西八キロ、ソンム川左岸の丘陵が川に向かって下る地点にサヴーズという名の村がある。そこにサヴーズ領という領主領があった。領主の家筋は十一世紀にまでさかのぼるというが、十四世紀中頃に生まれ一四〇五年に死んだというジャン・モルレ・ド・サヴーズというのがおもしろい。モルレは添え名で「あお」を意味する。黒毛の馬である。トブラー‐ロンマッチは morelet の項に、十二世紀末か十三世紀初め頃の詩人だったのではないかと推測されているトルヴェール（北フランスのトルバドゥール）のリチャード・ド・セミッリの大きな詩作から、その二八巻の二三七行と二五行という、ヘンな出典案内で「ジャクリーンは甲冑をよろおって、小柄のあおにまたがって」と用例を引いている。

（2）「私生児」というのは bastart の訳語で、このばあいは「サンポール伯の庶出の息子」と「サヴーズ領主の庶出の息子」ということになる。「私生児」と汚い言葉だとお思いだろうか。だから「庶出の息子」でもよいのだが、どうもそれではしらじらしい。ここはひとつ民間用語ということでお認めいただこうか。やがて「オルレアンの私生児」というのも日記に登場する。オルレアン家の家長シャルルはアジンクーでイギリス軍の捕虜でロンドン塔で優雅に暮らしている。留守を預かったのがその庶出の弟のジャン、ドゥック・ド・ドゥヌェ、バスタール・ドルレアンだった。ちなみにテュテイの注によると、「サンポールの私生児」はジャン・ド・ルクセンブール、セヌール・ド・モンモランシーということで、モンモランシー領主というちゃんとした領主身分のものだということのようです。主君フィリップ・ル・ボンの一四三〇年の婚姻の賀宴に招待されたメンバーのひとりだとかなんとか、いろいろいつのる。それが「サヴーズの私生児」については、何も書いていない。知らないこと、分からなかったことは書かない。テュテイの態度ははっきりしています。

四

（五二八）

レザルミノーは、ことごとく自分たちに有利に物事が決まっていくのを見て、すっかり大胆になり、続く金曜日、三月二十三日の真夜中、たくさんの梯子を用意してサンドニにやってきて、壁に梯子をかけて市中に入り、たまたま見張りに立っていた男たちを無情に殺した。それから町中に進んでいって、出会う者たちをだれかれかまわずに殺した。その夜、一夜、町を荒らし、町の守備隊のピカルディー兵を大勢殺し、守備隊の馬を、ほとんど一頭も残さず何頭も曳いていった。これでもか、これでもかと（掠奪品を、馬の背に）積みあげてから、[1] かれらは町を後にし、掠奪品をくりかえしながら、先を行った。掠奪品はなにしろ大量だった。

（1）ここのところ本文は「かれらは十分積み上げられた時」と、単純なものである。quant ilz furent bien troussez と書いていて、trousser はトブラー - ロンマッチは torser で項を立てて、異体字に trosser を示し、第一義に aufpacken と解を示している。独和辞典を見ると「荷物を車に積む」「背負わせる」などと訳している。

五　（五二九）

このころ、パールマンやシャトレのパリの要人何人かと商人や職人が結託して、どんなおそるべき結果を招くか、そんなこと知ったことかと、レザルミノーをパリに引き入れようとした。そうして、いざレザルミノーが入ってきたときに、自分たちが仲間だと分かるように、なにか印を用意した。その印を身につけていない者は殺されてしかるべきだった。

ここにペール・ダレーという名のカルム僧がいて、一方の側から他方の側へ手紙をもっていったり、もってきたりしていたが、神はこのような殺戮がラ・ボーン・シテのパリで起きたりすることをよみせず、このカルム僧は捕らえられ、いたく拷問にかけられたので、ついに洗いざらいぶちまけた。たしかなところ、受難の週、枝の主日と前の日曜日の間に、百五十人以上を捕まえて、枝の主日の宵宮に、レアルで六人の首を刎《は》ねた。溺れ死にさせられたのもいた。

拷問が過ぎて逝ったのも何人かいた。何人かは金で赦免をあがなった。逃亡して行方をくらましたのも何人もいた。事志に違うと知ったレザルミノーは、やけになって、女だろうが子どもだろうが区別せずに人を攫《さら》い、人の意見に聞く耳もたず、パリの諸門に出没する。だが、来る日も来る日も、パリの人たちはブルグーン侯がいつ帰ってくるか、待っていた。侯は行って帰らず、一月、二月、三月、そうして四月が過ぎた。（1）

（1）カルム僧はカルメル会修道士。カルメル会は十三世紀のはじめに、パレスティナのカルメル山にちなんで命名された修道会で、①の三一・三二・三三番の注1に「レンヌの方のカルメル会の修道士団」のうわさ話を披露している。「ラ・ボーン・シテ」の物言いについては、どうぞ索引項目に「ボン」の項を拾ってご覧いただきたい。いわくなんともいいがたし、です。「受難の週、枝の主日と前の日曜日のあいだに」だが、なにしろル・ディマンシュ・ドゥヴァンと言い回していて、なんのことか、一瞬うたがうが、まあ、その通り読んでよいようで、枝の主日は復活祭直前の日曜日、その前の日曜日といっているようで、それが頭に「受難の週」と置いている。そこが混乱のもとで、復活祭の日曜日、枝の主日、その前の日曜日と、時間の流れを一週間単位にさかのぼって権兵衛は物を言っているわけで、そうと全体の景色を眺めておけば、この構文、それほど難解ではない。「何人かは金で赦免をあがなった」のの一人にジャン・ド・カレーがいて、この人物の名は「ヴィヨン遺言詩集」の「遺言の歌」の一七三節と一七四節に懇切に紹介されている。何を隠しましょう、この人物こそは、「ヴィヨン遺言詩集」の詩人ギヨーム・ヴィオンの若き日の文学同人だったのです。文学といえば、「だが、来る日も来る日も」以下の文章はなんとも文学調で、もしや権兵衛はギヨーム・ヴィオンではあるまいかと、古くからの疑惑に焼けぼっくいの火をつける。

六

四月二十一日、三百かそこらのイギリス兵がラシャッスと呼ばれる城をとろうと出かけていったが、途中、欲が出て、シェル・サント・ボードゥールに方向転換し、街を荒らし、修道院を襲ったのち、教会や村の農民たちから奪った財物をしこたま抱えこんで、城の前面に現れたところで、かれらは手痛いしっぺ返しにあった。というのは、かれらが修道院を略奪する間に、レザルミノーはさらに兵力を増して、城とかれらレザルミノーとの間にイギリス方を囲い込んだのである。イギリス方がその気配をうかがう暇もあらばこそ、城方はイギリス方をさんざん矢を射かけてやっつけ、レザルミノーが背後からイギリス方に襲いかかったものだから、ほんのわずかの間にイギリス方は全員殺されるか、あるいは捕らえられるかした。レザルミノーは大変な金持ちになった。馬が全頭手に入ったし、イギリス方がシェルで略奪したものを全部いただいた。捕まえた連中の身代金も稼いだし、死んだ者たちの着ていたものも一稼ぎだった。(1)

(1)「ラシャッス」はパリの北のモンモランシー森にあった古城。現在もその遺構は残っている。「シャッス」は仏和辞典を引くと「狩猟」の意味がまず出て、次に短く、どういうわけか chasse の綴りの a の上に山型アクセント記号を載っけて、「聖遺物匣」と説明している。アクセント記号は十九世紀の工夫であって、語型と語彙の関係を歴史的に考えるばあい、この工夫はなんの意味もない。ロマンス語以来、chasse は箱を意味する。聖遺物のと限定されれば聖遺物匣である。それだけで聖遺物匣を意味するわけではない。この点でもグレマは鋭い感性を見せていて、トブラー - ロンマッチは chasse にいきなり聖遺物匣の意味を与えているが、グレマはまずコッフル（箱）、二番目に宝箱と、いきなり聖遺物匣派に対して批判的にのぞんでいる。狩猟はchaceである。a chaceと副詞的に使って「馬を飛ばして」の意味を作るが、ある騎士道物語は、これを、なんとa kaceと書いている。chaceがカスと発音されている。ceだって、近代語がしきりにそう読みたがっているように、スと読んだかどうか、保証のかぎりではない。わたしのいうのはモンモランシーの森の古城ラ・シャッスが、だれもが想像するように、森の狩猟に由来したとはだれもいえない。

そこを狙った軍勢が、途中方向転換して向かった先がシェル・サント・ボードゥールだというような文章を、そのまま、そう読めといわれても、そんな。わたしはミシュランの一〇万分の一、だから一センチが一キロの地図帖を見ているが、パリの東端のヴァンセンヌの森の南縁をなめるようにマルヌ川がさかのぼっていって、マルヌ河畔のヌイイを過ぎてシェルの町を北岸に作る。そのシェルが問題のシェル・サント・ボードゥールの現在です。

ラシャッスはパリの北、シェルはパリの東。両者を直線で結んで二八キロはある。いったんサンドニ門をパリに帰って、翌日サンタントワーヌ門から出直した方がよいようです。

シェルの町の名が初めて言及されたのは六世紀のトゥールのグレゴリウスの『フランク史十巻』（杉本正俊氏のとてもよい翻訳が二〇〇七年に新評論から出版されている）の第五巻で「カラ・キヴィターティス・パリシアカーエ・ヴィレ」と書かれている。杉本氏は「パリシアカ（パリ）の町のカラ（シェル）」と訳しておられるが、このパリシアクスはおそらくパロキアーリス（パレキアーリスとも）の訛りあるいは誤記で、司教管区を意味する。トゥールのグレゴリウスはキリスト教会の制度と歴史を念頭において叙述している。ここでは、だから、「パリ司教管区に属するカラの町」である。以後、時代を追ってkalense, kala, chale, chela, chielleなどと書かれてきたが、十六世紀に入ってchelles sainte bautour、十七世紀にchelles sainte bathilde、十八世紀にechelle sainte baudourの呼び名を与えられ、フランス革命以後は現在の名前が定まったとウィキペディア辞典などはのんびり構えているが、一八八一年の出版物である『日記』の刊本では、chele saincte baudourと書いていると校訂者テュテイはいう。それがみたところcheleのleの上に薄く省略記号が載っているともみえ、なんともおもしろい。sainte baudour, sainte bathildeなどはメロヴィング朝フランク王国の王妃クロティルドとか、バティルドとかの名前に由来する聖女崇拝にからんだ存在で、もともとローマ法王庁の管理する聖人聖女一覧表に載っている名前ではない。

七

（五三一）

今月四月の二十五日、聖マルコの日の翌日、レザルミノーが出張ってきて、攻め取ったか裏切りがあってのことか、それは分からないが、サンモー・デ・フォッセ修道院を占領した。なにしろレザルミノーはいたるところに進出してきていて、サースブリ伯がオルレアン前面で殺されて以来このかた、イギリス勢が大変な損害を受け、不面目にも退去せざるを得なくならなかった拠点などほかのどこにもないという有様だった。(1)

（1）サンモー・デ・フォッセについては①の四一―四七番の注1をご参照。サースブリ伯の事故死についてはⅡの四九三番の記事をご参照。

八

（五三二）

この年、枝の主日に白ばらがたくさん咲いた。枝の主日は一四二九年四月八日だった。季節に早すぎて、時ならぬもいいところだった。[1]

(1) コレット・ボーンは一四三〇年と書き換えている。それはたしかに新暦ではそうだけれど、枝の主日は復活祭の前の日曜日である。旧暦では一四二九年です。「季節に早すぎて、時ならぬもいいところだった」タン・エステ・ランネ・ハスティヴは「ローマ写本」にはないとテュテイは断言している。かれが「ローマ写本」というのは日記の唯一の写本である「ヴァチカン写本」のことだ。それが、ちゃんと書いてあります。余所にもこのケースはあって、テュテイがヴァチカン写本をちゃんと見たのかどうか、疑わせる根拠に、これはなる。なお、ハスティヴは hastive と書いていて、十九世紀に固められたフランス語の文法と発音の常識からすればアティヴです。日記を読むのなら、日記の時代の発音でいきましょう。この常識に従えば、henry はアンリです。アンリとはだれのことかとヘンリいい。

(五三三)

九

上述の月の二十六日、一四三〇年、パリのお歴々は、民衆に、夏のサンジャンのような、大きな焚き火をたかせた。それというのも、レザルミノーが行くところ行くところで勝ちを占めるというので民衆が動揺していたからで、そうして民衆に言い聞かせるには、フランスとイングランドの王の若いヘンリ王が、多数の軍兵《ぐんぴょう》を率いてブールーンに到着した。レザルミノーと戦うためである、と。そのことは、しかし、なかった。ブルグーン侯についての知らせも、なにもなかった。もう、勝ち目はないと、全員、覚悟をきめた。いますぐにでも助けが来るようなことをお歴々はいっているが、救援の軍を起こすような動きを見せる領主なんて、いないではないか。休戦協定を結ぶでもない。多くの家長が、家族を連れて、町を出た。パリはさらに疲弊した。

(1)多数の軍兵はスードゥエー souldoiers と書いていて、これはドイツ語でゾルト sold というと給料をいう。ゼルトゥナー soeldner というと傭兵の訳語が紹介される。それをいうが、この時代にイギリス王が率いる軍勢が傭兵隊だというのはおかしい。イギリス王家の軍隊は王家から給料を支払われる兵士団だ。だから、まあ、訳語としては多数の軍兵でよい。なお、この語はラテン語のソリドゥスから出たという説がある。古代ローマの貨幣単位のひとつだが、ラテン語といえば塩の意味のサル sal との関連はないのであろうか。若いヘンリ王といったって、ヘンリはまだ九歳ですよ。ル・ジューン・ルェ・ヘンリなんて書かれて、なんとも訳しにくい。ヘンリの読みについては前項の注をご覧ください。

一〇

（五三四）

五月七日[1]、サンタンテーン門に何人かの囚人がいた。その内の一人は身代金を払って釈放され、城門の者たちと一緒に遊びにでかけた。ある日、牢番の者が、夏の日に、食事の後によくあるように、腰掛けに座って、うたた寝をした。囚人は、うたた寝をしている牢番から鍵を盗み取り、牢を破った。鍵を奪った者をふくめて三人が脱獄し、まだ寝ている牢番のところに立ち戻って、ここに一人、あそこに一人と、その仲間がいるのに襲いかかり、死ぬほどなぐりつけ、城方の者たちが、さわぎに気がついて、駆けつけてくるまでに、二人か三人は殴り殺した。

城方の者たちは、囚人が何をしでかしたか、わけを知って、[2]大急ぎで仲間を助けようとやってきた。たまたま城内にいたパリの守備隊長のリラダンの領主も、みんなが集まっているところに、急いでやってきた。そうして全員をけしかけ、自分も斧をつかんで、みつけたのをさいわいと、ひとり、打ち殺した。ほかの者は逃げることができず、全員捕まった。[3]そうして白状するには、城内の人たちを皆殺しにして、城をレザルミノーにひきわたそう、そうすれば裏切りかなんかで[4]パリは自分たちのものになるだろうと考えていた。この告白を全員聞いた後、隊長は全員を殺させ、屍体は地面の上を引きずられて、川まで運ばれた。[5]

（1）item lasepmaine と書き始めている。コレット・ボーンは近代語調に編集し直した本文を Item, le nombre de la semaine（　）de mai と書き起こしている。大分混乱している。（　）はそこに第何週かなんかの数字が入るということなのだろう。五月の第何週とかなんとか、そんなふうに書いたつもりがまちがったのだと決めつけている。テュテイは写本の文字面そのままに起こして、知らん顔をしている。それが、sepmaine なんて、語にならない。これは septaine の誤記だと思う。日記の筆者本人が書きまちがったか、ヴァティカン写本の筆生のミスか。それはわからない。五月七日、と、しっかり日付を記している。

（2）「囚人が何をしでかしたか、わけを知って」はコマン・レディ・プリゾンネー・ウーヴレ coment lesdiz prisonniers ouvre と書いていて、ouvre は一見したところ ouvrir の過去分詞と見える。ところがこれだけでは補語がない。何をあけたのか。牢破りをしたということなのだが、近代語では ouvrir の過去分詞は ouvert である。この点、どうかと思って、トブラー‐ロンマッチを見たら、過去分詞は ouvert と出ている。中世語でも ouvrir の過去分詞は ouvert だった。では ouvre は何か。ouvrer という動詞があって、ラテン語の operare のなまりだが、ものを作るという意味で、これの過去分詞が ouvre である。何かをしでかすという俗語的訳語をこれにあてた。

（3）「全員捕まった」といったって、脱獄したのはたしか三人のはずで、それをトレストゥー（全員）と力を入れているのはこっけいだ。そんなことをいっているうちに気がついた。テュテイはこれをtretousと起こしている。そんなはずはないとヴァチカン写本を見直したら、なんとそう書いている！　そんな！　そんなはずはない！　trestotをtretousと書くなんて！　あらためてトブラー－ロンマッチの項目terstotを見てみたら、五三個見える用例は全部、それこそトレストゥー、まず前半分はtres-、これは安定している。それが後半が定まらない。-totは半分くらいか。ほかに-tut, -tuitがあり、-toutもあり、なんと-tousもある！　だからtrestousが用例に出るのだから、それでいいではないかといわれても、そうはいかない。tretousは、いぜん用例に出ない。トブラー－ロンマッチは十四世紀以前の文献から用例を拾っている。それが十五世紀の日記にはtretousと出る。ここで問題なのは、綴りが一字消えたというだけのことではない。音が消えたのである。tretousはトレストゥーとは読まない。トレトゥーである。

（4）「裏切りかなんかで」はpar traison ou au (tr) mentと書いている。書いているように見える。じつはparとtaisonのあいだに一字、読めない字が入っていて、それが横線で消されているように見える。それは、まあ、消してしまえばよいのだが、traisonも結構やっかいで、テュテイはtaisonのiの上にダブル・ポイントを置いている。トレマと呼ばれる文法上の助詞で、i, e, uの上にふたつ点を置く作法で、ドイツ語のウムラウトと同じです。それが二十世紀の「ロベール」を引くと、ちゃんと項を建てて解説していて、これは直前に母音が来たときの作法で、母音ふたつをそれぞれわけて発音するときめで、十六世紀中にきまったのだという。だから、十五世紀以前の用例にこの記号を適用するのはおかしいと思うのだが、テュテイをはじめ、大方はこの記号を採用している。古典的な事例ではジョゼフ・ペディエ編の『ロランの歌』の一七八行目をguenes y vint ki la traisun fistと起こしている（iの上に点がふたつ載っている。わたしのパソコンも、それは記号でこの字をさがして打ち込めば、それは書けるけれど、それをやると、後で本文のポイントが狂ってきたりするので、やりたくない）。グウェーン・イ・ヴィン・キ・ラ・トゥライズン・フィと読み、このシャンソンは一〇音節詩で、わたしの観察では一行一〇音節詩は四・六に分けるから、「グ・ウェーン・イ・ヴィン」「キ・ラ・トゥラ・イー・ズン・フィ」と読み分ける。じつさい、こう読み分けた方が、意味取りの上でも「グウェーンがそこに来た」「裏切りをした男だ」と文字列のままに読み分けることができる。だからテュテイもジョゼフ・ベディエもtraisonはこう読み分けるのだといいたくて、iの上にウムラウトを載せたのかなあ。それがトブラー－ロンマッチは、なんとも挙動不審で、なんとaの上にトレマを載せている。まったくこれはウムラウトで、アのウムラウトのエ、それにisonと読みなさいということで、だからtraisonはトゥレイズンと読みなさいと指導してくれていることになる。それが、じつはとんでもな話があって、グレマの「古フランス語辞典」はtraisonを項目にとっていない。それが、トブラー－ロンマッチによれば、「ロランの歌」のほかにも、traisonは、一九〇二年に出版された、おなじくジョゼフ・ベディエ編の「トマのトゥリスタンとイズー」ほか、たくさんの騎士道物語に出没している気配なのに、グレマはあっさりとこの語は無視している。この挙動はなんともおもしろく、いろいろ感想を述べたいところは山々なのですが、なにをしているんだ。ここは注の場だぞとわたしをなじるもうひとりのわたしがおりまして、引き揚げどころだとは思いますが、いたちの最後っ屁、グレマはtrairの語源がラテン語のtradireにあることを指摘して、なにかトゥレールではなくて、トゥライール、だからトゥレズンではなくてトゥレイズンの読みのまともさを保証してくれているようです。

（5）「地面を引きずられて川まで運ばれた」はtrayner en la riviereと簡単なものです。traynerをトブラー－ロンマッチにたずねたら、「地面の上を引きずる」と解が出ていて、「体刑」としてもそういうとコメントも見えた。だから「川まで引きずって行かれて、殺された」と訳そうかとも思ったのだが、いずれにしてもen la riviereというのが、じつは分からない。enに「まで」という、目的の場所をいう用例があるのか。グレマの前置詞のenの項目に「ロランの歌」からディシ・クァン・ヌーリアン（リエゾンを外せばドゥ・イシ・ク・アン・ウーリアン）「ここ西洋からあそこ東洋まで」を用例にとっている。グレマは必ずしも出典のページあるいはのべ行数などは指示しないので、トブラー－ロンマッチにorientの項目をたずねたら、出典のべ行数を教えてくれた。四〇二行。「張りを示す。ある場所への動き」とグレマは説明している。「クンクェラ・リ・レ・テッル・ディシ・クァン・ヌーリアン」「ここから東洋まで、カール王のために、ルーランは領土を征服するだろう」。これで「川まで」の読みが保証されたと見てよいのであろうか。

　前注の「トレマ」の問題にまたまた帰らせていただく。突然のようで恐縮だが、ポール・ヴァレリーが一九二三年に書いた「『ラ・ヴィ・モンペリエレーヌ』誌主幹宛」の手紙があって、昭和二十六年二月に筑摩書房から出版された「ヴァレリイ全集第XVI巻」に佐藤正彰訳で載っている。ヴァレリーがまだ若い頃、一八九〇年にモンペリエである若者と知り合いになり、すっかり親しくなった。分かれてからもらった名刺を確かめると、Pierre Louis と名乗っていて、「Y とその上の二つ点（「トレマ」とルビ）はまだありませんでした。注（2）」と訳者の佐藤正彰氏は訳して、注（2）を注記して「後には Louys と署名してゐる」と書いている。その y にトレマが載っているのです。だからこれは訳者であり注記者である佐藤正彰氏を信用すればということで、y にトレマなんて、そんなのあったのかなあ。

　先ほど紹介した『ロランの歌』と同様、十二世紀の文例にマリー・ド・フランスのものがあり、手元の歌集を、これはほんとうの話、たまたまひらいてみたら、『ル・レ・ド・マリー・ド・フランス―ランヴァル』の見開きが登場して、左側七八ページに lanval vestit les jugleurs の e にトレマが載っている。「ランヴァル・ヴェスティ・レ・ジュレウー」と読む。右側の七九ページに ceo mest avis meismes lan の meismes の i にトレマが載っている。「ソー・メ・タヴィ・メイスム・ラン」と読む。「ソー・メ・タ・ヴィ・メ・イ・スム・ラン」で八音節である。トレマはこういうふうに使う。ただし、『ロランの歌』のケースも、マリーのレ（ブルターンの詩人にならって作った一行八音節の、二行刻みで同じ脚韻を踏む短詩）のばあいも、さて、原本の写本にそう記号が載っていたのか、校訂者の知恵か、これは分からない。たぶん後者だろうとは思うけれど。わたしは原写本を見ていませんので。わたしが見て、影印本にも作り、校訂し、翻訳し、注をつけた「ヴィヨン遺言詩集」と「パリの住人の日記」についていうかぎり、原写本に記号など付いていなかった。「ヴィヨン遺言詩集」は十五世紀中に何本か、すでに活版印刷本が出ていて、そのうちのひとつ、出版人ペール・ルヴェのものの複製本をわたしは所持しているが、それをたしかめたところ、ただ一箇所、それも「ヴィヨン遺言詩集」ではなく、いくつか、「ヴィヨン遺言詩集の詩人」の作と推定される「ポエム・ヴァリエ（雑詩集）」のひとつに q にトレマとみまがわしい点二つが載っている。これは、しかし、que の省略記号らしい一文字のかすれとも見える。だから、あまり本気に相手にするのも大人げない。

　わたしの個人的体験としてトレマが出没する文献は十八世紀フランスのパリの出版物である「百科全

書」である。じつはわたしの学部の卒業論文のテーマは「十八世紀フランスの百科全書の出版について」といった。東京大学の本郷の図書館にL'Encyclopédie（百科全書）の初版が二セット所蔵されている。わたしは、これは本当の話ですよ、これ、重い本だから、きみ、かってに地下書庫で見てよと図書館員にいわれて、薄暗がりで空気のよどむ地下書庫の廊下の片隅に置かれた机の上に、大型フォリオ版のそれをひろげて、にぶい電灯の明かりで眺めたものだった。その勉強の副産物に、とんでもない大発見をしたことは、『わがヴィヨン』（一九九三―五年度に『学鐙』に二十四回連載したエッセイで、一九九五年八月に小沢書店から単行本で出版した。これは二〇一七年に悠書館から出した『放浪学生のヨーロッパ中世』にも収めている）に書いたし、ほかにもいろいろなところで書いている。百科全書の出版に関係するとてもおもしろ話なので、いずれわたしの文章に目をとめて、どういうことですかと問い合わせてくる若い人が出るのではないかと期待しているのだが、まだ現れない。閑話休題。『学鐙』は一九九三年三月から連載を始めていて、この話は二回目の記事にさっそく書いているから、『学鐙』の一九九三年四月号にこの話は書いていることになる。

　どうも注記が長々しくなって恐縮だが、その問題の「百科全書」はわたしの記憶の領分にそんなふうにかかってはいるのだが、その記憶をあらためて現物に照らしてたしかめようにも、もうそれだけの気力体力なく、そうだ、卒論を書くときに頼りにしたゴードン・トーリーの「ザ・センサリング・オブ・ディドロズ・エンサイクロペディー」という本があった。「ディドロの百科全書の校閲」という意味だが、それに二ページ分ほど現物の写真コピーが挿入されていた。その本を書架の片隅から引っ張り出してめくってみたら、なんと、すぐ見つかりました！　「サラセン人」という項目でhaissentという字ですが、これのiの上にトレマが載っています。物の本によるとトレマは動詞ではhairにだけ使われたという。もうひとつ、ゴードン・トーリーの本は、これもやはり出版人のル・ブルトンが出版したイギリスのいわゆる「チェンバーズの百科辞典」のフランス語版のプロスペクトゥス、出版案内のパンフの表紙のコピーを掲載してくれていて、それにtraduit de l'anglois d'Ephraim ChambersのEphraimのiがトレマを載っけている。だからこれは「エフライム」と読めということかと分かる。ちなみにこの人はイングランドの湖水地方に生まれ育ったイギリス人で、ウィキペディア辞典によれば「イーフレイム・チェンバーズ」と発音するという。

トレマとはギリシア語で「点々」をいうという。どうしてこれが連なっているi, e, uを、その直前の母音と切り離して発音するという記号に使われることになったのか、それがさっぱり分からない。唐突な発言のようだが、ジョン・ウィクリフはイエスをいうのにIhesusのスペルを用いたという。Iesusをi-esusと読ませるためにhをあいだにはさんだか。小林珍雄の『キリスト教用語辞典』(東京堂)は「J.H.S.」の項で「hはJe-とのばす役目をなす」と書いている。

(五三五)

一一

この年の五月十二日と十三日、三十年来見られなかったほど美しく大粒のたくさんの実をつけているのが見られたぶどう畑はすべて凍りついた。毎日毎日のことで明らかなように、この世のことにはなにひとつ確かなものはないとわれわれに対して示そうと、このことが起こるのを神は望んだのだ。

(五三六)

一二

五月二十三日、コンピーン前面において、ダーム・ジャーン、レザルミノーのラプセルがジャン・ド・ルクセンブールの手勢と、パリに来ていた千のイギリス勢の手に捕らえられ、ラプセルに付き従っていた四百あまりは、あるいは殺され、あるいは水に溺れた。このことの後、つづく日曜日、千のイギリス勢はパリにきて、サンモー・デ・フォッセ修道院の中にいたレザルミノーを包囲しに出かけた。レザルミノーは持ちこたえられず、くだんの修道院を明け渡し、生命だけは助けてもらって、棒を一本、手ににぎっただけで、ほかはなにも持たず、立ち退いた。その人数は百ほどであった。一四三〇年六月二日であった。(1)

(1) 渡辺一夫は『乱世・泰平の日記』の一節に、日記のこの記事を引用し、「ダーム・ジャンヌ」と書いています、さすがのブルグーン派の一市民も少しはジャンヌを見直したということかなと批評している。「ダーム」という称号が尊敬の念をこめたものであったかどうかは日記全体の文脈のなかで理解しなければならず、渡辺一夫のこの指摘をはじめて見た時以来、心にかけて点検しているのだけれども、いまだ答えを得てはいない。

一三

（五三七）

また、この頃、加塩バターは一リーヴル、三スーペリジする。それも質のいいコインでなければ買えない。くるみ油は一ピント、六スーペリジ。そうして、これは本当の話、レザルミノーが退去するやいなや、イギリス勢は、隊長たちがそうしろと命令したのかどうか、それはわからないが、修道院と町を、きれいさっぱり掠奪して、おたまじゃくしひとつ残さなかった。みんなもっていってしまった。やつらが入りこむ以前にいた連中がいいかげん掠奪したあとで、次に来た連中もまたなにも残さなかったのだ。なんとみじめな。[1]

（1）バターは beurre salle と、ただの beurre と書き分けているが、どうもモノに変わりはないようだ。これまで通り「加塩バター」と訳すことにする。「おたまじゃくしひとつ」は les culliers aupot と書いていて、レ・クーレ・オポと読むが、近代語はこれを les cuillers a pot と書いてレ・キュイエル・ア・ポと読む。鍋のスプーンということで、仏和中辞典を見ると「汁杓子《しるしゃくし》」とか「おたま」とかの訳語をあてている。最後はちょうどフォリオ一二四裏の最後のところで、省略記号付きの qlle pitie (quelle pitie) の二語で、テュテイはこれを「; quelle pitié」と起こしている。いいえ、つまり、前文の最終語 laisserent はそう読むのはかなり苦しいのだが、まあ、そう読むとして、それはそこで切ってピリオッドを打って、次の語を Quelle というふうに頭文字で起こさずに、laisserent を ;（セミコロン）で止めて、quelle というふうに小文字で書いているということです。ああ、めんどくさい！ そうして、またまた、めんどくさいことに二語めをピリオッドではなく、！（エクスクラメーション）で止めている。かなり景色が変わります。

一四　（五三八）

この月、六月、イギリス王ヘンリの消息はまったく聞こえてこなかった。いったい、海を渡ったのかどうか。パリの支配者たちは、サンジョージの日以降、民衆に対して、ヘンリ王はもうこちら側へ海を渡っていると釈明しはじめた。そうしてパリ中に火を焚かせた。なにしろ薪の値段は高騰していた時が時で、細民はお上のこの指図に納得がいかなかった。一部の者がいうには、ヘンリ王はまだこちら側へ海を渡ってなんぞいない、と。[1]

（1）「サンジョージの日」は四月二十三日。英語でセント・ジョージ。竜退治の英雄である。コレット・ボーンはこれがイングランドの守護聖人であったとなにやら意味ありげに注記しているが、第一、「イングランド」という言い方が雑駁で、批評の限りにない。権兵衛が何か暗示しようとしていると読むのはそっちの勝手である。こちらはテュテイさんで、なにしろおもしろい。「アングレッテールのアンリ六世のフランスへの到来について」日記の筆者がなんかごちゃごちゃいっているのは、なんとも説明がつかない。なにしろ六月十三日の時点でパルルマンは、どのような格好で、またどのような衣服を着て、パルルマンの一行は王の前に出頭すべきか、決定を下していた、「パルルマンのレ・コンセイエ－クレールはペルス色の毛織物地の長衣を着し、毛皮裏地の頭巾をかぶって、また、レ・レはサンプル・ドラを着し、全員馬に乗って、ル・スヴェランを出迎えるべく、城壁の外に位置すべし、と」。テュテイは「アルシーヴ・ナシオナル（国立文書館）」の蔵本番号を付して、だからといいたいらしいのだが、この注記はいろいろな意味でおもしろい。おもしろいけれども、ここで遊んでいるわけにはいかない。せいぜい最後のところの「ル・スヴェラン」の文言について、もしもテュテイの見たというアルシーヴの史料に、本当に「ル・スヴェラン」と書いてあったのか。もしやテュテイの常識による言い換えなのではないか。とてもおもしろい。⑪の索引の「スヴェラン／スヴラン」の項を引いて見てご覧になってください。それはともかく、テュテイさんの注記のことだが、権兵衛はなにも、渡辺一夫先生のおっしゃる「史実」を書こうとしたのではない。それを何か、いい加減なことを書いていてけしからんもないでしょう。

（五三九）

一五

ブルグーン侯についてはまだなんのしらせもなかった。いったい、かれは来るのか、こないのか。サンジャン近くになって、ようやくそのことを民衆に話して聞かせたのはやはりグーヴェルヌーであって、かれは来るという。大方は、その子らは父に従うということで[1]、その後はなにもいわなかった。そうして、なんと七月もすぎて、いぜん、なんの知らせもなかったが、ただ、かれは大勢のピカルディー兵を擁して、四月以降、コンピーンを包囲したという。ところが八月に入っても、この軍勢はなんの働きもしていない。じつに三百のイギリス兵の方が五百のピカール勢よりもいくさにたけていたのだ。こいつらはならず者というか、相手を冷やかすような連中だった[2]。イギリス勢は一か月のうちに、パリ周辺でじつに十二の砦を落とし、七月の第二週にコルベーへ向かった。

(1)「その子らは父に従う」はラテン語で書いていて、ご丁寧にフランス語で訳がついている。voulentiers「よろこんで」などと、原文にはない語まで追加して。この文言はたぶん聖書に出るのだろうとは思うが、さすがにラテン語の聖書をスキャンする用意も余裕もわたしにはない。

(2)「相手を冷やかすような連中」は mocqueurs と書いていて、これは夜店や切見世を冷やかす連中のことをいっていて、冷やかされる方のことをいっているのではない。つまり寅さんや下等な女郎（むかしの言葉づかいです。ご勘弁ください）のことをいっているのではない。それがグレマにしてからが、これは railleur をいっている、つまり冷やかす方をいっていると断定する。わたしとしてはお手上げだ。

一六　（五四〇）

七月十七日、月曜日、サンタルヌーの宵宮、ノートルダムの鐘が鋳造されて、ジャクリーンと名付けられた。鋳造人はギオーム・シフレといい、鐘は一万五千リーヴルかそこらかかった。

一七

（五四一）

イギリス人の騎士のルス殿が一四三〇年八月十六日、水曜日にパリに来た。これが、なんとも、王、侯、伯でもあるまいに、およそ騎士の入城で、これほど豪勢なのはかつて見られなかった。なにしろかれはトランペット吹き、クレロン吹き四人を前に行かせたのだ[1]。全員ラッパを吹いていた。ところが、続く金曜日、運命はかれに背を向けた。レザルミノーが餌食を探してサンタンテーン門のあたりにやってきた。そうして牡牛、牝牛、子牛、その他家畜を捕り、すぐさま引き揚げた。ルス殿はそのことを知るや、ただちに家中を引き連れてこれをきびしく追跡した。ヴィンセーンの森の隊長だったもうひとりのイギリス人の騎士もルス殿にぴったりついてきて、他の騎士たちも参加して、サンモールの先でマルンを渡ったレザルミノーを見つけた。そこでさらに追尾するに、河中に入ったのもいた。かれらはレザルミノーがどの浅瀬で渡ったか、よく見ていたのだ。ところがルス殿は浅瀬を見つけ損なった。だから河中でよろめいてこけて、したたかに身体を打った。ヴィンセーンの森の守備隊長も同じくこけて、モンセヌー・ド・ムーシという騎士もご同然で、大勢の騎士たちが川にはまった。レザルミノーの大方も川にはまった。さいわい川を渡ったのは、うまく事を進めることができて、捕虜や分捕り品を取りもどすことができた。くわえてラニーの守備隊長メッシール・ジャン・フーコーを捕まえることができた。そのほかレザルミノーの大勢を殺したが、こちらの側も大勢の死者を出した。それから二週間もしないうちに、パリに三百か四百かそこらのイギリス勢が到来した。ところが、いざこれがレザルミノーと合戦におよぶや、負け、また負ける。レザルミノーに皆殺し。これは、もう、定石で、なにしろむかしオルレアン前面に包囲陣を構えた折に、サースブリ伯がノートルダム・ド・クレリーを掠奪し、また掠奪させたことがある。その報いなのだと人はいう。サースブリ伯はたまたま飛んできた石弾に当たって死んだ。

（1）「トランペット吹き、クレロン吹き」は直訳すれば「トランペットを吹奏するメネストレーとクレロン」で、「メネストレー」という語の使い方についてはⅡの四〇九番の記事をご覧ください。トランペットもクレロンも単純な形のラッパをいう。クレロンはいわゆる「軍隊ラッパ」で、「総員起こし」の合図のラッパだ。『ロランの歌』で、瀕死のロランがカール大王に救援を求めて吹いたラッパもこんなようなものであったろう。トランペットは現在の演奏会用トランペットのように細長い。「騎兵隊のトランペット」と呼ばれると辞書類は説明している。

一八

（五四二）

その後、ようやく包囲陣が解かれた。この包囲陣は高くついた。なにしろかれら方の軍兵の大勢が捕虜になったり、死んだりしたのだ。[1]

（1）よくは分からないが、これは五三九番の記事で話題にしていたブルグーン家のコンピーン包囲陣のことをいっているらしい。

一九　　（五四三）

［……］教会堂が掠奪された。[1]聖書も、我らが主の御聖体が収まっている聖体箱も聖杯も、金銀銅が少しでも入っていると見ればもっていってしまう。主の御聖体だろうが、聖遺骨遺物だろうが、平気で投げ捨てていく。聖体布だろうがなんだろうが、一切気にしない。フランス人かイギリス人か、はたまたアルミナックかブルグーンかピカールか、[2]それはばあいばあいで、もっていけないほど熱いもの、重いものは捨てて、なにからなにまですっからからん、やつらはもっていってしまう。だから、領主たちが不和の状態にあることがなんとも残念なことだったのだ。神のお憐れみがいただけないようなら、全フランスは破滅するという大変な危機に瀕している。いたるところで物が奪われ、人が殺され、放火が頻発し、プリヴェもエストランジュも、だれもディミッテと祈ってはくれない。事態はますます悪くなる。明らかだ。

（1）はじめの五行ほどは、レザルミノーの横行非道をいいたいらしい文章なのだが、なにしろ文章が乱れていて、読めない。横行非道をはたらいたという町や教会堂の名を紹介するだけのことになるが、まずルザルシュのサンコーム教会。ルザルシュは五一三番の記事とその注3、Ⅱの四〇五ページ。サンコームは五七番の記事にその名前だけは出る。Ⅰの一三九ページをご参照。シェル・サント・ボードゥール、これは五三〇番の記事。続いてサンモー・デ・フォッセ、これは随所に出るが、おもしろいのはこの直前、五三六番と五三七番の記事に、コンピーン前面でジャーン・ダールがブルグーン侯方に逮捕、千人のイギリス勢がサンモー・デ・フォッセ修道院を襲撃、そこを占領していたレザルミノーが退去と事件が続く、そのサンモー・デ・フォッセ……、以下、文章が続く。ちなみに被害を受けた町や霊場を列挙しているような文節の最後に、なにを思ったのか、テュテイは?を付している。コレット・ボーンも盲従している。それがヴァチカン写本には?はない。

(2) 略奪者、殺人者を分類しているところ、francois angl arminac ou bourguignon ou picquart と書いていて、これはテュテイは francois ou anglois, arminac ou bourgoignon ou piquart と起こしていて、bourgoignon が分からない。これだと「ブルジゥェノン」と読まれかねず、第一、権兵衛は知らず、マシオはそうは書いていていない。

二〇

(五四四)

一四三〇年八月、サントーグスティンの祝日、五十人から六十人の、パリかそのあたりの車曳きが、ル・ブージェのあたりで最近刈り取られた、パリのブルジュェの物である麦を分捕りに出かけた。(1) レザルミノーはパリ中に張り巡らしたスパイ網を使ってその事を知り、総力あげて討って懸かってきた。われらがパリの衆は、全力で闘ったが、ついにむなしく、いかんとも為しがたかった。レザルミノーはパリの衆を大勢殺した。殺し損なったのは牢に入れた。悪意むき出しに、荷車や荷馬車に積んであった麦に火をつけた。そうしてみんな燃やした。車台の金物しか跡には残らないほどに、徹底的にみんな燃やした。叩きのめされて、それでもまだ死なずに、地面にころがってうごめいているのを見つけると、引きずりあげて、燃えさかる炎に放り込んだ。なにしろ麦も車体も、ぜんぶ、いっしょくたになって、ぼうぼう燃えていたのだ。

（1）前節の注記にテュティはマシオが bourguignon と書いているのを bourgoignon と起こしている。これではブルジュェノンと読まれかねないとからかったが、そのからかいの舌の根も乾かぬうちに、ここにマシオが bourgeois を bourgois と書いている事例が出てきた。おもしろい。

二一

（五四五）

死んでしまったのは勘定に入れないで、やつらは百二十人かそこらを、馬と一緒に捕虜にして、身代金をかけた。このきわどい折も折、フランスのコネスタールがパリにやってきた。スタンフォールの領主で、イギリス人の大軍勢を引き連れていた。それが、戦闘が行われた場所の、ほんの一リューほどのところを通りかかったというのに、ぜんぜん気付かなかったという。なんともこれは残念なことだった。なにしろ捕虜になったものたちのほとんどは、妻も子もいる所帯主で、払わなければならない身代金を払わなければならなかったものだから、みんな貧乏人になってしまって、中には無残にも死んでしまったのさえいたのだ。

二二

九月三日、日曜日、ノートルダムの前庭でふたりの女のための説教があった。この女たちは、半年ばかり前にコルベーでつかまったものたちで、パリに連れてこられた。そのうち年上の方はペローンといって、半島のブルターンの出身だった。かの女の確言していうには、レザルミノーとともに甲《よろ》おったダーム・ジャーンはボーンであり、かの女の為したることはビアンであり、神意に叶っていると。(1)

(1) ジャンヌ・ダルクのことをいっているが、こういうボーンだのビアンだのは日本語への訳語を拒否している。ふたりの女は贖罪者をいっている。ある宗派に帰依し、みずから贖罪の意思を示して、処罰を願うものたちのことである。

(五四六)

二三

かの女は一日の内に二度も御聖体を受けたことがあると認めた。

(五四七)

かの女は誓言して主張した、神がしばしば人間の形をとって現れ、人が友に対するがごとく、かの女に向かって話す。かの女が神に会った最後の折には、神は長白衣を着て、赤いウックを羽織っていたと。なんとも瀆神の発言だ。(1) そしてかの女は神がしばしばそのような衣装を身につけて現れたと主張するのを断念しようとはしなかった。そこでこの日かの女は火刑に処せられるべしと判決を受け、日曜日のこの日、決意を変えないで死んだ。もう一人の女はその刻限に釈放された。(2)

(1) コレット・ボーンは「羽織っていた」par dessoubz に不審のまなざしを向け、par dessus と混交があるのではないかとなにやらくわしく注をつけているが、dessoubz も dessus も、じつは読みは「ドゥス」で、ことはヴァチカン写本の書写の状況にかかっている。助手がかたわらで読み上げるのを筆写していたと想像すれば、この問題はなんなく解ける。聞き間違いである。手本を目で見て筆写していると考えても、べつにおかしくはない。勘違いである。

(2) なんか後日の一四三一年五月三十日、ルーアンのヴィューマルシェ広場で戻り異端を宣告され、フランスとイングランドの王ヘンリー六世のルーアン代官ラウール・ド・ブーテーの手に引き渡されて、火刑に処された、ラプセルことジャーン・ダールの死に様を予言しているようでおもしろい。もしや予言は歴史に通じるか？　なお、異端審問法廷が異端を火あぶりにできるわけではない。それは長い間の教会と国家の関係の問題である。一僧侶権兵衛の手に余る。

二五　（五四九）

翌日の月曜日、一四三〇年九月四日、食糧、その他の商品を一杯積み込んだ舟が二十三隻、川を上ってやってきた。それが、なにか護衛兵と船乗りたちの間にはげしい言葉のやりとりがあって、ちょうどその刻に、レザルミノーが船団におそいかかった。なにしろ内輪もめがあったし、とりわけ十三隻の内輪では争いがひときわきびしくて、かれらは一致団結して防戦するというぐあいにはいかなかった。内輪もめにくわわらなかった十隻はうまくすりぬけて、無事に港に着いた。たがいに疑いあうような不和のせいで大危険にもあう。フランス王国についてもこういえる。

二六　（五五〇）

スタンフォールの領主がパリにやってきて、その翌日、ブリ・コント・ロベールの町を取りに軍勢を差し向けて、二日には奇襲をかけて町を取った。だが城を取ったわけではなかった。町を占領して、すぐ、城の連中は出てきて降伏したのだ。(1) ブルグーン侯はといえば、このところながらく、サンレミこの方、消息が知れない。ラ・ボーン・ヴィル・ド・パリのことを気遣ってくれる者なんてどこにもいはしない。(2) だれもなんともすることができなかった。だから何週間にもわたって、かれらはパリの方々の門を出たところで、さらにその道を行ったところで、男を、女を、子供を、家畜を数限りなく捕らえ、それで大儲けした。なにしろいつも金銀で要求するのだ。身代金を払えないとなると、ふたりずつつないで縛り上げてマルンに放り込む。あるいは首に縄をかけて吊す。いっしょくたに縛りくくって地下倉に放り込み、食べ物はいっさい与えない。こうして、人間の身体にとってよいものは、当今、なにひとつない。やつらの手にかからずに、パリまで運びこまれるものがなくなったのだ。なにしろ陸路にせよ、水路にせよ、輸送路ぜんぶがやつらの手に押さえられていたのだ。こうしてサンレミのころまでに、ボンディ物やブールーン・ラ・プティット物は小さな薪束百で、ひところまではせいぜいが六から七だったのが、二四スーペリジまで値があがった。それも支払いはフォルト・モネーでしろというのだ。モル売りは八から九ブランだったのが一〇スーペリジする。

(1) スタンフォール領主について。テュテイは「ローマ写本は」と、例によってヴァチカン写本のことをこう呼んで、le seigneur Estanfort と書いているとおろかなことを書いている。じつはテュテイはヴァチカン写本を見てはいなかったのではないかと疑わせる根拠がまたひとつ見つかった。スタンフォールは英語でスタッフォード。エドワード三世の第五子トーマスにはアンと名付けられた娘しかいなかった。これがミッドランズ（イングランド中部のアイルランド海よりのいくつかのカウンティの集まったリージョン）のスタッフォード伯エドマンドと結婚して、生んだ子がハンフリー・スタッフォード、初代バッキンガム侯である。イングランド北部でパーシー家と並び立つ、ダラムのラビー城を一族の根城とするネヴィル家のアンと結婚して息子をもうけたが、これは一四五八年に死去して、二代目バッキンガム侯に立てることはできなかった。本人は一四六〇年、セントオールバンズの戦いに戦死して、孫ヘンリー・スタッフォードが二代目に立った。ここで「スタンフォールの領主」と呼ばれているのはこの初代バッキンガム侯ハンフリーのことである。ハンフリーは一四三〇年代のランカスター王家のフランス領支配に大働きしてバッキンガム侯の肩書きを得た。

(2)なぜこんなところに注をいれるのかというと、なにしろこのあたり悪文で、おてあげ。分かっているような顔をして訳文をつけているが、じつはよく分からない。その分からなさかげんをお察しねがいたいというわけで、なにしろここのところこう書いている。quant est de monsr debourgongne nestoit nulle nouvelle grant piece apres la sainct remy まずだいいちにどうしてスタッフォール伯のうわさが quant est de とブルグーン侯の話につながるのか。「ブルグーン侯はといえば、」と調子を合わせておいたが、正直、わたしの心は晴れない。grant piece apres sainct remy だが、コレット・ボーンは grande piece apres la saint-remi と書いている。ボーンは写本を自分の目で見たわけではないから、「起こしている」とはいえない。grande piece は自分の無知をさらけ出している。筆者が grant と書いているのは grand の間違いで、しかも piece は女性名詞なのだから grande と書かなければならない。写本の筆生は二重に間違えているといいたいのだろうが、中世語ではまた別の景色が見えて、近代語の grand は単数男性主格形が granz, 被制格形が grant, 女性名詞のばあいは主格・被制格ともに grant です。piece は女性名詞だから、どちらにしても grant でいいわけで、それに、じつはこのばあい、piece は被制格です。というのは、ここはじつは a grant piece と書こうとして a が欠落してしまったケース、あるいは grant の被制格形で a grant piece をあらわそうとしたケースのいずれかと見られるのです。副詞句を作るわけで、「このところながらく、サンレミこの方」という意味です。なお、サンレミの祝日はランスの司教レミギウスの遺骸がランス大聖堂に遷座した日取りを祝う祝日で、十月一日です。権兵衛はまるまる一年間パリを留守にしたブルグーン侯を非難している。piece の読みは難渋した。トブラー - ロンマッチの「古フランス語辞典」は、分冊で最初出版されていたのを、出版され次第、一括りでA・Bの巻、C・Dの巻というふうに合冊形式でも出版されることになって、問題のPの巻、じつに二一一六欄、一ページ二欄だからページ数に直してもその二分の一という恐るべき大部の巻を、ほとんど絶望的な気持ちで開いてみたら、なんと、これはほんとうの話ですよ、開かれたそのページの九一一欄に a grant piece auf laengere Zeit と見えるではないですか！「長い時間をかけて」とドイツ人はきまじめに訳している。「しばらくたって」。

このあとヴァチカン写本で一行半ほど、起こせばこうなる。et bn (bien?) y appoit (apparoit?) car il ny avoit que ung pou de nescoy quelx larrons alangny これを多少補正して et bien y apparoit car il n'y avoit que ung pou de je ne scoy quels larrons a langny これは読めない。

二七

（五五一）

この年はとても美しい八月で、とても美しい実りだった。ヴェールの仕上がりは順調だった。なにしろ樽に詰めればすぐ発酵しはじめる。(1) ぶどう酒はとてもよい。それにとても安かった。なにしろ上等のぶどう酒が、まっとうな人間ならだれでも、ピントあたり六ドゥネペリジで買えたのだ。同じぶどう酒がルーアンでは六ブランした。それを飲んだ人たちは、それがよい酒だったことをよく覚えているといっている。

（1）boullir oua gieter pour mieulx dire と書いているのだが、gieter が分からない。コレット・ボーンは例によって gieter を jeter に「直して」ことたれりとしている。

1431

（五五二）

一

九月、十月、十一月、十二月も過ぎて、一月の、最後の日からもどって二日目のサント・ボードゥールの祝日、人の説ではフランス摂政のベトフォール侯がなんとも美しい部隊を引き連れてやってきた。なにしろ五十六隻の小舟と大型平底船に、およそ人が生きていくのに必要な物資を山ほど積み込んできていて、パリに滞在した間、四六時中、それを人に見せる、見させることをやめさせようとはしなかった。人が口々にいうには、ここ四百年間、こんなにもたくさんの財物がひとつにまとまっているのは見たことがない。そうして、びっくりたまげたというふうに、みなさんがいうには、たいしたもんだねえ、ベトフォール侯というのは。こんな天気の悪い日に、川に押し出すなんて。ふつう、やんないよ。なにしろ風がじつに三週間ものあいだ吹き荒れて、いままで経験したことのないほどの強風で[1]、おまけに毎日雨で、川はこれ以上ないほどに膨らんで、そうしてレザルミノーはいたるところに大きな罠を仕掛けてフランス摂政とその軍勢を破滅させようと企んでいたが、あえて正面から戦いを挑もうとはしなかった。紋章官たちの証言では、かれらは四対一で、多数だった[2]。そうして、人がいうには、なぜなのか、この悪天候に、川を遡らせて、ブルグーン侯は、それを来させた、上流の土地から下流へ、この二つの天気に、なにしろかれはフランス摂政だった[3]。そうして、人はいかにかれが忙しく立ち働くか、見るだろう、だが、それも一四三一年の復活祭を過ぎてのことであって、現在はかれは最近生まれて、一月のサンタンテーンの祝日に洗礼式をすませた男の子の母親の面倒を見るのに忙しかった。だが、この子は［…］月［…］日に生まれた。結婚した最初の年は新婦の機嫌をとるものだと人はよくいう。結婚というのはそういうものだという。そういうわけで、かれは、もう少しで落とせたというのに、コンピーン包囲に十分時間をかけることができなかった。そう、みんな、ブルグーン侯についていっていたし、もっと悪いこともいろいろいっていた。なにしろ、パリの人たちは、いったいこれほどまでに人は王侯を愛することができるのかと疑念をもたせるほどまでに、ブルグーン侯を愛していて、それなのに侯は民衆が飢えているか、渇いているか、一切気にしない風で、侯が無関心なものだから、ブルグーン本国でも、ここパリの周辺でも、すべてがダメになる。稼ぎがまったくないものだから困り果てている人たちは、みんな、こんな風にいっていた。なにしろモノがまったく出回らない。だから貧乏人は飢餓と貧困で死んでいく。貧乏人はしきりに呪い声をあげるが、その声はかぼそい。大変哀れっぽく、ときにかき消されれ、ときに聞こえる。絶望し、もはやなにも信じない。ブルグーン侯がなにを約束しようが、もはや侯にその約束を守る気などないのだ。(4)

(1) 二〇一八年四月十一日もそうだった。しかしそれはわたしの主観かもしれない。わたしが強風に悩んで歩きかねていたのに、若い人たちはすいすい歩いていたのだ！

(2) この文章、ilz かれらを主語に書かれていて、それがどっち側なのか、よくわからない。

(3) et disoit on pour ce que en ce fort temps et contremont leaue que le duc de bourgongne en feroit venir aval eaue du pais damont deux telz temps car il est regent de france こんな悪天候ならぬ悪文はこんな風に逐語訳風に文言の日本語対応を示しておくだけですませたい。テュテイは deux telz temps を、断然、ここは写本の

筆生の写し間違いでしょうと、dans telz temps と起こしている。コレット・ボーンはもともとテュテイしか見ていないから、なんの疑念も持たなかったらしい。そのまま写している。ほんとうは疑念を持って欲しかった。ほんの数語前に en ce fort temps と書いているのに、また dans telz temps と書いていることになるのだから。こういうケースでは、ボーンはよく注をつけたりしている。ところがここには注の影は差していない。分かったようなふりをして、ボーンは逃げる。転記したところの一番最後の章句 car il est regenrt de france も、それはおひとよしのフィリップはこの時期、ベトフォール侯に代わってヘンリー六世のフランス摂政職を引き受けていたから、内容的には問題はないとして、どうしてこういう理由句がここに置かれるのか、文脈がみつからない。じつはこの後につづく文節を引き出すための、これは理由句なのかもしれない。

（4）ブルグーン侯フィリップ・ル・ボンは一四三〇年の夏から秋にかけて、ベドフォード侯と約束したコンピーン包囲にとりかかったが、なんともそれはのんびりした仕掛けで、それもやむをえない、コンピーンを包囲して、さてこれからというところで、前々からくすぶっていたライク、フランス語風の発音でレジュ、近代語でリエージュ方面の情勢に急な変化があって、そちらの方面にコンピーン包囲陣から一隊を割いて回さなければならなくなったり、八月四日にブラバント侯が死去して、ブラバントの相続問題が発生した。結局十月に入って、ブラバントの領邦議会はブルグーン侯フィリップをブラバント侯として推戴することになるのだが、それまでの間、フィリップはなにしろブラバントの各方面との折衝に大忙しだったのだ。

二

（五五三）

摂政の到来直後、パリでは麦の値段が急騰した。なにしろ到来直前にはセテあたり四〇から、せいぜい四二スーペリジだったのが、次の月に入ると七二スーペリジないし五フランした。粒も不揃いで、それで作ったパンはなにしろ小さくなって、一ブランのパンはなにしろ黒くて不揃いで[1]一二オンスにもかからなかった。それを労働者は一日に三個か四個は食べていたのだ。なにしろ貧乏人には酒もお膳もままならず、ほんのすこしばかりのクルミと、後はパンと水だけ。エンドウもソラマメも口に入らなかった。なにしろ買おうにも高過ぎるし、料理するにもかねがかかった。そのせいで、パリは住人がかなり減った。

(1) ここの構文はなにしろおもしろい。le pain dun blanc tres noir et tres mesale というのだが、この blanc は貨幣単位のひとつでブラン貨だが、それは銀貨なわけで、だから blanc 銀貨といっていて、それはよいのだが、後に続けて noir と書いている。noir は小麦粉にライ麦や燕麦などを加えて焼いたパンで、褐色パンだ。ライパンだの黒パンだのというといまはむしろ趣味のパンということで、お値段もそれなりに高いが、権兵衛の時代には黒は卑称でしかない。その noir と、銀貨の blanc を意図的に並べているようで、おもしろい。

(五五四)

三

この三月、摂政はパリの貧乏人に部隊をいくつか、作らせた。なんとも重い負担だった。けれど貧乏人たちはそうせざるをえなかった。[1] その後、人はグールネーに行った。グールネーは占領された。その後、人はモンジェーの塔へ行った。モンジェーの塔は、三月十八日、示談で摂政方についた。それからラニーへ行って、包囲した。[2] そうして何度も何度も果敢な攻撃をかけた。しかし、結局、占領の栄誉は摂政方のものとはならなかった。なにしろ、この城攻めは、まさに聖週間に行われたのであって、だから失敗して当然だったのだ。[3] なにしろ、これはたしかなところだが、一日で城内に四一二個の石弾が撃ちこまれたというのに、城方はよく防いだ。人には当たらなかったが、雄鶏が一羽、石弾にあたった。それだけで、なんともおどろいた話だった。だから、パリの摂政方としては、包囲の陣を解いて引き揚げる潮時だったのだ。かれらは復活祭の前日に立ち戻ってきた。この年の復活祭は一四三一年四月の最初の日だった。だから人がかれらをからかっていうには、かれらはちょうど復活祭にまにあうように、自分たちの教区で悔悛しご聖体をいただこうと帰ってきたようなものだ。

（1）兵力増強の費用負担を押しつけてきたということだが、権兵衛の筆遣いそのまま日本語に映せばこういう訳になる。

（2）一四一五年の一三五番の記事に、「その一方、ラニーにいたブルグーン侯に」と見え、それに注記して①の二三八ページから二四〇ページにかけての長々しい注に、ラニー、いまはラニー・スュール・マルヌと、その近間の「モンジェーの塔」をめぐるうわさ話を紹介している。

（3）「聖週間」は、じつは権兵衛の日記は la sepmaine peneuse「贖罪の週間」と書いている。日本のカトリック教会は、それのもうひとつの呼び名である la sepmaine sainte をとって、それの日本語対応語を「聖週間」としている。一四一六年の一三九番の記事をご参照。

四

（五五五）

四月の中頃、なにしろパリではモノがみんなとんでもなく高く、かせぎが少なかった。四月十四日、土曜日、ミセルコルディア・ドミニ(1)の前日、じつに千二百人が、あるいは陸を行き、あるいは舟でパリを立ち去るのがかぞえられた。じつに子どもはかぞえないでだ。生計が立ち行かなくなって、飢えに死にそうだったからだ。

(1)なにしろラテン語で書いている。それがどうもおかしなことになっていて、ミッセルの案内によれば、この文言は復活祭後二回目の日曜日の入祭文、ミサの冒頭部の書き出しの文言で、「神の慈悲」という意味だが、ミッセルの案内にしたがって詩篇三二の五〜六を見ても現行の旧約聖書の章節と合わない。むしろこれは同じ書き出しの文言を持つ詩篇八九の二の章節に合う。これは小林珍雄の『キリスト教用語辞典』の教示による。権兵衛の頭の中では、さて、どうなっていたのか、おもしろい。

（五五六）

五

続く月曜日、百人ほどのパリの武者が、シェヴルーズ谷のダミエットという古い館めざして出かけていった。そこに四十人ほどの盗っ人が巣くっていて、こいつら、なにしろ悪事という悪事、ぜんぶやっていたのだ。木曜日に全員つかまって、ふたりずつ結わかれて、二十九、(1)パリに連れてこられた。みんな若い連中で、一番年を行ったのも三十六歳を越えなかった。

(1)この二十九という数字、これはじつはローマ数字でxxixと書いていて、書いてあるように見えて、なんですか、これは。まさか、ふたりずつ結わかれたのが二十九組という意味ではないでしょうねえ。五五八番の記事をご参照。

六

続く土曜日、十三人がパリの絞首台に吊された。そうして二人、かれらの砦の前面でかれらを捕らえたとき、そうして九人、この九人はセジュのように逃げた[1]。

（五五七）

（1）ここのところは、もうどうしようもない、写本に見える通りに日本語に写しました。テュテイもただそう起こしているだけ。コレット・ボーンはテュテイをただ写しているだけ。ほかのところでは、こういった意味不明の迷文に接すると、なにか権兵衛をたしなめるように、文章を書き換えてみせているというのに。読めなくて、よほど困ったのでしょう。それをよせばよいのに行末の come saiges だけには注をつけて、それがまた、「すなわち無実と裁定されたものたち、あるいは、すばやく難を避けることができたものたちのように」と、なにがなんだかわけの分からない文言をならべてごまかしている。comme sages「賢者たちのように」はマシオは come の上に省略記号をのせて書いている。sages は saiges と異体字で書いていて、それをグレマはそちらの方を本字にとっている。グレマは書いていないが、トブラー－ロンマッチは Hexe の用例を拾っている。もっとも femme saiges と femme を添え字にとっているが。魔女の意味である。権兵衛の念頭にこれがあったろうか。

七

一四三一年四月二十二日、ダミエットにいた摂政の手の者は、ラ・モットにおもむき[1]、そこにいた盗っ人百人を捕らえた。そのうちの六人をその場で絞首し、あとの総勢九十四人は、前

（五五八）

にいったように、ふたりずつ綱で括り、その月の二十六日にパリに連れていった。

（1）ラ・モットは、英語の方でモット・アンド・ベイリーというと、アルフレッド大王の創意工夫によると伝えられる、土盛りの周囲に空き地、それを水壕がぐるっと取り囲む城砦の基本構造の、そのモットをいう。フランス語発祥で、英語圏でも motte and baily と motte と書く。そのモットに木造の城が建つ。シュヴルーズ谷にいくつものモット・アンド・ベイリーが建つ。そのうち、権兵衛の時代に評判だったラ・モットを指している。

八

（五五九）

続く月曜日、四月の最後の日、ラ・モットを襲撃して捕らえた捕虜三十二人をパリの絞首台に吊した。

九

（五六〇）

続く金曜日、五月四日、ラ・モットで捕らえられた盗っ人をパリの絞首台に吊した。三十人。この月曜日と金曜日でここの盗っ人ども六十二人が吊されたことになる。(1)

（1）めずらしや、権兵衛が計算している。数字を統計的に処理してみせてくれる。

一〇

（五六一）

続く金曜日、五月二十五日、ノートルダム・ド・パリで行列のことがあった。行列はレゾーグスティンまで行った。レゾーグスティンで説教があって、その説教でいと高き霊師、法王、その名をマルティヌス五世が、御聖体の祝日に、かかる財貨を享受するにふさわしい、すなわち悔悛の秘蹟にあずかったキリスト教徒全員に。真実、この二十五日こそは御聖体の祝日の前の金曜日であったのだ。この日、ある神学博士が説教して民衆に明かしたには、ウルバヌス四世法王がペンテコステの八日祭の後の最初の木曜日をその祭式の日にあてるべきこと。その日の費用に、パードンを与える、すなわちレ・プルメール・ヴェスプル、マティン、プロケッシオ、ラ・グラン・メッス、ヴェスプル・ドゥ・ジュール、この四者それぞれに百日のパードンを与える、と。(1)

(1) この四者というけれどヴェスプルがふたつ、マティン、プロケッシオ、メッスで五者ですねえ。だからヴェスプルはプルメールもドゥ・ジュールも同じものだというのか。だいたいがこのヴェスプルのウォルトゲシュタルト、語型がおかしい。les vespres と複数形に書いていて、この語はじつは一四九番の記事にも書いていて、そこでも vespres と複数形らしく書いていて、これはどうも la vespree の誤記、あるいは権兵衛とマシオの時代の書き癖かと思われる。それを複数形と立てているころはかなりの確信犯と見える。わたしはじつはこの複数形の les vespres がどうして複数形なのか、この語源はなんなのか不審に思ってリトレを見てみた。どうしてリトレなのかというと、およそ語源についてモノをいっている辞書はリトレが一番で、それはトブラー - ロンマッチも語解のはじめにREW（ロマーニッシェス・エティモロギッシェス・ウェルタブッフ、ロマンス語語源辞典）を引いて略語ふうに書き添えたりはしているが、どこか及び腰で、その点リトレは大胆だ。堂々と分からないときは分からないと、分かっていれば、十九世紀なかばのリトレの時代の知解なりに書いていてくれる。ひとつの手がかりにはなる。このREWは、もうずいぶんと前になる、四半世紀も前にパリのサンルイ島に住んで、川向こうのベーエヌことビブリオテーク・ナシオナール国立図書館に通っていたときには、鉄傘下の大ホールの開架書架になんということもなく立て並べられてあったのを、なんということもなく時折開いてみていたのだが。閑話休題。リトレはvespresはラテン語のvesperem、ゲール語のfeasgarからと解いている。ゲール語は古代から中世にかけてブリタニアの北西部、北ウェールズに定住したケルト人の言語である。宵、夕方の意味だ。というけれど、キリスト教会の暦では、一日は日没にはじまる。現代のカトリック教会では聖務日課は晩課からはじまる。深夜零時に夜半課をとなえる。午前六時から一時課、三時課と続き、正午から六時課、九時課をすませて、日没を迎えて、次の日の晩課をとなえる。わざとあいまいにいいまわしたのは、聖務日課はむかしからきちんとダイアが組まれていて、世界中、どこのカトリック教会でも、みんな同じように時課が修業されたというわけのものではない。だいいち、夏冬通して一日がきちんと何時に暮れ、何時に明けるというものではない。時代、季節、地域によって、アメーバーのように伸び縮みする。教会の都合によって削られる課目も出る。わたしは小林珍雄の『キリスト教用語辞典』と「ミッセル」、それにウィキペディア辞典の「晩課」の項などを参照しているが、小林のは昭和二十九年、東京堂の出版である。「ミッセル」は一九六一年、ブルッヘ、フランス語の方の発音でブリュージュの出版である。それが、ウィキペディアがおもしろい話題を提供してくれる。「聖務日課」の項で、第二バチカン公会議は、それまで煩雑だった時課を整理して、晩課は「夕べの祈り」、賛歌は「朝の祈り」としてこのふたつを主要時課とし、終課を「寝る前の祈り」として、一時課を廃止し、三時課、六時課、九時課は「任意でひとつを選んでも良いものとした」という。これはどういう意味か。第二バチカン公会議は一九六二年から一九六五年にかけて法王ヨハネス二十三世が招集し、パウルス六世が閉じた公会議である。同じウィキペディアの項「晩課」に紹介された聖務日課表の課目名とさえもいろいろと食い違っていることがお分かりいただけると思う。小林珍雄の本も「ミッセル」も第二バチカン公会議以前の出版物である。いかに事態が錯綜しているか、お分かりいただけると思う。だから権兵衛がこう書いているのを整然と解説するなんて、とんでもない。「レ・プルメール・ヴェスプル」は「最初の晩課」ということらしく、だとしたら「二つめの晩課」というのがあったのか、あるのかと「ミッセル」にあたったら、ありました。それがしかしヘンな有り様で、ヘンだというのもヘンだが、わたしはただ現代のフランスのカトリック教会の「ミッセル」を見ているだけなので、このヘンがたしかにヘンなのかどうか分からない。ともかく「ミッセル」にしたがうと降誕祭の祭式は十二月二十五日のヴェープル「晩課」にはじまる。そうしてメッス・ド・ミニュイ（真夜中のミサ）、メッス・ド・ローロール（暁のミサ）、メッス・デュ・ジュール（昼中のミサ）と続いて、ドゥージエーム・ヴェープル（二つめの晩課）につなぐ。なにか、「二つめの晩課」は十二月二十六日の夕方のようではないか。それが実はそうではないようで、次の祭式はディマンシュ・ロクターヴ・ド・ノエル（降誕節の後の八日祭の日曜日）であって、これはだから不定期祭で、じつはこれにもドゥージエーム・ヴェープルがついている。その次が十二月二十六日サンテティエンヌの祝日の祭式で、サンテティエンヌはラテン語名ステファヌス聖人で、石責めにあって殺された、イエスの殉教者第一号である。これにも、また、ドゥージエーム・ヴェープルがついている。十二月二十七日はサンジャン、ヨハネによるイエス伝の著者の祝日で、これにも、また、きちんと「二つめの晩課」がついている。このあたりで用例の紹介はやめにするが、つまりドゥージエーム、二つめの晩課というのは、個々の祭式がヴェープルにはじまる。これが「最初の晩課」である。それに、たとえば、いま、用例の最後にあげたサンジャンのケースでは、入祭文（ミサの冒頭の章句）、集会祈願、使徒の手紙文の朗読、昇階誦《しょうかいしょう》（使徒の手紙文の朗読にすぐつづく祈り）、アルルヤ誦、福音書朗読、奉献文（パンとぶどう酒の奉献にともなう祭文）、シュークレット（orate fratres 祈れ、兄弟たちよ、の誦句に対して司祭が唱える祈りのことで、なにしろ小声で唱えるところから「密誦」と呼ばれた）、コンミュニオン（聖体拝領誦）、聖体拝領後の誦句と、なんとも長々しいことで恐縮だが、祭文の朗読が続き、その後に「ドゥージエーム・ヴェープル」が来る。ながながとプルミエール・ヴェープルをやったのに、なお満ちたらず、「二回目の晩課」というのが、ついの答えのようです。

一一　（五六二）

また、一時課、三時課、六時課、また、九時課すなわちその日の終課をつとめる者たちそれぞれに、それぞれの時課について四十日間、八日祭のあいだそれらの時課に侍った者たちに、一日について百日のパードンを与える、と。

一二　（五六三）

この御聖体の祝日の祭式はもともと一四一八年にジル・ローグスティンによって制定されたもので、その年、法王ウルバン、その名で四世がそれを認可して、サン・トゥルバンの祝日に説教が為された。(1)

（1）「ローグスティン」はアウグスティヌス隠修士会の修道士の意味で、アウグスティヌスの定めた会則をとると称する修道会には二種あって、ひとつはアウグスティヌス聖堂参事会派と呼ばれているもので、西欧各地の司教座教会堂の司教たちのうち、アウグスティヌス戒律を受け入れたグループのゆるい連合をいう。一応修道会の体制をとっているのでアウグスティヌス聖堂参事会修道会と呼ぶ。もうひとつがパリに主座を置くアウグスティヌス隠修士会で、これは十三世紀のルイ九世の庇護を受け、ローマ法王の設立認可もとりつけて、十三世紀の末にパリのセーヌ川左岸に広壮な修道院を設立した。いまでも河岸の名前にその名を残すレゾーグスティン修道院である。いまのフランス人は tin はティンではなくタンと発音すると無邪気に思い込まされていて、だからレ・ゾーギュスタン河岸だ。ホイジンガが『中世の秋』にジャン・モリネの詩文として紹介しているが、ピエール・シャンピオンは『フランソワ・ヴィヨン　その生涯とその時代』にベーエヌの古写本の一葉にみつけたものとして引き合いに出している四行詩に「神に祈ろう、レ・ジャクーピンが／レ・ゾーグスティンを食べちゃって／レ・カームが首吊られますように／レ・フレール・ムヌの縄で」というのがあった。いいえ、べつにどうということもないのですよ。中世の秋のパリに、大きな修道院を建てて住み込んでいた、四つの大きな乞食僧院こと托鉢修道会の交際関係を風諭する戯れ歌です。で、ジル・ローグスティンはそのレ・ゾーグスティンの一員だったわけで、ジルはパリ大学の学生だったとき、トマス・アクィナスの講義を聞いたという。これは僥倖ともいうべきことで、なにしろトマスがパリ大学で講義したのは一二五六—五九、一二六九—七二年の間のことで（講義のくわしいプログラムについて、わたしは調べたことがないので、よくは分からないが）、おまけにジルがパリの学生だったは後者の期間に限定されるのである。僥倖だとわたしの推理する所以です。ローグスティンで、パリでトマスの講義を聞いたことがある。これだけで、かなりジルの身元は知れるといえそうで、あまりに長々しくなりそうなので、もうこのあたりでジルの身元調べは止めにする。あと、「ウルバン、その名で四世」だが、これはなんと十三世紀なかば、一二六四年、プロヴァンス伯シャルル・ダンジューに、ドイツ王フリードリヒ二世の死後、混迷の渦中にあったシチリア王国の統制を委嘱したローマ法王である。ウルバン自身は当年中に死去するが、四年後、一二六八年、シャルル・ダンジューは、シュタウファー家系シチリア王家の血統を断ち、みずからローマ法王を封主とするシチリア王に立った。ウルバンの委嘱は成就したのである。翌年、トマス・アクィナスは、再びパリ大学の講壇に立った。このあたり、歴史の旨味ですねえ。もう一つ、「サン・トゥルバンの祝日」だが、なにしろウルバンの祝日は五月二十五日だと、なにかきめつけふうにいわれているだけで、さてその根拠はと調べてみたら、ウィキペディアの「カトリック・エンサイクロペディア」でだいたいの見当はつきました。「法王ウルバン一世」に、「ヒエロニムスの殉教者の名札（複数）」に、五月二十五日の日付の記事に「ノメンターナ道を八ミリアリウム行ったプレテクスターティ墓地にエピスコープス・

ウルバヌスは生まれた」と見えるという。一二キロほど行ったところということであり、「エピスコープス」をいまは司教と訳す。「ヴィヨン遺言詩集」の『遺言の歌』に、遺言の執行についてなにやらくだくだいいつのる遺言人が、もしもだ、もしも受遺者（遺言の品の受取り手）のだれかが「死から生へ」おもむく羽目になったときは、だ、と、慎重にその扱いを指示するくだりがある。この記事は、ローマ市内とその周縁のいくつかの墓地の墓誌に照らして、ほぼ妥当なものだとされている。ウルバンはこの日墓地に埋葬された。

一三

（五六四）

法王マーティン、その名で五世、この法王は一四三〇年に死去したが、かれは、悔悛者にしてサンサクルマンの宵宮[1]に断食行を実行するものたちに、また、聴罪司祭の命令で、なんらかの贖罪行を実行するものたちに、なにしろこの頃、とても暑く、断食行を実行するのはだれにしても大変なことで、だからこの日にそれぞれの贖罪行を実行するものたちそれぞれに、百日のパードンを与える。また、最初の晩課、朝課、ミサ、第二の晩課、それぞれの時課をつとめる者たちに、二百日のパードン、また、その他の時課をつとめる者たちに、それぞれの時課について八十日のパードン、また、八日祭をつとめる者たち、すなわち朝課、ミサ、晩課について、百日のパードン、また、その他の勤めについて、それぞれに四十日のパードンを与える。

（1）四七八番の記事と注1をご参照。

一四　（五六五）

高位のプレラ(1)は、このサンサクルマンの宵宮と八日祭に、この聖祭に参列することがないのだから、ほとんど(2)教会の財産、共有の財産、信仰の分け前にあずかることができないだろうから、参列する場合と同等のパードンを与える。けだし善意は実践に同じく評価さるべきである、と。

（1）五〇七番の記事で「上級僧侶」と迷訳して、あわてて注をつけて「そう訳した当人がまいっている」と弁解しています。

（2）aucunement と書いていて、これは近代語では否定辞に使われるが、トブラー - ロンマッチを見ると、『パリの家長』から引いていて、十四世紀には einigermassen「いくらかは」と肯定辞で使ったことを示している。ちなみにグレマはそもそも aucun を alcun の語型で出していて、alcunement は言葉として拾っていない。

一五　（五六六）

断食行にあたって、べちゃくちゃおしゃべりしたり、押しあいへしあいすることのない者たちに百日のパードン、また、この日、御聖体を拝受した者たちに真正のパードンを与える。

一六

（五六七）

また、司祭全員に、[1] この祝日に、敬虔に、またその八日祭の毎日に、この祭祀に崇敬の思いを込めて、この祭祀を勤める者たちに、毎日、真正の百パードンを与える。

（1）tous prebstres と書いている。ラテン語の原語は presbyter でロマンス諸語のなかで preire, prestre, preste, prebere, prete というふうになまった。権兵衛の prebstre はトブラー - ロンマッチが presbitere の項の用例にあげていない異型だが、発音はみんな同じで、プレストゥで、語末の b 音や r 音は口蓋内に消える。三六七番の記事の注に「プレスビテーは司祭、クレーは聖職の者をいう」と書いた。これは誤解を招く言い方かもしれない。ここで「プレスビテー」を「プレストゥ」と訂正する。

一七

（五六八）

もしもどこかの土地また教会が、なんとも運の悪いことに聖務停止令を食らってしまったばあいには、いや、この地上ではよくあることです、[1] くだんの祭礼の当日、また八日祭に、その土地また教会で、くだんの祭祀を勤めることができるように、[2]〔……〕すなわちすべて破門されたものたち、その者たちのせいで聖務停止になった、その者たちが教会の外へ追放され、お勤めからはずされるように。

（1）sont interdictes を「聖務停止令を食らって」と訳したのは小林珍雄の『キリスト教用語辞典』の示唆によるものです。そう書きながら、わたしはなにかあいまいな気分だった。なにか記憶の片隅に「勤行」という言葉が引っかかっていた。①も⑪も索引にたしかに「聖務」と「勤行」という言葉はあげているけれど、両者がじつは同じだとも、ここから「インタディ 聖務停止」という用語がつり上がるとか、そんな訳の分かった話を書いているわけではない。しょうがないから、①を拾い読みしていたら、これも遠い記憶の片隅に押しやられていた用語の「サンローラン」とか、「クィンズ・ヴィン」とか、「たすき掛けの連中」とかが浮かび上がってきて、これですよ、これこれと、一四九番の記事の本文と注1を「どこかの教会が、なんとも運の悪いことに聖務停止令を食らった」事例の紹介とさせていただこうか。「以来、サンローランにいたるまで、くだんの教会ではミサもヴェプルもあげられなかったのだ。」
（2）ここに sains sonnans という意味不明の文言が入る。テュテイはそのまま起こしているだけ。テュテイを写すだけのコレット・ボーンはここでもただテュテイをうつしているだけ。それがヴァチカン写本には、この二語にアンダーラインがしてあって、欄外余白に＋マークが見られる。だれだか、マシオの写稿を見た人がつけたアンダーであり、マークなのだろうと思う。この二語は意味不明といっているようだ。

一八

（五六九）

その日、貴重な御聖体を護送するべく、いと敬虔にろうそくを捧げ持つ者に、また町中の臨終の床にある者の許に御聖体を運ぶ時にはその者に、また、信心と崇敬の故に御聖体を奉じて方々に往来する者たちに、その行き来の度ごとに百日のパードンを、また、それを志しながら果たし得ないでいる者たちに五十日のパードンを、それぞれ与える。

一九　（五七〇）

法王マーティン五世が命令するには、いかなる身分のものであれ、プレラとクレーは全員、今後、毎年、ペンテコステの日曜日に、善良なキリスト教徒に、上述のパードンを、すべてもれなく公布し、また公布させるべきこと。そのように手当てせず、ただ放って置いたならば、せっかくのパードン下付も無しになってしまうであろうから。

二〇　（五七一）

かくして上述のパードンは、はじめに、パリのサントーグスティン教会で、殉教者にして法王、ウルバンの祝日、一四三一年六月二十五日に公布された。

二一　（五七二）

この年、聖体の祝日の宵宮[1]、三一年の五月三十日、コンピーン前面で捕虜になったダーム・

ジャーン[2]、人呼んでラプセル、この日、ルーアンで説教があった、かの女は木組みの台の上に立たされて、だれしもがはっきりと男の着物を着たかの女を見ることができた。そうしてそこでかの女にかの女によってキリスト教徒の土地に、とりわけてまたフランス王国に、だれもが知っているようにもたらされた悲しむべき災いの数々が説き示された。聖母のお誕生日[3]にパリの町を襲撃にやってきて、兵火と流血の巷にしたことの次第、かの女が犯し、また人に犯さしめた大罪の数々。サンリスその他の町々で、かの女が単純な民衆に偶像を礼拝せしめたことの次第。なにしろかの女の偽善ぶりにだまされて、民衆はかの女をサントプセルと崇め追従した、なにしろかの女が民衆に語り聞かせたところでは、栄光の大天使サンミッシェル、サントカトリーン、サントマルゲリト、その他大勢の聖人や聖女がかの女にしばしば現れて、あたかも人が友に語るがごとく、かの女に語った。神が時としてその友に啓示をもってするがごとくではなく、身体を現し、口づてに、人が友にむかうがごとくと。

(1)「聖体の祝日」は「聖三位一体の主日」の後の週の木曜日である。フランス語で la feste de dieu というが、これは「神の祝日」の意で、これを la feste du sainct sacrement とも呼んでいた。「聖体の祝日」です。復活祭ののち五十日目の主日が「聖霊降臨の主日」で、その次の主日が「聖三位一体の主日」。一四三一年の復活祭は、権兵衛が五五四項の記事に「四月の初日」ときちんと書いていてくれて、だからそれから五十日目の主日は五月二十日、「聖三位一体の主日」は二十七日、その後の週の木曜日、「聖体の祝日」は三十一日、その宵宮は三十日と、ちゃんと計算は合っている。それはよいのだが、さて、この日付はなんだろう。「史実」によれば、この日、ジャーン・ダールはルーアンの広場で焚刑に処されている。「史実」もなにも、権兵衛自身、この一連の記事をずーっと読んでいくと、「だが、いかなる悪行あるいは善行を為したとしても、かの女は、この日、焼かれてしまったのだ」と書いている。それがこの一連の記事の終わりで、だから、この日付は、パリの住人の権兵衛が、ルーアンで起きたジャーン・ダール事件の話を聞いて日記帳に書き記した、その日付ではない。この一連の記事が、まるまるジャーン・ダール事件の伝聞であることを示す日付なのである。
(2)「ダーム・ジャーン」だが、dame は結婚した身分の高い女性に対する尊称である。クレスティァン・ドゥ・トゥルェの『クリジェス』に格好の用例が読める。

onques ancor ne me conut
si com adanz conut sa fame
a tort sui apelee dame
meis bien sai qui dame mapele
ne set que je soie pucele

まだ、かれは、わたしを知らないのよ、
アダムが妻を知ったようにはねえ、
わたしをダームと呼ぶのはまちがっている、
わかってますって、わたしをダームと呼ぶ人は、
わたしがプセルだってこと、知らないのよ

話は込み入っているのだが、クレスティァンの『クリジェス』はアーサー王の姪のソルダムーが、宮廷にやってきたギリシアの皇帝の息子アレクサンドルと結婚してクリジェスを生む。クリジェスは、長じて、ドイツ王の娘フェニスを愛するが、愛は語らない。フェニスはギリシアの皇帝のもとに嫁す。しかし計略を用いて夫とのあいだの性的交渉を回避する。クリジェスはついにフェニスに愛を打ち明ける。引用した詩行は物語がこの段に及んだ頃合いのものです。ダームが結婚し、夫と性的交渉をもつ成熟した女性の尊称であること、ダームに対してプセルがいわれていることが分かる。

それが、権兵衛は「ダーム・ジャーン、人呼んでラプセル」と言葉をならべる。一四三〇年五月下旬、「コンピーン前面で捕虜になった」噂を書き留める、テュテイの項番号で五三六番の記事にも、「ダーム・ジャーン、ラプセル」とならべている。だから、ルーアンのジャーン・ダール仕置きをパリで辻説法し

た説教師の、これは用語だったとは思えない。一年前から、権兵衛の用語集に「ダーム・ジャーン」は入っている。なにか、ジャーンが、すでにして物語の女のなかまいりをしたかのようではないですか。いいえ、まじめな話、「むすめ」がシノンに現れて、コンピーンで敵方に捕らえられるまでのあいだに、どうやら「むすめ」は結婚したらしいという噂が流れたりしたのだろうか。それにしても、「ラプセル」とならべているところがおかしいわけで。

（3）「聖母のお誕生日」le jour delaste nativite nst dame (de la sainte nativite nostre dame) これは固定祭日で、九月七日、この祝日は七世紀の末に、ローマ司教セルギウスによって、ようやく教会暦に入れられたものので、このことは、マリア信仰がそれほど以前のものではなかったことを示している。『黄金伝説 3』（人文書院）の「聖母マリアお誕生」の項の示唆するところによれば、七六六年に殉教したクレタの聖アンドレアスがビザンティン教会で九月八日に「聖母マリアお誕生」が祝られていたことをある時の説で言及したという。また、それより以前、五世紀の末のローマ司教ゲラシウスの書き物にそのことについての言及が読み取れるという。また、六世紀の末から七世紀にかけてのローマ司教グレゴリウスもそのことについて発言しているというが、その子細はわたしの理解の外にある。

二二　（五七三）

また、まこと、かの女のいうには年の頃は十七、恥を知らず、父母、近親、友人の反対を押して、ルラーンの土地のとあるきれいな泉（1）にしばしば出掛け、それをかの女はわれらが主なる妖精のよき泉と呼び、その場所にその土地の人は熱を出すと癒しを求めて行くのだった。くだんのジャーン・ラプセルはそこにしばしば出掛けて、泉を覆って陰らす一本の大木の下で、サントカトリーン、サントマルゲリトが現れて、かの女にいうには、ある隊長の名をあげて、かれのもとにおもむくようにと。くだんの女は父母に別れも告げず、そこにおもむいて、かの隊長はかの女に男の身なりをとらせ、甲冑を着せ、かの女に聖剣を（与え）、エクエ一人と従者四人を与え、(2) このように万事調えてもらって、上馬に乗り、つつがなくフランスの王のもとにおもむいた。そうして王にいうには、かれの命令でかれのもとに来た。かの女はかれをこの世で最大の領主にしてあげるだろう、かれに従わないものたちは容赦なく殺されると決められている、サンミッシェル他大勢の天使が豪華な王冠をかれのためにとかの女に与えた。じつは一振りの剣が土中にある、これもかれのものだが、かの女はかれの戦争が終わらないかぎり（それは）かれに与えない(3)。そうして終日かの女は、女を連れず、男の甲冑姿にぴったりと身を包んで、太い棒を手に持って、一団の兵士を率いる王に連れ立って騎乗した。兵士のだれかがかの女をそしるや、かの女はその棒をもってその者を打ち据え、残忍きわまる女のようだった。

（1）「ルラーンの土地のとあるきれいな泉」une belle fontaine ou pais de louraine　テュテイはきちんとそのまま起こしているが、コレット・ボーンは当然ではないですかという調子でLorraineと直している。ロレーヌという土地をいっているのだ。当然ではないかと肩をそびやかしている気配だが、わたしは愚直で、こういうところでもトブラー‐ロンマッチを引いて見る。すると馬勒《ばろく》の一部で面懸《おもがい》や手綱など皮帯類をいうRiemenzeugをいうlorainという語が見える。これは、まあ、あたらないでしょう。だからといって、ロレーン（あの、発音はむしろこうです）はロレーヌですよとかたづけてしまってよいものか。もっともわたしがトブラー‐ロンマッチを引いて見たのは、フォノグラフが日本語表記でルレーンかロレーンかをたしかめたかったからでして、そのかぎりでは、どうも要領を得ないことでした。

（2）ピエール・ティッセ訳注のテキストは、ここのところ、un chevalier, un ecuyer et quatre serviteurs「ひ

とりの騎士、ひとりのエキュイエと四人の従者」と書いていて、エスティヴェ本と呼ばれるあるラテン語の記録をそのままなぞっている。ティッセの訳注は、ここのところは一八六七年にヴァレ・ド・ヴィリヴィルの刊行した『オルレアンのピュセルと呼ばれたジャンヌ・ダルクを断罪した裁判』がいくつか話題にしたラテン語文のテクストを原本にしたらしく、これはポール・ドンクールが一九五二年に刊行した『ジャン・デスティヴェ本とユルフェ写本とオルレアン写本をつきあわせたジャンヌ・ラ・ピュセルの裁判記録』（本人の書題をまじめに日本語に写すと誤解を招きかねないので、大胆に意訳した書題）がエスティヴェ本の原文として掲げているものと奇妙に一致している。奇妙に一致しているというのは、テキストのほかの文脈ではかなり両者くいちがっているのに、ここだけは、という意味です。もっとおもしろのはオルレアン写本との突き合わせです。オルレアン写本というのは、オルレアンにたまたま残ったフランス語による裁判記録の名前で、その二月二十二日の記事に un chevalier et de quatre aultres hommes と書いている。それだけです。それだけです、とわたしがいうのは、オルレアン写本はなにかぎこちなく un ecuyer の名前、というよりも呼びかけでしょうか、これを落としている。隠しているのかな。それはそうしたくもなるでしょう、王太子家の厩舎係職のエクエ（エクエ・デスクーリー・ドゥ・ルェ）がヴォークールールまでジャンヌを迎えに来たと、この史料はいっている。エスティーヴェ本は uno scutifero et quatuor famulis「楯を運ぶ者と四人の家人」といっている。権兵衛の五七三番の記事はこれを退けてあえてオルレアン写本を取っている。しかし、どうして、あえて、とわたしはいうのか。権兵衛にいくつかのテキストから取捨選択する余裕があったわけではない。権兵衛は、ルーアンからやってきた説教師がいうところをただ写している。

（3）「かの女はかれの戦争が終わらないかぎり（それは）かれに与えない」はじつは読めない。elle ne lui baudroit tant que sa guerre fust faillie と書いているのだが、baudroit が分からない。bauder, baudir の未来形と読みたいところだが、リトレは狩りの用語として aboyer 吠えると説明しているが、トブラー－ロンマッチは、なぜだか、baudir の項を立てながら、その過去分詞 baudi が ermuntert の意味だと、ひとつ用例を引いているだけ。そうかと ermuntert を調べると、ermuntern という動詞がちゃんと項に立っていて、ermuntert は Der Kaffee hat ihn wieder ermuntert と用例を示している。コーヒーでかれはまた元気になったという意味らしい。犬が吠えるにしても、コーヒーが元気にするにしても、問題の権兵衛の文章には通じない。それに「かの女はそれをかれに」の構文に必要な直接補語 le が見あたらない。まあ、仮訳の方には（それは）と括弧書きしておきましたが。コレット・ボーンは elle ne lui baillerait と書き換えている。たしかに bauder を baillir と書き換えるのは魅力的で、わたしもついふらふらとそう訳してしまったが、かなりいろいろ調べたが、どうもそれでいいよといってくれるテキストはついにみつからなかった。

二三

またかの女は命の終わりには天国にいると確信しているといった。

（五七四）

二四

またかの女のいうには、かの女は確信している、サンミッシェルとサントカトリーンとサントマルゲリトがかの女にしばしば話をした、かの女がそう望むとで、かれらは頭上に黄金の冠を戴いていることがよくあった。かの女の為したことすべては神の命令によるものだと。そうして強い声音でいうには、かの女は将来起こるであろうことを、あらかた知っていると。

（五七五）

二五

（五七六）

また度重ねて甲冑を着けたまま、祭壇の前で貴重な御聖体を受けた、男の身なりで、髪は丸く切り揃え、市松模様の頭巾を被り、裏地つきのマント、付け金具のいっぱいついた緋色の股引、(1)そんな貴顕貴女のかの女に向かって、かの女の身なりは物笑いだと非難していうには、女性なのだから、そんな格好で聖体を拝受するなんて、聖体をおとしめるものだと。かの女はすぐさまかれらに答えて、決して身なりは変えない、男の身なりを捨てて身を守れなくなるくらいなら、死んだ方がましだと。また、かの女がそうしようと思えば、雷鳴をとどろかしてみせよう、そんな不思議はそれだけではない。かの女の身体に危害を加えようとしたものがいたが、かの女は高い塔から飛び降りて、怪我一つしなかったと。

(1)「市松模様の頭巾」はchapperon dechiqueteと書いていて、市松模様はじつはまちがい。ギザギザ模様の切れ込み飾りで飾られた頭巾ということで、頭巾は男性用で、細長い三角錐をおでこに載せて、後ろに垂れ下がる三角錐状の布地をまとめて右あるいは左の耳の後ろに垂らす。これが基本で、垂らしていない、もう片方にも飾りの布地を垂らす。そういうかぶり方もあって、垂れ布に刺繍の模様をたっぷり飾りつけるのもある。女性向けのかぶり方はいろいろだが、ロンドンのナショナル・ギャラリーに所蔵されているヤン・ファン・アイクの「アルノルフィニ夫妻の肖像」のアルノルフィニ妻は、両のこめかみに生やした角に、総レースの縁取りも見事な三角巾をかけて、角を左肩に垂らしている。

二六

（五七七）

多くのところで、かの女は、手紙に従わなかった報復だと戦闘で男や女を殺させた。それができそうだと、かの女は情け容赦なく殺しまくった。そうして確言するには、かの女は神の命令によらずしてなにごとも為さなかった、神は大天使サンミッシェル、サントカトリーン、サントマルゲリトを介して始終かの女に命令を下した。大天使らがかの女にこれを為さしめたのであって、我らが主がシナイ山においてモーゼに為したがごとくではなく、大天使らが直接かの女に将来する秘密の事々を語ったのだ。そうして大天使らが、かの女が、この着衣をつけたときであれ、またそうでないときであれ、為した事々のすべてを、かの女に命令したのであって、いまも命令するのだと。

二七

（五七八）

かかる曲事と悪事をダーム・ジャーンは犯した。このことが民衆を前にしてかの女にすべて解き明かされるや、民衆は、かの女がわれらが信仰に背いて為したところの大いなる過ちが語られるのを聞いて、大いに恐れた。かの女の過ちはそれに止まらず、なにしろかの女の悪事と曲事がかの女に解き明かされたにもかかわらず、かの女はいささかも恐れ、驚くことなく、地獄の敵にとりつかれたものと、かの女に説き示された諸条項に対して勇敢に答えたのだった。それが、なんと見られたのだ、なにしろかの女は、パリ大学の学僧たちがいともねんごろにかの女に向かって、悔い改めて、間違った考えを取り消しなさい、そうすれば悔悟の故にかの女の罪は赦されるであろう、さもなければ民衆の前で焚刑に処せられることになる、かの女の魂は地獄の底に落とされることになるだろうと説き聞かせ、悔い改めなければかの女を焼くべく火が用意されるべしという命令書とその場所がかの女に示された。これがたしかなことだと知ったかの女は赦しを乞い求め、自説の撤回を口にしたので、かの女は衣服を脱がされ、女の身なりにさせられた。けれども、そんなにされた自分の姿を見て、かの女はふたたび以前の過誤に立ち戻り、男の衣服を要求した。そこでただちに裁判官全員から死刑を宣告され、壇上の漆喰で作られた杭に縛り付けられ、火がかけられた、かの女はすぐ死んだ、かの女の衣服はすっかり焼けた。次いで火が遠のけられた。民衆はまっぱだかのかの女を、女にあるはずの、なければならないはずの隠された部分をくまなく見た。民衆の疑念をとりはらうためのことだった。心ゆくまで気がすむまで、すっかり死んで杭に縛り付けられているのを民衆が見るのを見計らって、処刑人は、あわれな死骸の上に盛大に火をかけた。死骸は燃え尽き、骨も肉も灰になった。あちらこちらで、かの女は殉教者だった、かの女の主君のために死んだのだというものもあり、いいや、そうではない、かの女をこれほどまでに守ったものは間違っていたのだというものもいた。民衆はそんなふうにいっていた。だが、いかなる悪行あるいは善行を為したとしても、かの女は、この日、焼かれてしまったのだ。

二八　　　（五七九）

この週、アルミノーのなかで一番悪いやつで、タイラントで、一番情けを知らぬやつで、なんとも悪質なところからラ・ヒールと呼ばれたやつが捕まった。どうってことはない部隊に捕捉されたのであって、ドゥールダン城に留置された。

二九　　　（五八〇）

サンマーティン・ル・ブイアンの祝日に、サンマーティン・デ・シャンで大行列が催された。まず説教があった。ドメニコ修道会の修道士が説教した。異端審問官で神学博士だ。あらためてジャーン・ラプセルの人生が語られた。かれがいうには、ジャーンがいったことには、かの女は極貧の家の娘だった。十四歳のころ、かの女はあのように男装するようになって、かの女の父母はいっそ殺してしまいたいとおもったが、さすがに良心を傷つけることなしにそれはできなかった。こうしてかの女は両親と別れ、地獄の敵と道連れで、キリスト教徒を殺して歩き、火と血にまみれて、ついには焚刑に処されたのだった、と。また、かの女のいったことには、かの女は一旦は過ちを認め、教会に従いますといった。教会はかの女に贖罪の苦行を課した、四年間、パンと水のみで獄中で生きるという苦行である。その苦行をかの女は一日たりとも実行しようとしなかった。(1) それどころか、貴婦人でもあるかのように世話をさせた。そうして、ミッシェル、サントカトリーン、サントマルゲリト、そうかの女は名をあげるのだが、すなわちかの女を失うことを恐れた、この三人の聖人に姿を借りた、かの敵中の敵がかの女にいうには、あわれな被造物よ、死をおそれて衣服を捨てたな。おそれるな。我らがお前を守り抜こう。そこで、かの女は時を置かず着ているものを脱ぎ、かの女が騎乗していたときに身につけていた衣服をまとった。かの女はそれを寝台のわら束のあいだに差し込んでおいたのである。(2)［……］大学の方とそれの与力の方々はその有様を見て、ここまで執着しているのかと、かの女を俗世の司直の手にゆだね、かの女は死んだ。かの女は、事態がこう動いたので、かの女はくだんの敵を呼び出そうとした。それが、いつもは聖人の容姿で現れていた敵は、かの女が断罪されてからというもの、どんなにかの女が懇請しても、ついに現れることがなかった。ついにかの女は悟った、しかしそれは遅すぎたのである。

その説教で、かれがさらにいうには、その者たちは四人である。そのうちの三人はもうつかまえられた。すなわちこのプセル、ペローンとその仲間と、もうひとり、レザルミノーと連れ立ったカトリーン・ド・ラ・ロシェルである。カトリーンは貴重な主の御聖体を祀っている最中に我らが主なる神の至高の秘密の驚異を見たといった。(3) また、かれのいうには、この四人のあわれな女は、コルドレ僧のフレール・リシャール、これはパリのイノサン墓地やなどで説教するとき、大変な数の追従者を率いていたものだったが、これがこの女たちを支配していたのであって、なにしろかれはこの女たちのボー・ペールだったのだ。[4]また、かれのいうには、フレール・リシャールは、降誕祭に、ジャージョーで、くだんのマダム・ジャーン・ラプセルに、一日のうちに三度も御聖体を拝領させた。これは大いに咎められてしかるべきところだが、同日、ペローンにも二度、御聖体を拝領させた、ペローンとかの女に御聖体を拝領させた、その時刻にかの女と一緒にいたそのともがらの信仰告白の証に。

(1) dont elle ne fit oncques jor と書いている。jor は行末に jo と書いて、o を跳ね上げるように書いていて、jor の省略した書き方と分かる。近代語の表記で jour である。副詞的に使って、毎日、いつも、である。その語感を生かそうと、ここは否定辞構文なことを活かして「一日たりとも」と訳した。

(2) que boutees avoit ou feurre de son lict と書いていて、bouter は boter と書く方が正字だが、トブラー - ロンマッチは hineinstecken という解もあげていて、これはどこかに物を突っ込むという意味だから、まさに適切な用語で、ジャーンは女装を強要されて、脱いだ男子用の衣服を寝台のわら布団の、どこか裂け目に差し込んでおいたのである。隠しておいたと、つい読みたくなるが、テキストはそうあからさまには書いていない。feurre は忘れられた古語で、トブラー - ロンマッチにも、グレマにも載っていない。ただグレマが foare の項を立てて、わずかに解に fuere, paille, fourrage を挙げていてくれるのが示唆的で、ゆくりなくパリのカルチェラタンのフーアール通りを思い出した。わら束通りとよく訳される。往時パリ大学の学生がムシロを抱えて往来したというところからの命名だとまことしやかにいう。ノートルダムの前の道がセーンにかかるポン・ト・ドゥブルを渡り、モンテベッロ河岸の道を横切って、ラグランジュ通りに入る。右手にサンジュリアン・ル・ポーヴル教会を見ながら一〇〇メートルほどいって、教会の境内がつきたあたりで道は二手に分かれる。右手の道のそこから七〇メートルほどがフーアール通りです。道はダンテ通りと続いてサンジェルマン大通りに入る。このあと二行あまり、うまく訳せない。

（3）一四三〇年の五四六—八番の記事に「半島のブルターン出身のペローンと、その仲間で年下の女性」のうわさ話が見られる。また、カトリーンの発言についてコレット・ボーンは、これはイエスの現存に接したといっていると解説しているが、これはもう大変な神学論争に発展しそうで、こわいので、批評の言は控えます。

（4）コレット・ボーンは beau pere に注記して pere spirituel と書いている。霊的な父親、ですか。どうしてそういうふうに言い換えられるのか、分からない。当時の用語法としては beau pere は義父であって、それ以外の用例はトブラー‐ロンマッチなどの用例集をなめるように見ても見つからない。『ヴィヨン遺言詩集』の一一七節にボー・ペールが登場する。「托鉢修道会の兄弟たち」のうわさ話で、つまり「フレール・リシャール」がその仲間内です。「神さまによかれと、あの方々はどえらく苦労したんで、ボーペールはボーピールで、ともかく生活がかかっている、パリにいるのは、もっともっと大変だ、わかりますよ、おれたちのとなり近所のおばさんたちをよろこばせるのは、おばさんたちの夫どもを愛する、あの方々のこれぞ隣人愛。」ボー・ペールはここは神父の意味にちがいないという解釈が盛んだが、それはムリ。ペールは修道士をいうから、ボーで飾って「ご立派な修道士方」でどうでしょう。ただしペールはピールの変化形で悪人輩《あくにんぱら》をいうこともある。ピールをペールに隠したということで、日本語に訳しようがない。

三〇

（五八一）

この年、サンドミニックは日曜日にあたった。[1] この日、摂政がパリにもどってきた。摂政はずうっとレザルミノーに付け狙われていた。マントを過ぎたと思った頃、レザルミノーはかかれを捕らえようとした。しかし、知らせが行き届いていて、川を渡り、日に夜をついで走り、ついにパリに帰着した。サンドミニックにサンジャック門を通って帰ってきた[2]。摂政の側は必要がないところにまで手広く兵員を配って敵勢に対抗しようとした。この噂がルーヴェー前面に陣を布いていたイギリス勢にまで伝わり、二、三人の隊長が陣を抜け出し、隊をひきいてパリへ向かった[3]。隊長たちは摂政が捕虜になったと聞いて、助けに行こうと思ったのだったが、それがそうではないと知って、一気に大胆になって、こんどはボーヴェまで行って、待ち伏せの態勢に入った。このことを知らされた町の人たちは、われがちにと競って町を出た。摂政の与力の隊長たちは、スパイを放って町の動静を知り、一隊を分けて町とレザルミノーのあいだに位置させ、他の者たちは正面に出て、レザルミノーに猛烈に襲いかかった。かれらはけっこうよく対抗した。しかしレザルミノーは、摂政の手の者の別働隊が背後に現れたのを知り、もうこれまでだと思い、自発的に隊を解いた。大物の隊長たちがあるいは捕らえられ、あるいは殺された。とりわけ大物に、悪人ギョーム・ル・ベルジェーがいた。この者はその配下の者たちにおのれを偶像視させていて、斜めに騎乗し、時に付け折に触れては手と足、それに脇腹を見せる。なにしろそこには血がついていた、フランチェスコ聖人さながらに。また、ポトン・ド・サントレーエなる高名な隊長など、大勢を捕虜にしてルーアンに連れていった。

（1）ドミニクス聖人はスペイン人だからドミニコとスペイン語風に呼ぶことが多い。ドミニコ修道会の開基だが、その生涯についてはあまり知られていないようだ。ヤコブス・デ・ウォラギネの『黄金伝説』は、日本語の訳本で九六ページから一二六ページと長大だが、ほとんどは癒しとか悪魔祓いとか、列聖審査に提出する資料みたいな記事ばかりで、あまりおもしろくない。おもしろい記事がひとつだけあって、なんでも「アウグスタの町で聖ドミニクスの聖遺物移居記念の祝いをしていた日のこと」だったそうで、教会でミサにあずかったご婦人たちが、その帰り道、ある家の戸口で糸紡ぎをしている女性を見とがめて、きょうは聖人さまの祝日なのだから、どうして糸紡ぎの仕事を休もうとしないのかとたしなめたというのだが、どうしてこの記事はおもしろいとわたしがいうのかというと、わたしがいうのは、ドミニクスは一二二一年八月六日、ボローニャに没した。それが聖人の祝日は八月四日ということになっている。この日付のずれはなんとしたことか。聖遺物移居記念というのはラテン語でトランスラティオという、『キリスト教用語辞典』などをみればたしかに移居という訳語がとられている。しかし、移居というのは、どういう意味合いで使っているのだろう。わたしがいうのは日本語としてということで、聖者の遺骸ないし遺物がその置き所を変えるということで、ボローニャの教会堂に葬られていた聖者の遺骸が、シチリア島の東海岸の町アウグスタに移された。その訳は分からないが、どうやらそれは、何年かあとの八月四日、日曜日のことだったらしい。ドミニクスの名自体が、じつは日曜日を示唆する。聖人の祝日は日曜日に祝う。主の日である。これは、だから、あまり意味のない話だが、手元の『古代・中世暦　和暦・ユリウス暦月日対照表』というので一二三一年八月四日を引いて見たら、みごと、日曜日と出た。八月六日は火曜日である。「この年、サンドミニックは日曜日にあたって」いなかった。

(2) サンジャックはヤコブ聖人で、使徒ヤコブがスペインを伝道したという伝説からガリシアのサンチアゴ・デ・コンポステッラの巡礼聖地が成り立った。パリからサンチアゴへ向かう道はセーンのプチポンに発する。プチポンを渡ってサンジャック通りがはじまり、坂道をのぼっていって、その高みに門があって、門を抜けるとオルレアンに向かうサンジャック街道が始まる。サンジャック通りが門をくぐるその手前、門の東の脇に巡礼宿がいつしか営業を始めていて、その門だからサンジャック門と呼ばれるようになったという説もある。おもしろいのはその宿屋の、サンジャック通りを隔てて反対側に、ジャクーピン、近代語の発音でジャコバン修道院がずいぶんと広い境内を擁していた。これの名前の由来はサンジャックからだが、これはサンドミニック会派のパリの城だった。サンドミニックにサンジャック門から帰ってきたと、なにか権兵衛がこだわっているのはそうしたわけからです。

（3）ルーヴェーは近代語の発音でルーヴィエール。エヴルーから北に向かう国道一五四号が国道五号に接合する、その数キロ手前のイートン河畔の町。おおづかみにいえばルーアンの南のセーン西岸の町。

三一

（五八二）

一四三一年、八月の中の日、サントノレ街のあるパン屋がとても上等な粉で、とても大きなパンを焼いた。とてもうまい具合に焼けたのだが、それが灰色のパンで、パリでそのことが大評判になった。なにか悪いことが起こる印だという意見が多かったが、これは奇蹟だというのもいた。なにしろ聖母ご昇天の祝日にこのパンは焼けたのだからというのだが、こんなふうにパリはこの奇瑞の噂で持ちきりで、こんなふうに評定するものが後を絶たなかった。パン屋は逮捕され、小麦粉も差し押さえられた。代官はその小麦粉でパンを焼かせたが、できるだけ上手に焼けと命令したにもかかわらず、できあがったのは同じように灰色か、もっと灰色のパンでしかなかった。ついに裁判になって、その麦が検分されたが、なにか変わっている麦という結論は出なかった。そこでその麦を挽いてパンを作ってみたが、できあがったのはまったく同じようなものだった。そこに、麦のことにくわしい商人たちが現れて、いうには、むかしいったことのある土地では、住人はこのようなパンをいつも食べていた。ブルグーンとか、そういったくにです。香りが立って、おいしいものですよ。麦といっしょに育つある種のハーブのせいですよ。いや、ほんとの話。しかし、パリの民衆の噂話はいっかなおさまらなかった。子どもたちの母親たちは、たがいにこの手のパンのかけらをみせあって、色がどうのこうのと、おしゃべりするのをやめなかった。

三二　（五八三）

続く十月二十五日、[1] ルーヴェーの町から、そこを五か月ものあいだ、イギリス勢に対抗して保守した連中が立ち去った。示談が成ったと、連中は、持っていける物はみんな持っていった。それで大儲けをした。示談の一条に、イギリス勢は報復に掠奪などをして町の住民に損害を与えるようなことをしてはならないというのも入っていた。ところが、かれらはその誓いを破った。レザルミノーの軍勢が立ち去ったあと、かれらは立てた誓いとまったく逆なことをした。町をぐるっと取り囲んでいる壁を取り壊したのである。したいだけのことをしつくしたあげく、かれらの名誉にはならなかったのに、かれらはルーアンに向けて立ち去った。かれらというのはお偉方たちのことで、お偉方たちは楽な暮らしを送りたかったのだ。[2]〔……〕レ・グーヴェルヌー[3]はブルグーン侯がパリに来た。法王の特使と連れ立って来たという。[4]〔……〕ところがこれはとても動揺している民心をしずめようとするためだけのことにすぎなかった。いや、ほんとうのことです。ブルグーン侯はパリの人たちのことなんか眼中にないのだ。王国がどうなるか、そんなことに気を留めてはいないのだ。だからヘンリが、供ぞろい派手にパリにやってきて、王塗油の儀式をあげて戴冠することにもなったのだ。

（1）テュテイはここを Item, en octobre ensuivant, le xxve jour と起こしている。「また、続く十月、二十五日」と読みたいと、読点二つを入れている。そうしないと、前の記事が「八月の中の日」なのだから、それに「続く十月二十五日」ではヘンではないかという思惑のようだ。この日記は、日記とはいい定《じょう》（逆接、「とはいうものの」）、かなり時期をへだたった記事を隣り合わせに載せることもある。元稿には月日で隣り合わせの別稿があったのだが、写本に編集していく過程で散逸してしまったのだと考えてもよいではないですか。ヴァチカン写本に見えない読点など入れる必要はない。コレット・ボーンもテュテイを写しているが、これについては批評の限りにあらず。

（2）このあと意味不明の一行が来る。et disoit on qu'il vendroit tant de buche mais というのだが、テュテイはこの通り起こしていて、テュテイを写しているコレット・ボーンは、時折発作的にテュテイの書写を裏切ることがあるが、ここもそのひとつで、et disait on qu'il viendrait tant de buche mais と書いている。disoit を disait は dire「言う」の中世語形を近代調に書き直しているだけだからいいのだが、vendroit を viendrait は venir の単数三格「かれ、かの女が来る」と読もうという誤読で、コレットはヴァチカン写本なんか見ていないから、おそらくテュテイ本以前の日記の刊本にはこう書いてあったのをそのまま写したにちがいない。とにかくヴァチカン写本には vendroit と書いてあって、これは動詞 vendre「売る」の条件法単数三格である。

　mais que la ville de louviers fut delivree は si la ville fut delivree「ルーヴェーが解放されたならば」で条件を提示し、「たくさんの薪を売ったことになるだろう」と、その結果を予測する。もっとも vendre は viendre とも書いたらしいとクレダもいっている。これはおそらく中世語のフォノグラフィーで ie は e だという前提を置かなければ通じない話だと思う。「たくさんの薪」うんぬんは分からない。たぶん当時のことわざめいた文言なのだろうと思うが、みつからない。どっちにしても、ここのところ、ルーヴェーの町が開放されたなら、かれはたくさんの薪を売ったことになるだろし、各人、取り分がすごかったろうよとみんな噂した、とでも訳しますか。

　ところが、この後が、また分からない。「ところが、その後、すぐ、八日ほどたって、elle enchery de tournois a paris ou plus と書いている。これは、もう、解読できませんねえ。elle は la ville de louviers を受けているのでしょう。ルーヴェーの町は金持ちになった、はいいけれど、その後の de tournois というのが分からない。コレット・ボーンは、例によって、なんかこじつけふうに丸括弧のなかに脚注の番号を置いて、その脚注に、数値が欠けている、とかなんとか、ここはおそらく何十フランもうけたとか、何百とか、そんなふうに読めると書いている。ナンセンスのきわみで、tournois は貨幣単位ではない。tournois と parisis とふたつある貨幣システムのうち、どちらかを示す記号である。だから最後の二語 ou plus「あるいはそれ以上」の座りが悪い。

(3) 索引を見ていただきたいが、一番訳しにくい語の一つです。施政者たちというのが、それは一番よいだろうが、これは日記の用語になじまないとわたしは思っている。権兵衛の生活感覚に一番なじんだ物の言い様は役所のお歴々でしょうかねえ。

(4) 続く文章をテュテイとその追従者コレット・ボーンがどう読んでいるか。あまりにおもしろくて、ついついご紹介したくなる。et que eulx deux devoient mettre bonne paix entre charles qui se disoit roi defrance et henry qui se disoit roy defrance et dangleterre「かれらふたり、フランス王を称するシャルルと、フランスとイングランドの王を称するヘンリとのあいだの和平を取り持つことになった。」それが、おもしろいことに、さすがのマシオもここにいたってためらいが生じたか、ヴァチカン写本をコピーでなりともご覧にいれられないのが残念だが、訳文では「フランス王を称するシャルル、とフランスとイングランドの王を称するヘンリ」のところ、原文でひとつめの roy defrance et henry のところを、なにか roy defrance. Et henry と読めるかのように書いている。これは筆生のマシオがそう書いた、近代人の目にはそう読めるように書いたのであって、権兵衛ではない。中世人の書写は大文字の使い方が近代人から見ればかなりいいかげんである。近代人ならば大文字で書くところを、小文字で通しているケースはいくつも見つかる。だいいち、小文字と大文字をくっきりと分けているふうでもない。そういうなかにあって、マシオはここは defrance を句点できっぱりと切って、e の大文字で Et henry と新たに書き起こしたかに見える。それが後はhenryを説明するだけで、文としての体を為していない。一四三一年の記事である。一四二二年に成立した「フランスとイングランドの王家」はまだ倒れていない。王家がいずれ絶えるだろうとはマシオや権兵衛の想定の内にはない。henryは時代のフランス語の読みでヘンリです。アンリなどという読みは十九世紀のものです。

三三

（五八四）

サンタンドレの祝日、十一月の最後の日、年の頃は九歳かそこらのヘンリがフランスのサンドニ修道院に泊まりにやってきた。金曜日のことで、かれはフランスとイギリスの王を名乗っていた。

三四

（五八五）

続く日曜日、待降節の最初の日、くだんの王がサンドニ門を通ってパリにやってきた。その門の町の外へ向かう面に町の紋章が飾りつけられていた。とても大きな楯型で、門の石造りの構えを全部占領するほどで、半分は赤く、上半分は青で、ユリ紋をちりばめていた。楯面を縦断して、銀で九の字が描いてあって、男が三人、縦につながったほどのおおきさだった。

三五　　（五八六）

町に入った内側に商人頭と助役たちがいた。全員緋色の装いで打ちそろって左右に居並んで、各人帽子をかぶっている。王が町に入ると、すぐさま、かれらは王の頭上に、ユリ紋をちりばめた青色の大きな天蓋を差し掛け、四人の助役がそれを持って歩いた。その様は御聖体の祝日に、我らが主の御聖体に天蓋を差し掛けるがごとくで、いや、それ以上のものがあった、なにしろ行列が進むにつれて、見物の衆が、口々にヌーエと掛け声を掛けるのだった。(1)

（1）「いや、それ以上のものがあった」と訳したのは、et plus の二語だが、権兵衛の深慮はなかなか測りがたいものがある。ヌーエ nouel はラテン語の natalis から派生して、誕生をいい、本来降誕祭の祝い辞であり、降誕祭そのものをそう呼ぶ。権兵衛はここでそのことを意識していたか？　ヌーエは万歳みたいなもので、祝い事の掛け声としていろいろ使われた。ここは、しかし、言葉の起源に立ち返って、年間祭事の一の位であるクリスマスの祝い辞が使われた。だから御聖体の祝日どころか、それ以上の祭事になったといっているのであろうか？

三六　　（五八七）

王の前に九勇士と九勇女が行った。そのあとに大勢の騎士と従騎士が行ったが、なかでも目立ったのがル・ベルジェーと自称するギョームで、これは、前にもお話ししたように、フランスェ聖人のような傷を身体に負っていると、それを見せた人物だが、かれはこの祭を楽しんでいるとはとうていいえなかった。なにしろかれは捕まった盗っ人のように頑丈な綱で身体をきつく縛られていたのだ。

（1）ここはかなり修飾をくわえないと訳せない文章だ。なにしろ qui avoit monstre ses plaies comme saint francoys、直訳すれば、かれはかれの傷をサンフランチェスコのように見せた、と、こうなのだ。フランチェスコ聖人が聖痕を身に帯びたという伝承を踏まえている。

三七

（五八八）

王の前のその次は、四人の司教。パリ司教、官房長、ノイオン司教、あるイギリスの司教。その後についたのがヴィセートゥル枢機卿（1）。

（1）コンピーンからエーズ川、近代語でコンピエーニュからオワーズ川を遡って二四キロ、ノイオン、近代語でノワイヨンは三世紀の資料に noviomagus と出て、novio-magos 新市場、あるいは新町。それが十二世紀の資料には novionum あるいは noionum と見えるのだそうで、このあたりから noyon の名乗りが出たか。それがおもしろいことに、この町の名はさかさに読んでも同じノイオン。名前の由来にこの言葉遊びも加わっていたか。官房長はテルーアン司教ルイ・ド・ルクサンブール。テルーアンはブールーンから内陸に入って五一キロ、サントメールから南に一二キロの城町。テュテイの脚注がおもしろい。chancelier de France pour les Anglais と書いている。この時期、フランスとイングランドの王家というのが立っていて、権兵衛がフランスというのはこれの省略だというのは頭では分かっていても、十九世紀のフランス人の愛国心は、どうしようもなく、これを「イギリス人たちよりのフランスの官房長」と書くよう、ペンを持つ手に強いる。これは文字通りナンセンス、意味が通らない。あるイギリスの司教はたぶんノリッチ司教だったろうとテュテイは推理して、傍証のひとつに一四三一年十月十二日付のベドフォード侯のフランス摂政職に関係する複数の手紙がある。これがボーヴェ司教、ノイオン司教、ノリッチ司教と王の諮問会議のメンバーシップを数えあげているという。ヴィセートゥル枢機卿については、一四二七年の四五三番の記事と注1、一四二九年の五二二番の記事の注1をご覧ください。

三八　（五八九）

また、王の前には二十五人のヘローと二十五人のトランペット吹きが行った。かれらが行った頃合いに行列はパリに入り、ポンソー・サンドニに大勢のシレーンが見られた。なにしろそこには三組のシレーンが整然と居並んでいて、その真ん中に一本のユリが植わっていて、花とつぼみの先端からぶどう酒や乳を噴き出していた。飲みたければ飲んでもかまわなかった。その上の方を見ると、小さな森があって、野生人がさまざまな余興を演じていて、とても楽しそうに楯の遊びをやっていた。(1) だれもがしげしげとそれを見物していた。それからラ・トリニテの前に来た。そこから木組みの床がはじまって、はじめに、聖母の御懐妊からヨセフがヘロデ王を恐れてマリアをエジプトへ連れて行くところまでが舞台に乗せられていた。なにしろヘロデ王は七×二〇×四×一〇〇〇人の男の子の首を切らせたというのだ。[2] この話はこの聖史劇に全部出てくる。木組みの床はサンソーヴールを過ぎたあたりからはじまって、ダーントー通りに出るあたりまで続いていた。ダーントー通りに出たところにラ・フォンテーン・ド・ラ・レーンと呼ばれる水道のはけ口がある。[3]

（1）これはよく分からない。jouoient des escus moult joieusement と、ただそれだけですからねえ。トブラー-ロンマッチを見ても出ていない。

（2）一応この数字は出たが、これで計算して五十六万人という恐ろしい数字も出た。写本は viixx iiij で、じつは xx は vii の右肩に乗っていて、だからここは七×二〇＝一四〇、それに×四＝五六〇となる。それに×一〇〇〇だから、と、話は合っているようだし、テュテイもそう校訂している。ところが、実はこれにはごまかしがある。写本を見れば iiij と milliers とのあいだにもう一字だか、二字だかがある。よく読めない。テュテイも読めなかったらしく、だからこれは校訂せず、おいてけぼり。コレット・ボーンは、もともとテュテイしか見ていないから、そのまま、あがりましてはと計算して五六〇〇〇〇とい い調子ですが、そういうわけでこれは信用しがたい。この謎の一字だか二字だかについては、これを宿題としましょう。

（3）ダーントーはいまふうの発音表記で書けばデルネタルでしょうが、時代の発音表記は近代の作法などかまってはいない。ド・ラ・レーンはド・ラ・レーヌです。

三九　　（五九〇）

そこからサンドニ門まで行った。サンドニ門には栄光の殉教者サンドニ殿が飾りつけられていた。[1]門の入り口のところで助役たちが、それまで持っていた天蓋をドラペー（織物業者組合員）に渡し、ドラペーはイノサンまで運んだ。イノサンでは、生きたまんまの鹿の鹿狩りが行われていて、とても楽しい見物だった。[2]

（1）どうして「サンドニ殿」などと、いつもは「サンドニ」と、いわば呼び捨てにするのに、いうのかというと、いつもとちがって monrsainct denis などと書いているからで、mon は省略記号を右肩にしょっていて、monseignor の省略だと思われるのだが、つまり近代語形で monseigneur で、領主とか殿様とかの訳語がなじむ。まさかサンドニ領主などと書くわけにはいかず、苦しいところです。なお、権兵衛は monseignor の seignor を signeur と書いている。

（2）「みもの」と読んでください。妙な訳になってしまったのは、まさか「生きたまんまの鹿狩り」ではおかしいでしょう。「鹿の狩り」では、なんか理屈ぽいし。

四〇　（五九一）

そこでドラペーは天蓋を下ろし、エスピセー（薬種商あるいは香料商人）がかわって担いで、シャストレ[1]の前まで行った。シャストレの前では、大変美しい[2]神秘劇[3]が舞台に載っていた。ちょうどシャストレの正面に正義の寝台が向かってくるところだった。そこには王のかたちをとった、王と同じ年頃の大きな子どもが、王の正装をとって、緋色のコート、毛皮の裏を見せた帽子、二つの王冠を脇に吊して、とても贅沢な造りで、フランスの王冠とイギリスのそれで、それぞれを頭の上に置けばなんともすばらしい眺めになるだろう[4]。その右側（対して左側）にフランスの王族の方々、すなわちアンジュー、ベリー、ブルグーン等々を演じる役者たち。すこし遅れて僧侶、続いて町方の面々。左側にイギリスの大領主の方々を演じる役者たち。全員、若い王になにごとかを献策する姿勢をとらせる。それぞれが王に対してボンであり、レオーである。[5] 各人、その門地の紋所の入った上着を着していた。それぞれ由緒ある家柄の人たちだった。そこでエスピセー[6]が天蓋を下ろし、両替商人があとを継いで、王宮まで運んだ。そうして、この礼拝堂の聖遺物に接吻した[7]のち、行列がまたはじまった。天蓋は、今度はオルフェーヴル[8]が担いだ。カランド通りを行き、ヴィエーエ・ズリ通りを行って、サンドニ・ド・ラ・シャートルまで。そこで止まりで、その日はノートルダムまでは行かなかった。[9] サンドニ・ド・ラ・シャートルに着いたところでオルフェーヴルは天蓋を下ろし、小間物商人が代わって天蓋をかつぎ、アンジュー屋形まで運んだ。[10] アンジュー屋形で担ぎ手は毛皮商人と交代して、毛皮商人はサンタンテーン・ル・プチまで天蓋を担いだ。[11] その後は食肉業者がとって代わって、トゥールネル屋形まで天蓋を担いだ。一行がサンポール屋形の前にさしかかったときのこと、フランス王妃イザボー、故シャルル六世の妻は、側近の女性たちもかたわらに、窓に凭《よ》って、行列の様子を眺めていた。そのかの女が、自分の娘の子、幼王ヘンリを娘のそばに認めたとき、ヘンリはすぐに帽子をとり、イザボーに挨拶した。イザボーの方も、すぐさま、いともつつましく、幼王ヘンリに向かって、頭を下げたが、すぐに涙して脇を向いた。[12]〔……〕

（1）慣行的にシャトレと書く。小城の意味だが、王のパリ代官が役所を置くところ。だから代官所などと訳す場合もある。

（2）bel と書き、ボーと読むが、文脈によってはみごとなとかりっぱなとかと訳語を工夫することは、それはできる。たとえば bel chevalier と書いてあるのを「美しい騎士」と訳したのではさまにならない。もっとも、フレサールはフェ伯ガストンについて bel chevalier を連発しているが、このケースなどほんとうにフレサールは「美しい騎士だ」といってるらしい。けれど多くの場合は、騎士が美しいではさまにならない。それがここでは、それではどう訳語をとるのかと問い詰められても答えようがない。こういう場合は原義をとっておく。

（3）ミステールの訳語。⑪の四一一番の記事に出る。

（4）ここのところはおよそ文章になっていない。aung chascun sa sur la teste と、これだけである。chascun は省略記号付きで略記している。sa をテュテイは無視している。というよりも見当が付かなかったのだと思われる。aung は a un だが、この前置詞 a はどういうのか、それこそ見当が付かない。テュテイが無視している、というよりもたぶんテュテイが拠ったテキストに書いていなかったのでないかと思われるのだが、ヴァチカン写本にはしっかりそう書いてある。これは sa couronne の省略、というよりもそう書きかけて、やめにしたということか。a ung chascun の a が所属を表して、それぞれの sa、だからフランス王とイギリス王、それぞれがその王冠を sur sa teste 頭の上に、と書こうとして、あきらめた、という格好。だから aung chascun sa sur la teste 全体を、むしろとってしまった方がよい。さすがのコレット・ボーンも、じつはここはお手上げで、どうやって二つの王冠をかぶれというのかとやけのやんぱちのコメントを付している。

（5）de dinner conseil aujeune roy bon et loyal et と書いている。テュテイは de donner conseil au jeune roy, bon et loyal, et と起こしていて、ともかくもちゃんと読んでいると分かる。テュテイの模倣者のコレット・ボーンは de donner conseil au jeune roy bon et loyal と写していて、字句はテュテイを写しながら、じつは読めていないことを曝露している。bon et loyal は臣下が王に対していうセリフであって、王が自分のことをボンだ、レオーだということはない。だからテュテイは読点を置いて、roy と bon et loyal を切り離している。読点はムダに置いているのではない。

（6）十三世紀中頃、ラテン帝国最後の皇帝ボードウィン二世が、ニカイア帝国の攻勢を受けて、失地を回復しようと、その費用調達のために、エルサレム伝来の「キリストの荊冠」を売りに出した。フランス王ルイ九世が買いに出て、ヴェネツィアの商人にまかせた。ヴェネツィア商人は北イタリア、ドイツ経由で聖遺物を運び、ルイは母后ブランシュ・ド・カスティーユ他家族を引き連れてサンスでそれを出迎えた。ルイはサンスでそのことを明らかにした。一二三九年八月十一日のことだったと伝えられている。荊冠のどの部分だったか、そのほかになにか遺物があったのか、わたしの見ているジャック・イレーレの『パリの通りの辞典』の「ブールヴァール・デュ・パレ」の項目はなかなかはっきり物をいってくれない。あったような、なかったような。なにしろ聖遺物は小箱で三箱あったという。ところがジャック・イレーレは、「荊冠と以下に指摘する他の遺物は」と書き、改行して、一年後、ボードウィンはルイに「真の十字架」の断片を売りつけた、その他の聖遺物は、などと書いていて、「荊冠とその他の聖遺物」の範囲指定があいまいだ。いずれにしても、それら聖遺物は、パレ・レオー庭に新しい礼拝堂を建ててそこに収納することになっていて、その礼拝堂は一二四八年四月二十六日に献堂式が執り行われた。後代「サントシャペル」と呼ばれて親しまれることになる礼拝堂である。

（7）接吻儀礼を奉納するということ。

（8）金銀細工師、また金銀細工品販売業者。こういうケースでは、禁語の屋を使いたくなる。金銀細工屋。

（9）一八〇八年にパリで出版されたパリ二〇区の街路図があって、それの一二区のものを見ると右上方にシテ島が見える。カルチエラタンからサンミッシェル橋を渡ってパレ・レオー、つまり王宮を左手に見てシテ島を横断するとポン・ト・シャンジュ、両替橋、グラン・ポン大橋の呼び換えだが、を渡ってセーヌ右岸のラ・ヴィル、なんとも訳しようがないが、つまりパリという町に入る。また、もとにもどって、サンミッシェル橋を渡ってシテ島に入って、王宮を左手に見て北に向かう王宮前の道に、最初に右手から入る道がカランド通りである。このカランド通りを東に行くとやがて、セーヌ川をプチポン、小橋で渡って北に向かい、やがてノートルダム橋でまたセーヌを渡ってラ・ヴィルに入る道と交差する。その交差点を左に曲がって北上する道がヴィエーエ・ズリ通りである。ヴィエーエ・ズリは近代語調に書き換えればヴィエイユ・ジュリーで、これはヴィエイユ・ジュイヴリーの省略形である。古くからのユダヤ人街という意味だ。その道がもうすこしでノートルダム橋のたもとにさしかかろうという頃合いの、道の右手、つまり東側に教会がある。サンドニ・ラ・シャートルである。いまはホテル・ディュー、これは以前は反対側のセーヌ河岸にあった施療院で、パリ市立病院に様変わりした、そこに飲み込まれてしまっている。

(10)アンジュー屋形について。トゥルシェとオヨーのパリ絵図を見ると、真ん中にセーンが上下に、ということは東西に流れていて、その左側の大きい方の市街図の真上にラバスティルとサンタンテーン門が見える。パリの東の門である。ラバスティル、門の備えの石の砦からサンタンテーン大路を下ると、やがて昔の城壁の土盛りの跡地に木が一本生えていて、十字架柱が一基立てられている。そこを乗っ越してさらに大路を下れば、やがて右手にサンタンテーン教会の表札が見える。そこがサンタンテーン・ル・プチ教会である。その教会堂の東側をデバル小路が捲いていて、ル・ルェ・ドゥ・シシルをつないでサンタンテーン大路に出る。どうも狷介なもののいいようで恐縮だが、ここで大事な点はル・ルェ・ド・シシル、シチリア王の通りとシチリア王の噂が出てきたところで、というのはありていにいえば、そのル・ルェ・ドゥ・シシルという通りがサンタンテーン大路とほぼ並行して一〇〇メートルほどであろうか、走ったあと、アンジュー屋形にゆくてをさえぎられてほぼ直角にまがる。まがってすぐ、そう二〇メートルほどであろうか、サンタンテーン大路に出る。そのアンジュー屋形というのは十三世紀にシャルル・ダンジューが建てた屋形だった。カペー家の七番坊でプルーヴァンス伯家に婿に入った。プルーヴァンス家の相続女ベアトリーチェと結婚し、みずから伯家の共同相続人となったのである。一方でシチリア王国の相続問題が発生していて、シャルルは一二六三年、時の法王ウルバン四世からシチリア王国征討の教書を受け、以後シチリア王を称した。ル・ルェ・ド・シシルである。この名を持つ小路の奥にアンジュー家系のシチリア王の屋形があったということで、プルーヴァンス伯の名をとってそうよばれてもよいものを、これはなにも中世人にかぎらず、フランス人は王侯伯の順に人を呼びたがる。アラゴン王家のむすめヨランド・ダラゴンは、アンジュー侯ルイ二世と結婚したのだから、アンジュー侯妃と呼べばよいものを、ルイがシチリア王の称号もとっていたことから、人は好んでシチリア王妃ラ・レーン・ド・シシルと呼んだ。

(11)サンタンテーン・ル・プチについて。「ヴィヨン遺言詩集」の『形見分けの歌』の三三節に、「サンタンテーンよ、ほんと、あいつを焼け、あいつに遺すのは、そうよ、これだけだ」という一節がある。サンタンテーンは「サンタンテーンの火」の聖人だと中世人は思い込んでいた。二〇一六年に悠書館から出版した『ヴィヨン遺言詩集』の問題のくだりの注釈で、わたしはこれが思い込みにすぎないことを論証した。どうぞそちらをご覧ねがいたいのだが、サンブネの司祭はしごく素直にその思い込みをまた自分のものにしている。サンタンテーン大通りとル・ルェ・ド・シシル通りのあいだに、「サンタンテーン病」とか「燃えさかる火の病気」とか、なにしろ壊疽になやむ皮膚病患者とか、丹毒患者とかの施療院を設けようと志した修道士の一団もまたその思い込みにとらわれていたようで、だからかれらはサンタンテーン大路にそのクーヴァン・ホスピスを設営したのである。修道院‐施療院とでも訳しますか。

(12) ここからあと、この記事の終わりまでの数行は、前と話がうまくつながらない。サンタンテーン・ル・プチで天蓋の担い手は毛皮商人が食肉業者に代わり、食肉業者がトゥールネル屋敷まで担ぐことになったはずである。トゥールネル屋敷は後代のヴォージュ広場の奥の方に当たる。いまのヴォージュ広場はサンタンテーン大通りから北に、路地を入ったところに大門を開けている。その路地の、大通りから入って右だったか、左だったか、どうも忘れたが、クリーニング店があって、サンルイ島に起居した日々に、よくその店にベッドのシーツを出しに通った記憶がある。トゥルシェとオヨーのパリ絵図を見ると、その路地の左右に、いくつか、建物が建ち並び、路地に loste dangoulesme と見える。この一郭は「アングーレーム屋形」だという。ところがその「アングーレーム屋形」が問題で、アングーレーム屋形は、じつはヴォージュ広場の一郭からフラン・ブルジョワ通りをすこし西に行って、リュ・パヴェ、パヴェ通りが南からはいってくる、その角にあったという。その遺構はいまも残っている。トゥルシェとオヨーの絵図は十六世紀の第三四半期に制作されたという。そのころにはトゥーネル屋敷の南にあったアングーレーム屋形が、その後、引っ越しをしたということなのであろうか。それとも権兵衛の情報がガセネタなのか。なにしろ、マルグリット・ド・ナヴァールことマルグリット・ダングーレームがこの屋形に住み、『エプタメロン』を書いていたというのがこの屋形の名付けの基らしいというのでは、この絵図の制作年を一世紀ほども遅らせて、十七世紀半ばと推定せざるをえないことになるのです。

十二月十六日、日曜日、くだんのヘンリ王が王宮からノートルダム・ド・パリに来た。すなわち、早朝、徒歩で、ラ・ボーン・ヴィル・ド・パリの、旋律豊かに声明を唱える幾筋かの行列を従えて。くだんの教会堂には、とても長大で幅のある壇が設けられていて、十人以上がそれに登って正面向いて居並ぶことができるほどに長大で幅のある壇で、その上を通れば、磔刑像の下を行くことができた、(1)聖歌隊席の中でも、外を廻っていつも行き来しているのと同じように。すべてに色が塗られていた。階段は一面青色に塗られていた。すべてにユリ紋が散りばめられていた。彼とその供の一行はその階段を登り、聖歌隊席に降りた。そこでヴィセートゥル枢機卿の采配で王塗油の儀式が執行された。

（1）ノートルダムのネフだか、クールだかに、大きなエシャフォーが建てられていたとい情報は、どうやら権兵衛がアンゲラン・ド・モンストルレと共有するものらしい。らしいというのは、わたしの手元にモンストルレはない。いまはないというべきか。学習院大学在職中に、ジュネーヴのスラトキン・リプリント社からリプリント版が出たのを公費で購入し、史学科の蔵書に入れたのを、いつも見ていたので、退職したいまとなっては、昨日のばらはただその名のみという次第。そうそう手軽に見るわけにはいかない。ともかくウィキペディアに一八二六年刊行のアンゲラン・ド・モンストルレの『年代記』第六巻が入っている。それの該当ページを目で追ってみると、ノートルダムの身廊に、長さ八〇ピエ、高さはキリスト磔刑像にまで及ぼうというほどに長大な木製のエシャフォーがあった。身廊の側から登って、聖歌隊席の方に降りると書いてある。一方、権兵衛の書いているところを見れば、et en ladicte eglise avoit ung eschaffaut qui avoit bien de long et de large et montoit sus a bien grans degrez larges que dix hommes et plus y povoient monter de front et quant on estoit dessus on povait aller par dessoubz le cruxifi autant dedens le cueur comme on avoit fait par dehors（くだんの教会堂には、一個のエスシャフォーがあって、それはとても長く幅広かった。かれはとても大きな幅広い階段をあがって上に登った。その階段がどれほど幅広いかというと、十人以上もの人が横一列にならんで登れるがほどだったのだ。上に登っても、磔刑像の下を行くことができた）、と。

『ヴィヨン遺言詩集』の「遺言の歌」の第八節の後半四行を、

変わらないもの、動かないものはないこの世だが、
縦さにも横さにも、そのひろがりのかぎりまで、
かれのことが人の記憶に残ればいい、だから、
メトセラの長生を、神よ、かれにおめぐみあれ、

と訳した。これまた原文などご提示して恐縮だが、

en ce monde si transsitoire
tant quil a de long ne de le
afin que de luy soit memoire
vivre autant que mathussale

先ほど権兵衛の原文をご提示させていただいた、その初行の後半に、qui avoit bien de long et de large et と見える。これが、いましがたご提示した四行詩の二行目に対応する。large と le は、それは語源は違うけれど、同じく大きい、広いを意味する。権兵衛の日記のテュテイの校訂文を見ると、large の後に（sic）とはいっている。「ママ」という意味で、ここは le だが、日記の筆者は large と書いている。それに従うという意味です。long et le を定型と見ている気配だが、中世語でも近代語でも、べつにそうと決まったわけではない。日記の筆者あるいはその筆生のマシオがここは le をとったそのわけは、この二行目はタン・キ・ラ・ドゥ・ロン・ヌ・ドゥ・レと八音で読む。そうして、二行目は、じつは八行詩全体では六行目で、六行目は最終行の八行目と脚韻を合わせなければならない。八行目はヴィー・ロー

タン・ク・マトゥサーレと読む。vivreをヴィーヴルなんてのんびり発音しているひまはない。ヴィーヴロータンとリエゾンするんですよと、フランス語のお勉強の成果をひけらかせても、ダメ。どちらにしても、ヴィーヴロータンとヴの音がふたつでることになると、ヴィー・ヴ・ロー・タン・ク・マ・トゥ・サー・レと九音になってしまう。vivreをヴィーと、なんと一音で読ませるというのは、だから、なにも二十世紀の古典派の巨匠ポール・ヴァレリーにはじまった工夫でもなんでもない。わたしがいうのは一九二〇年に成ったという触れ込みの『海辺の墓地』の、その最終連第二四連の初行、

　le vent se leve! il faut tenter de vivre!

をどう読みましょうかという話で、これは「ル・ヴァン・ス・レー！　イ・フォー・タン・テー・ドゥ・ヴィー！」と音読みしてくださいというのが、どうやら詩人の意図するところのようで。かぜたちぬ、いざいきめやも、と、これは堀辰雄訳だが、フランス語の詩文の日本語への転写については、なんとも話題がロンでレで、歴史の長い話で、幅広く、とうていここでついでにとお話できるようなものではない。まあ、そういうわけでヴィヨン遺言詩の詩人は、ここでleをlargeと書くわけにはいかなかったのだが、日記の権兵衛にはこの縛りは効かない。そのエスシャフォーはロンだ、ラルジュだと書き立てる。ドゥグレ、階段も、なにしろラルジュだったと囃し立てる。ほかにサンドニ聖堂のケースとシャルトルのそれをウィキペディア辞典に見たが、パリのノートルダムの場合は、アンゲラン・ド・モンストルレと権兵衛の日記の証言で、十分こちらの想像力も掻き立てられて、往時聖堂交差部のスペースはいくつかの小部屋に分割されていて、それの後陣よりには彫刻衝立で仕切られた聖歌隊席がある。もしや身廊の聖堂交差部のすぐ手前から、なにか橋を架けるかの要領で、交差部のいくつもの小部屋と聖歌隊席をまたぐ廊が、材木を使って組み立てられていたのではないか。エスシャフォーはそれをいう。訳語が安定しないのがもどかしいが、幅の広い高廊下みたいなものか。これは王家の儀式の場である。だから組み合わされた材木は、王家の紋所であるユリ紋を散らした青に塗られている。わたしはいま、一九九一年にパリで出版された大部の図録、アラン・エルランド・ブランデンブール著カロリーン・ローズ写真編集の『ノートルダム・ド・パリ』の一ページを飾る、中央交差部から柱間五つ分ほど西寄りの地点に三脚を立てて、身廊から後陣の礼拝堂まで見通した写真を開いて、時々それを眺めながら、この記事を

書いている。そこで思うのは、いまは広々としたスペースが広がっているかに、この写真では見える交差部が、往時いくつものせまい礼拝堂を作る柱や板に埋め尽くされていて、その東に高さ三メートルもの障壁で囲われて、その内側は聖歌隊の領土である。聖歌隊はクールといい、内陣をクールと呼ぶ慣行はこれに発した。外側を主の受難をテーマに取った彩色浮彫に飾られた障壁の内側には聖歌隊員たちの椅子が取り付けられていて、これは代々相続の特権株になっていて、王といえども、これを取り壊してクールを広げ、王とその親衛隊の儀礼の場をそこに設けることにはためらいがあった。だから、と、この写真の上に思い描くには、ちょうどこのあたりから階段をかけて、中央交差部を乗り越え、聖歌隊席をわたって聖歌隊席の一番のはずれ、後陣の前の廊下へ降りる。そんな渡り廊下をかけたのではないか。

四二

王塗油の儀式のあと、王とその親衛隊は王宮にやってきて、大広間の大理石造りの大テーブルで食事をとった。ほかの者たちも広間のあちこちに散らばって相伴にあずかったが、なにしろ大混乱だった。それというのも、町の連中が朝のうちからそこに入り込んでいて、あるものは見物しようと、あるものはたぶらく飲んだり食ったりしてやろうと、またあるものは、肉だとか、そういったものを盗んだり、ちょろまかしたりしてやろうというわけだったのだ。なにしろ、この日、雑踏のなかで、帽子が四十あまりもはぎとられ、帯の留金が多数もぎとられたのだ。ともかく、王塗油の儀式を一目見ようと、みんな詰めかけたものだから、ウンヴァーシテやパールマンのお歴々も、商人頭とその助役たちも、なにしろたいへんな数の人数にじゃま

（五九三）

されて、階段を登ることができなかった。二度、三度と、なんとか階段をあがろうとしたのだが、町の人たちがかれらを乱暴に押しもどす。なんどもなんども押しつ押されつ、なんと八十人、百人が、ひとかたまりになって、もみあいへしあい。そこに盗人が大活躍。町の人たちがどっと入りこみ、お歴々がやっとのことで広間に入ってみると、もう満員。どこに席を取ったらよいのやら、見当つきかねるありさま。どうにかこうにか定められた席にたどりついてみれば、靴直し、辛子売り、屋台酒の売子、石工の手伝いといった連中がもうそこに座りこんでいる。なにしろ、そいつらをどけようとしても、ひとりふたりをなんとかどかしても、別の方から六人、八人とわりこんでくるのだ。

四三　　（五九四）

ともかくサーヴィスが悪かった。みんなが不平を鳴らした。なにしろ肉のほとんどは、とくに町の人たちあてのものは、なんと木曜日に料理されたというしろもので、これはフランス人にとっては奇怪至極のことであった。なにしろイギリス人が指図してやったことなのだ。この行事にどんな名誉が賭けられているか、そのことは彼らの意に介するところではないのだ。ともかく、だれひとりとして満足しなかったのだ。施療院の病人たちでさえも、こんな粗末な味気ない残飯なんぞ、いままで見たこともないといったくらいなのだ。(1)

（1）五九三番、五九四番は「日々の光景」（『遊ぶ文化』所収〔本書巻末にも再録〕）に訳出した。それぞれの後書きがなんともいえず響きよい。転記しておこう。「当時この町を支配していた外国系の王政府にしてみれば、これでもかなりきばったのだ。なにしろ戴冠の祝宴である。それなのに民衆は、これでは分け前が足りぬと、遠慮会釈なく批評する。」（四一頁）「民衆は、都市の生活の節目を作る儀式行事のうちに、名誉の感情を託している。慣行の行事がかれらの満足にあたいしないとき、かれらは無視された名誉を返せと叫ぶ。王侯貴族、上層の市民は、生活を公開の原則に縛られ、民衆の熱っぽい、貪欲な視線にさらされる。」（四一―四二頁）

四四　（五九五）

続く使徒サントマの祝日[1]、金曜日、王宮の大広間でメッスソレネルが挙げられた[2]。王は王の衣服をまとい、パールマンのお歴々はその身分にふさわしく毛皮裏地の帽子に長外套に身を正して。メッスの後、王に多くの懇請があてられたが、それらはいずれもなるほどもっともなものので、王はそれをしかるべく裁可した。また、かれらは王の要請に応じていくつかの誓言を立てたが、それらは神と真実とにかけて誓われたもので、どうしてかれらのそれを立てたいと願わないでいられたものだったろうか。

（1）十二月二十一日。
（2）ラテン語で missa solemnis、小林珍雄の『キリスト教用語辞典』には盛式ミサあるいは荘厳ミサの訳語を示している。おもしろいのは権兵衛は messe solempnelle と書いていて、テュテイはそう写している。

トブラー - ロンマッチは solemnel を項に取っていて、用例文に、solempnel, sollempnel と l が三つだったり、p の字がはいったり出たりしている語例をしきりに引いている。これはそもそも原語の中世ラテン語の sollemnis が、アルベール・ブレーズの『キリスト教徒の著述家たちのラテン語 - フランス語辞典』の示唆するところによれば solemnis, solempnis, solennis の異綴を持っていることに由来するらしい。ローマ帝国の時代から、異教徒あるいはキリスト教徒の祭をいう。いずれにしても、日記の訳文に荘厳ミサだの盛式ミサなどいういいまわしはなじまない。権兵衛の口から出たであろう音声をカタカナ書きして逃げるほかはない。

四五　（五九六）

くだんの王は降誕祭の翌日までしかパリにいなかった。かれらは王塗油の儀式の翌日、ちょっとしたジュートをやった。ちょっとしたというが、こういった機会にもまた、町人の子弟は、どんな職種のものであろうとも、香料商だろうが、金箔師だろうが、結婚していれば、こういった楽しい職業についている若者たちは、王塗油の儀式やその後でのジュートの催しについてと同様、かなりの額の協力を余儀なくさせられたのである。みんなイギリス人のためだった。[1]

［……］

（1）この後の文章はなかなか読みにくい。mais espoir cest pour ce quon ne les entend point [parler et quils ne nous entendent point] je men rapporte a ce qui en est car pour ce quil faisoit trop grant froit en celui temps et que les jours estoient cours ilz firent ainsi pou de largesse. 文中［　］でくくられているところがあるが、この［　］

はどういうつもりか、テュテイの校訂に見られるのだが、ヴァチカン写本にはそんな括弧記号は見られない。ここは省いた方が全体読みやすいという意見なのだろうか。じつは書き出しの espoir cest というのも面妖ないいまわしで、「希望、それは」という趣旨だろうか。テュテイにべったりなくせに、ここだけは mais etait pour ce と、いったいどこから引き出したものか、コレット・ボーンはこう書き換えている。そう書き換えてみたところで趣意が通るわけではない。むりやり意味を拾えば「そのわけは que 以下のものだった。」「しかし、そのわけは、相手のいっていることはさっぱり分からないし、こっちのいうことも相手には通じないからだ。」続く je men rapporte a ce qui en est という構文も読めない。rapporter という動詞はグレマは項に立てていない。やれやれと思って、念のため aporter を見てみたら、解の2として raporter, produire とある。raporter という形の動詞はちゃんと意識していたようで、それは produire と同じだという。そこで思い出した、raporter というような形はよく reporter の形のヴァリアントとして出る、と。そこで探したら、ちゃんと項を立てていて、トブラー‐ロンマッチもその項をを立てていて、そっちを見たら（なにしろグレマはあんまり用例は引いていてくれないのです）、クレスティエン・ドゥ・トゥレ（クレチャン・ド・トロワ）の『荷車の騎士』から用例を引いていて、son message reporter (var. raporter) と見えて、わたしたち知りたがり屋の気持ちを静めてくれる。しかし、だからといって、je men rapporte a ce qui en est が読み解けたというわけではない。同じトブラー‐ロンマッチの辞典の項に、reporter を再帰的に使ってドイツ語で sich berufen auf の用法があるとして、et pour ce men raporte a ceulx avant nommes「その件については以前にその名をあげた方々の意見を聞いてみたい」という用例を引いている。こういう構文での auf は a に置き換えるケースも、ままあるようなので、je men rapporte a ce qui est は「そこにいる人の意見を聞いてみたい」となるが、さて、この読みでよいのだろうか？　car pour ce quil faisoit trop grant froit en celui temps et que les jours esstoient cours ilz firent ainsi pou de largesse は「なにしろその頃はとても寒くて、日は一段と短く、だからかれらはふんだんに施しをする気にはなれなかったのだ」と、ちょっと気持ちを入れて訳すことができるだろうか。いずれにしても五里霧中ですよ、ここの構文は。

四六

（五九七）

降誕祭の翌日、サンテスティェーンの祝日、王はパリから出て行った。囚人を釈放するとか、マルトゥートを廃止するとか、インポジシオンとか、ガベルとか、[1] クァトレームだとか、そういったなんかとんでもない税金をかけるのをやめるとか、なんか、そんな、みんなが期待していたことはなにひとつやらないで出て行った。なにしろこういったたぐいの課税は、法と正義にそむくものであって、口に出していう、いわないはともかく、ほめそやす人なんていない、悪法だったのだ。それは王の到来時とか、塗油の儀式の頃には少しは王をうやまう気配が見えはしたが、ここまで住人が減り、稼ぎも少なくなり、ましてや冬のど真ん中、暮らしに要る物が軒並み値上がりする始末とあっては、そんな気配などみじんも感じられず、なにしろ薪の値上がりが身にこたえた。なにしろまだ青々としたちんけな枝束が四ドゥネから六トゥルヌェするのだ。[2] なんとも寒い冬で、週に二、三日は凍り付く。日に夜をついで雪が降る。それに毎日雨だった。万聖節から先、ずっとこうだった。

（1）三〇二番の記事に、すでにこの「マルトゥート」という言葉づかいは出てきていて、どうぞⅡの該当ページをご覧いただきたい。「インポジシオン」は課税、「ガベル」も商品の販売に課された取引税のような性質の課税だったが、百年戦争のなかから生まれてきたといってもよい、塩の取引に対する課税をもっぱらいうようになった。権兵衛の念頭にはまずこれがあったのかもしれない。日記のなかに塩の専売制度の成長をうかがわせる記述がいろいろとある。

（2）「四ドゥネから六トゥルヌェする」というのは奇っ怪な言い回しで、ドゥネがトゥルヌェならばトゥルヌェは書かない。ペリジスならばドゥネペリジと書く。そういう約束になっていて、トゥルヌェだけが独立独歩するなんて。「四から六ドゥネする」の書き間違いでしょう。

1432

（五九八）

一

一月の十三日、王が町を立ち去るのを待っていたかのように寒気が襲って、続く十七日間というもの、猛威を振るい、増水してモーテルリー通りまで川幅が拡がっていたセーヌが、コルベーまで一面凍結した。じつにおどろくべき光景で、寒気に襲われたのが月曜日。火曜日夜までずっと雨で、夜が明けるすこし前に雨は止み、気温も上がった。その火曜日の夜明け、雨が止むやいなや、この大変な凍てつきがはじまって、十七日間も続いたのだ。しかし、川を凍らせたこの寒気も、サンポールの日のころ、しだいにゆるみはじめ、氷はじわじわと融けていって、六日たたぬうちに、一面の氷も川面を埋める無数の氷塊に変わったが、それが橋や水車を傷つけるということはなかった。船乗りの話では、氷の厚みは二ペはあったそうで、たしかにそのくらいはあったろう、なにしろ氷の上を歩けたのだ。水車の前方に打ち込んで、割って融かそうと、氷の上で杭作りをし、杭を打ちこむための櫓《やぐら》を氷の上に組んだのだ。それなのに、氷は割れもしなかった。じっさい、われらが主のご加護あって、氷はゆっくりと融けて、橋や水車を傷つけるということはなかったのだが、しかし、損害は大きかったのであって、というのは大量のぶどう酒や麦、豚肉、卵、チーズなどが、パリに運ばれるべくマントに荷揚げされていて、その全部が全部とはいわないまでも、そのほとんどが商人たちにとって無になってしまったのだ。長く降り続いた雨があらかた物を腐らせてしまったし、なにしろ他の費用もさることながら、保管料が高くついて、商人たちを破産させてしまったのだ。

二 （五九九）

この頃、垂木の古材のけちな薪束が一束五ドゥネ、六ドゥネした。薪の材料はほかになかったのだ。そこで、摂政はブルエールの森をパリの住人に開放した。これがいくらか救いになった。

三 （六〇〇）

一四三一年二月二十日、法王特使サント・クレ・ド・イェルサレム枢機卿が二人の王の間の和平を取り持とうとやって来た(1)。二人の王は一人はシャルル・ド・ヴァルェで直系のフランス王だといっている。もう一人はヘンリといって、こちらは継承でイギリス王、いまは亡いその父親が征服したからというのでフランス王を名乗っている。枢機卿は大いにその努めを果たし、二人は法王が年内にドイツのバーゼルで開催する大会議に諮って下す決定に文句なく従うであろうと約束した。両人の返答を聞き取ったかれはパリを立ち去り、方々のキリスト教徒の領主たちのところをまわった。

(1) サント・クレ・ド・イェルサレム聖堂はローマ巡礼の七つの聖堂のひとつで四世紀に建造されたのがはじまりだったとか。イエス・キリストの磔刑の十字架をゴルゴタの丘の遺跡から発掘した聖女ヘレナ伝承にまつわる聖遺物を収蔵する聖堂ということで、建造当初はイェルサレムから運ばれた土で表土が覆われていたという。サント・クレはフランス語で、イタリア語ではサンタクローチェで、すなわち聖十字架で、この聖堂はその名前がその縁起を示している。枢機卿はどこかの司教座聖堂の司祭でなければならず、それが枢機卿職の物質的条件だった。なお「サント・クレ・ド・イェルサレム」の「サント・クレ」は四四〇番の記事の訳文と注1に「サントクルェ」と書いている。索引も「サントクルェ」と立てている。近代語の音表記で「サントクロワ」と訛る。十七世紀後半以来と思われる。

四

（六〇一）

続く三月、川はとんでもなくふくれあがった。なにしろパリのグレーヴでは、オテル・ド・ラ・ヴィルのところまで水が来たのだ。モーベール広場ではパン市場の真ん中あたりにまで水が来た。サンマーティン門からサンタンテーン門の半分のところまで、四月の八日まで、マレは水の中だった。[1] だから、降誕祭から三二年の復活祭を過ぎるまで、復活祭は四月二十日に当たったが、緑の葉物はまったく食べられなかった。なにしろサラダ一鉢分作るには、調味料は別にして、一ブランかかったのだ。ソラマメはブッソー当たり一二ブラン、エンドウは一四から一五ブランした。

（1）マレは沼地の意味だが、後代このあたりは「マレ」と呼ばれて、下町風情を残す下町ということでパリ観光の目玉のひとつとなった。だから「マレ」とカタカナ書きにします。

五　　（六〇二）

三月の最初の週、レザルミナがルーアンを占領しようとかかってきた。じつに七ないし八の二〇倍の兵力で、あらかじめの手配りもあって、梯子をかけて、城内一番の大塔を占拠した。町の人々は、このことのあるをあらかじめ察知して、城の残りの部分の守備を固めたものだから、レザルミナは進むも引くもできなくなった。事態の成り行きにびっくりたまげて、レザルミナはルーアン側の好き勝手にさせるしか手がなくなった。三月の十六、十七日の両日、じつに百と十四人が殺された。捕まって身代金をかけられたり、川で溺れたりした数は数えないでだ。

六　　（六〇三）

毎日毎日が凍り、ヒョウが降る。なにしろとんでもない寒さだ。一四三一年四月の五日、土曜日、一日中ヒョウが降り、雪が降ったのだ。続く日曜日、隠し主日は、とんでもなく、きびしく凍った一日で、真夜中から明け方にかけて、むき出しの木々の花や蕾《つぼみ》、それにくるみは全部霜に焼けた。(1)

(1) 霜に焼けるというのは広辞苑などを見ても、それは出ていないが、なぜかわたしはどこかでそれを、見たような気がしてならない。イマジナリーとして当たっていると思いませんか。霜に打たれて、一面のっぺらぼーになってしまったというような意味合いですが。

七

(六〇四)

続く土曜日、パック・フルーリの宵宮(1)、シャートゥルの町が大変な裏切りにあって敵方に取られた。オルレアンから来た男というのが現れて、見たところ善良な商人で、シャートゥルまで往来自由という通行許可証まで所持していて、だからこれほどたしかな筋の町人はまたといないものだとシャートゥルは全市あげてそう信じ込んでしまった。その頃、シャートゥルでは塩が大変不足していた。そこにつけこんでか、その者がいうには、十台から十二台、塩を積んだ二輪馬車を、ご指定の日までにお届けしましょう、と。シャートゥルの側はそれに合意した。そうして、パック・フルーリの前日、二輪馬車の一行がシャートゥルにやって来た。それぞれにクー樽を二台、武装兵を二名、それに御者に仮装した武装兵、ロック(2)を着込み、脚にはゲートルを捲き、手に鞭を握っていた。その夜、じつに三千もの武装兵が近在の村々に伏せたのであって、かれらは町に通じる道という道を入念に監視したものだから、だれもそのことを町方に教えてやれなかった。こうして準備が整ったところに、くだんの二輪馬車の一行がカラカラ、カラカラと道を進めてやってきた。かのオルレアンの男、裏切り者は、門番に呼ばわって、ただちに門を開けてくれ。約束したたくさんの塩を運んできたのだから。それにニシンも積んできた、と。ニシンと聞いて、すっかり喜んだ門番小屋の連中は、すぐさま隊長に知らせにいった。隊長は、報告を聞いて、すぐさまやってきて、裏切り者がそこにいるのを見て、何の疑いももたなかったのは、前にもよく一緒になることがあったからで、裏切り者が隊長にニシン一籠を贈ったのは、さらに隊長の人の良さにつけこもうとしてのことだった。ところが、かれらは二輪馬車を二台から三台、城内に引きこんだところで、続く一台を跳ね橋の上に留めさせて、その輓馬を殺した。そうして橋を止めた[3]。そうして、樽の中にいた武装兵たちが大斧を振りかざして外へ出てきて、門番小屋の者たちを殺した。近在の村々に潜んでいた連中も、われがちに駆けつけてきて、力ずくで町に押し入り、門を押さえ、町を占領した。なにしろ朝まだ早く、町の者たちはまだ床の中に休んでいたのだ。司教は、事の次第を告げられて、ただちに武装し、少人数の供の者を連れて、侵入者たちに立ち向かったが、ムダな抵抗だった。司教は殺されてしまったのだ。司教の供の者たちと町の住人たちの大勢が捕虜になって、いくつかの牢屋に分けて入れられた。よこしまな裏切り者が働いた裏切りは、叙上のごとくであって、かれは四千サル・ドー[4]を稼いだと噂された。シャートゥルが敵の手にとられたので、パリではパンの値段が跳ね上がった。なにしろそれまでは、シャートゥルからたくさんの商品がパリに届いていたのだから。

（1）Ⅰの九四番の記事とその注1をご参照。

（2）roque はトブラー‐ロンマッチを見ると roche へ送られていて、roche を見るとこれはどうやら英語のロックで、だから岩です。岩ですが、これが連想によって着物の生地やなにか当て物をいうこともあるらしい。トブラー‐ロンマッチが roche はドイツ語で Felssteinen だというので、それを追いかけていったら、なにやらリングェー・ウェルタブッフという辞典が、潜水する人が着る、厚み五ミリの合成ゴム製のスーツの話を書いていて、それには岩との衝突の際に膝を保護する部品もついているという。ほんの短文のドイツ語を英語に訳してお目にかけているという代物で、まあ、Felsstein という言葉の使い方を示す文例だと思えばよいわけで、それがはからずも「ロックを着込み」という日記の文章の端切れに響き還って、脛にゲートルを捲き、膝に厚み一センチもの頑丈な膝当てを当てた、御者に扮した武装兵の姿を思い浮かばせる。

（3）et fut le pont arreste はこうとでも読むしかない。跳ね橋だから揺れていたのを止めたという意味かなあ。

（4）Ⅱの索引に出ていないなんて、信じられない。フランスとイギリスの王家の発行した「受胎告知」の図取りの金貨（サルート金貨）。六一二番の記事をご参照。

（六〇五）

八

パンは値上がりするわ、寒波が襲来するわで、なにしろたいへん寒い日が何日も続いたのだ。大風が吹いて、わずかに枝に残っていた果実が、なにしろ冷たい強風にやられて、みんな落ちてしまった。朝方の凍みがまた大変なもので、この極寒はなにしろ五月のトランスラシオン・

ド・サンニコラを過ぎるまで続いたのだ。(1) これはほんとうのことで、じつにアーモンドの木百本に実が五十個しかつかなかった。プルーンもで、ほかの果実もで、風に折られて実なしになったとか、そういうのではなかった。クルミもそうで、なんと、たったひとつの実しか生っていなかった。このところ、連日、朝方を襲う大変な冷え込みのせいだった。また、このところ、緑物はなにひとつなかった。あるとすれば、捨てられた古ネギのくさったようなのだけだった。じっさい、ネギなんぞ、二、三人が食えば、それで一ブラン。キャベツもだった。チーズも高く、なにしろほんのちっぽけな、まだ濡れているのが三から四ブランしたのだ。卵もで、二ブランで五個しか買えなかった。(2)

(1)「トランスラシオン・ド・サンニコラ」は「ニコラス聖人の聖遺物の移居（小林珍雄編の『キリスト教用語辞典』の訳語）」をいい、これは実はロートリンゲン（ロレーヌ）のトゥールとナンシーの司教区で祝われるローカルな祝祭で、ローマカトリック教圏全土で祝われる祭ではない。十一世紀のトゥール司教が南イタリアのバリ港からもたらした信仰で、古代ローマ帝国の時代にはリュキアと呼ばれ、オスマン帝国の時代に入ってからはレッケと呼ばれた、現在の地図で見ればトルコの地中海岸のアンタリア湾と呼ばれる広い入り江の、アンタリアの東西の沿海地方のミラ教会の主教で、そこの教区の大主教であったサンタニコラオス信仰をいう。以上のこの土地の名前の移動についての知識は、わが座右の書の「ムーアの歴史地図」によったが、残念ながらミラという町についての情報は汲めなかった。正教会での正式の呼称は「ミラ・リキアの大主教奇蹟者聖ニコライ」というのだそうです。ラテン教会の方では聖ニコラオス司教証聖者。四世紀のディオクレティアヌス帝のキリスト教徒大迫害の経験者だが、自身殉教はしていないので、殉教聖者ではない。ミュラ司教として徳行に徹した生涯を送ったというので「証聖者」と呼ばれる。十一世紀にセルジューク・トルコがミュラに侵攻したとき、バリの船乗りが聖人の聖遺骸を助けだしてバリに運んだという。ヤコブス・デ・ウォラギネの『黄金伝説』の「聖ニコラウス」

の章では、四七人の騎士がバリからやってきて、聖骨を丁重にバリに運んだ。主の御誕生後一〇八七年のことである、という話になっている。なんと『黄金伝説』では「聖ニコラウス」は「主の降臨と再臨」「使徒聖アンデレ」に続いて三番目に編集されている。なんと、まあ、丁重に扱われていることか。なんと、まあ、聖ニコラオスは「サンタクロース」だという。「サンタ・クロース」で「サンタ・ニクロース」ではないではないかと疑問に思っても、なんでもオランダ人がこの俗信をはじめたらしく、ウィキペディアなどを引いてみても、オランダ語でシンタクラースあるいはシント・ニコラースでかたづけてしまって、この音の訛りの問題はいっかな話題になっていない。音の訛りとうっかり書いたが、そもそもそういう問題なのか、あるいはサンタ・クラウスとサンタ・ニコラウスという、ふたりの聖人の名前の重ねなのか、よく分からない。聖遺骸の移居日は、ラテン教会の暦では五月九日、正教会の方では五月二十二日といい、だから当然でしょうという感じで、コレット・ボーンは五月九日と指定するのだが、『黄金伝説』の訳者の注記では五月八日と、日が合わない。だいいち、ラテン教会全土での祝祭日ではないのだから、ローカルの事情に合わせて推しはからなければならないわけで、そのあたり、大丈夫なのだろうか。もしかすると権兵衛は東教会に照準を合わせて物言っているのではないかと、その後、日付はどう動いていくかと、眺めてみたりしているのだが、どうも気配がつかめない。

(2)「まだ濡れているのが」はpissantと書いていて、これはpissierの現在分詞です。小便をしている、漏らしている。だからか、ヴァチカン写本のそこのところにアンダーラインが引いてある。つい気になった人がいたのでしょうねえ。

九

(六〇六)

六月の最初の週、リラダン領主がマレシャル・ド・フランスになった。この週、ラニー包囲戦がはじまった。リラダン領主はパリ代官で、賢い男だったので、シャートゥル方面の防衛の任をまかされた。そこで中にいる味方と協応して、シャートゥルを取ろうと考えた。しかし、敵はその企みを見破って、大勢、味方が殺された。代官の意図は、このケースでは、潰えたわけだ。(1)

(1) マレシャル・ド・フランスは⑪の索引の「マレスコー」を引いてみてください。そこに416n1と書いてあるのは、じつはn2の間違いです。そこで四一六番の記事の注2をごらんいただくと、「ブルグーンのマレスコー」と言い回しています。これが「フランスのマレシャル」こと「フランスのマレスコー」に響きます。これは、つまりは「フランス王家のマレスコー」こと「フランス王家の厩番頭」とか「厩奉行」とか「厩舎番頭」とかという具合に日本語に移して当然の言葉づかいですが、そのへんのところはやはり⑪の四五八番の記事の注1をご覧ください。その後が、じつは権兵衛の記事は読みづらいのでして、失礼を顧みず、原語を書き写させていただければ、et celle sepmaine on alla assegier lagny et pour ce que presvost de paris estoit et saiges homs il fut ordonne a garder vers chartres et ... という風に続きます。今週、人は包囲しに出かけた、ラニーを、そしてパリの代官であったから、そして賢い男であったから、かれはシャルトル方面を防衛する任を託された、そして……という風に続きます。これで問題ないと思うのですが、コレット・ボーンはここに注を入れて「ヴィリエールはまたパリの隊長であった。代官はシモン・モリエールである」というのですが、この過去と現在の動詞の使い分けがおもしろい。ボーンはパリ代官は現在シモン・モリエールである。じっさいコンピューター検索でパリ代官表というのをあけてみると一四二二年から一四三二年まで simon morhier と見えます。だから「一四三二年現在」、パリ代官はシモン・モレーだった。それなのに……と、ボーンは権兵衛の文章を批判していると見えます。歴史的事実はこうであった。それなのに……と、歴史主義の時代の教養に骨の髄まで浸かったこの二十世紀の大歴史家は慨嘆します。こうであったと言われているが、とは書かない。一段、判断を溜めることを知らない。どう読んだかを知りたいので、史実をあげつらって記述者の浅慮を言い立ててみたところでなんともならない。もっとも、わたし自身、けっこうそんなことをしている時もあるでしょうけれど。

一〇　（六〇七）

続く六月の最初の週、ジル・ド・クラムシーがパリ代官の代理にして護衛の騎士に任用された。他者が代わりに立つまでということで。

一一　（六〇八）

同じこの週、ポントゥェーズの町方の一部が、イギリス人のあいだにもこれに協力するのが出て、ポントゥェーズの町をレザルミノーに引き渡そうと企んだが、事はばれて、関係者全員、つかまって、男も女も、子どもも、皆殺しにするつもりだったと白状した。かれらは全員恥知らずの死を迎え、かれらの姻戚は、人に蔑まれて、女も子どもも、貧乏人の境遇に落とされた。この頃、ブルグーン侯の便りはいっかなきかれなかった。

一二　（六〇九）

この年、サンジャン・バティストの祝日[1]、大嵐になって、雷が鳴り、雷が落ちた。多くの場所で被害が出て、とりわけヴィトリでは、石造りの塔が倒れて、崩壊した[2]。倒れて、屋根を破り、穹窿天井を破壊した。崩れた小屋組は教会堂の中に落ち込んで[3]、大勢の人たちをあわてふためかさせ、死人を五人出した。夕べのミサを聞こうと集まった人たちだった。続くサンペールとサンポールの祝日、ものすごいヒョウが降って、なにしろこちらにはぐるりをはかって一六プースのヒョウ、玉突きの玉ほどのがころがっていたというふうだったのだ[4]。

（1）Ⅱ（丸囲み）で索引のその項をご参照。「洗礼者ヨハネの祝日」をいい、六月二十四日の固定祭日。

（2）この後が問題で、マシオは et aucheoir と書いている。テュテイはこれを au cheoir と校訂している。語の形と変化形を見るのに一番頼りにしているクレダのクレストマティー（詞華集）巻末の「語彙」を見るとcheoir を chaoir に送っている。そこで chaoir を見るとラテン語の原語は cadere で、ロマンス語に変わっていく過程で、chadeir, chaeir, chaoir, cheoir, choir といった形を取るようになった。トブラー‐ロンマッチは cheoir を項目として立てて、用例の最初のがおもしろい、『ポワテーの伯のロマン』という騎士道物語からだというのだが、これは十三世紀の物らしく、一九四〇年にルンドで新版がでたのだが、どうやらここでは一八三四年にパリで出版された旧版からアルフレッド・トブラーが拾ったものらしいが、いきなり衝撃的で、si nue com kai de mere というのだが、「母から落ちたようにまったくのはだかで」が直訳で、生まれたばかりの時のようにはだかで、と言い換えましょうか、その kai が問題で、これはクレダの「語彙」に見ると、chaoir の過去分詞のひとつの cai です。c は k 音で読まれていたと、この十三世紀の騎士道物語は証言している。十二世紀のクレスティエン・ドゥ・トゥルェ（トロワのクレチアン）の『ペルスヴォー・ル・ガルェ』に pruec que de son diestrier ne caie と見える。pruec はトブラー・ロンマッチを見ると poruec に送っているので、それを見ると、これはつまりフランス語の parce que ですねえ。ドイツ語で weil で、わけはこうだと理由句を作る。「なにしろ馬から落ちないからねえ」といったほどの意味合い。クレスティエンの「ペルスヴォー物」は、日本語では「ペルスヴァル」と発音すると誤解されているが、ともかくも校訂本といえそうなのは一八六五年から七一年までの間にモンスで刊行された上記表題のものが最初である。ウェールズ人の若者が主役で登場するので、フランス語で「ル・ガルェ」「ウェールズ人」と副題を取ったものである。わたしはこの本の書誌学に暗く、よくわからないが、なにしろ紹介した詩行は「ペルスヴォー」の三二三八〇行目だという。なにしろ日本語に訳されている『ペルスヴァルまたは聖杯の物語』は全行で九二三四行だということで、それにくらべて行数が多すぎるような気がしてならない。閑話休題。そういうことをいうのなら、さっそくにもなんだが、あんたがいましがた引用した parce que の ce、これはどうなんだ。いやあ、これはわたしも頭が痛いところなのですよ。わたしは、いま、八十五歳に近いこの年にいたるまで、ce は se と発音していいのだと解説している文章にお目にかかったことがない。さて、さて、そういうわけで cheoir は、じつは動詞で、ケエーと発音し、意味は落ちるとか倒れるとかだということが分かった。それがなんで au を先立たせているのか。au は a と le をつなげた、縮約形というのですか、連語で、そうすると定冠詞の le が cheoir を冠している。ケエーすること、ですねえ。a はいろいろな使い方をしますから、きちっと、これこれだと説明のしようもない。au cheoir は「倒れて」でしょうねえ。ちなみに a の上に乗せることになっているアクセント記号は、十九世紀の国語運動の産物ですから、無視してください。

（3）なんとねえ、ここは cheurent と書いている。aucheoir の cheoir がここでは動詞として働いている。だからこの読みはクールです。シュールではない。

（4）①の一五a番の記事とその注1をご覧いただきたい。ほぼその注で足りると思うのだが、おもしろいのは一四一一年の記事では「四百と十一年六月の晦日、火曜日、サンポールの日」だから微妙にずれているとはいっても、やはり六月の晦日と、その前日と、時はほぼ合っている。雷とヒョウの話です。もっとも「ヒョウ」としたのは、gresleを、はじめ「あられ」かなと思ったのだったが、なんか記憶女神にうながされて、Ⓘの索引を見て「ヒョウ」の項目を見つけた次第。もっと小さいのも、もっと大きいのも、そこら中、いっぱい。ラニーとモーの方面だった。

一三　（六一〇）

七月二十三日、ギヨーム・サンガンが商人頭職から下ろされた。代わりにそれに就いたのはパールマンの役人で、メストゥル・ウーグ・ラッピオなる者だった。その少し前に、助役たちが全員、すげかえの目にあっていた。

一四　（六一一）

日曜日、サンローランの祝日、イギリス勢はラニーを占領しようと考えて、なんとか城壁の上の塁道まで進んだ。そうしてそこに摂政旗を掲げたのだったが、そんなにそこにはいられなかった。なにしろ町中にいた敵勢が正面から襲いかかってくる。ラニーにいた仲間を救援に来た軍勢が後方から迫る。なにしろ町中にいた連中はたっぷり休息をとっていたし、後方に迫るのは新手の敵勢だ。イギリス勢は応戦に手を焼いた。おまけに、この日、合戦の頃合いはとんでもない暑さで、それも長く続いた暑さで、こんなのはいままで見たことも、感じたこともなかったほどだった。敵勢よりも、イギリス勢の方がこの暑さにはまいってしまって、勢い、退かざるをえなかった。大勢が死んだ。敵に殺されたというよりも、暑さに負けた死者が多かった。その数三百人以上。これは、しかし、驚くべきことではなかった。というのはレザルミノーの方のは、ひとがいうには、二に対して五だったというのだ。これはこの場合、とても大きな数字だと思う。(1) かれらは最初にラニーに包囲陣を構えた折にテントを張ったのと同じ場所にテントを張る羽目になった。不幸なことに、まるで運命がかれらを滅ぼそうとし始めて、次々と悪の手をのばすかのように、月曜日と次の日の火曜日の夜、マルンが増水してあふれだし、その夜の内に高さ四ペに達した。これはほんとうの話で、七月はたいそう雨が多くて、じつに二十四日間も雨が降り続き、それが続く八月には、かつてなかったほどの大変な暑気《あつけ》が到来して、ぶどうはみんな焼けて、酢になってしまった。そのこともあり、またみんな陣地にもってきてしまうものだから、パリではぶどう酒の値段があがって、七月には六ドゥネで手に入ったものが、八月中頃には三ブランした。ついには買おうにも物がなくなった。あっという間に店が閉まってしまったからだ。

(1) この最後の二行は、なんともややこしく、たっぷり一日と半、考えに考えた。じつは読めなかったのです。ここは直訳すると、「というのはレザルミノーは、ひとがいうには、二に対して五だったという。これはこの仕事に関してはとても重大なことである」。テュテイは、盛んに注をつけはするが、その注のほとんどは、かれとかれの世代が史実だと考える出来事の経過と、人物の政治史的経歴、とりわけ官位官職についてくわしい。わたしは注というものはテキストをどう読んだか、どう読むかの陳述だと観念しているのだが、これはテュテイにはまったく通用しない。その亜流である二十世紀のコレット・ボーンについては、さてどう批評したらよいのだろうか、この大歴史家の主著は「ナショナリテ・フランセーズの誕生」というテーマのものだったとうろ覚えに覚えているが、その一事が万事を語る。いいえ、つまりこれは「フランス国民の誕生」という意味合いなのでしょうねえ。閑話休題。テュテイはここでもやはりじっさいはどうであったかと書いていて、それがどうも見当外れなのです。じっさいには、敵味方とも一万から一万一千人の戦闘員の兵力だったのだ、と書いていて、なんのことですか？ 兵力の違いをここはいっているのだと思い込んだらしい。二対五の兵力の差のことをいっている。史実ではほぼ同数の合戦だったのに。テュテイの誤解はムリからぬところであったかもしれない。なにしろ原文はたしかに直訳してお目にかけたように書いているのだから。けれど、それでは前後の関係で読めないでしょう。読めないと不安におびえなかったのでしょうか。その不安なおびえのなかから、一日と半も目をそこにさらしていれば、car les arminalx estoient bien si comme on tesmoignoit v contre ii の les arminalx を ceulx des armninalx と補筆して読めばよいのではないかと見えてくる。わたしの訳文にご覧のように「レザルミノーは」と読むのではなく、「レザルミノーの方のは」と読みを補う。あるいはマシオが省略的に書いたところを省略せずに読む。兵力の差をいっているのではなく、死者の数の差をいっている。死者の数が五対二で、レザルミノーの方に多かったという情報もあると、権兵衛は余裕たっぷりです。

一五

（六一二）

アスンプション・ノートルダムのオクターヴの水曜日、サンバーナーの祝日[1]、ベトフォール侯、摂政は全軍を率いてラニーの包囲陣を後にした。なにしろすぐうしろに敵勢が迫っていたものだから、大砲とか、あとは食べるばかりに用意された食糧、たくさんのぶどう酒のクー樽とかを残してきた。みんなパリで不足の品々で、パンだってそうで、なにしろパリでは麦がすごい値上がりで、続く土曜日にはセテ当たり一六スーペリジしたのだ。[2] どういうことになるか、まあ、考えてもみるがよい。一方がブリを破壊すれば、他方がボースやガスティネを荒らす。[3] 四方八方、どの地域を見ても、神の法にそむくサラセン人が侵入したかのような有様。イギリス勢やレザルミノー、どちらにしてもまさしく暴政によってあわれな農民たちをしいたげることしか念頭にない。そんなお恥ずかしい次第でイギリス勢が陣を解いたわけなので、アルミノーと人の呼ぶ連中がますます図に乗って悪さをする。パリの外へ出ることもできないほどだった。収穫がはじまる時期だったというのに、なんということか、ラニー包囲戦の後、パリは大損害だった。人が生きていくのに必要なものぜんぶがやられてしまって、大砲とか、その他、敵勢を打ちひしぐのに使う火器のたぐいが足りなくなってしまった。じつに損害は、そのあたりのことに詳しい者が誓いを立てていうには、一枚あたり二二スーペリジのサルート金貨にして十万から十五万枚に上るという、それも正貨でだ。

(1) アスンプション・ノートルダム、聖母が昇天した記念の祝日、例のキリスト教用語辞典では聖マリア被昇天の祝日などと訳をつけているが、権兵衛の言葉づかいで聖母被昇天の祝日の八日間ではおかしいでしょう。祝日の定義はなかなかむずかしく、おまけになにやら一九五五年にローマ・カトリック教会では祝日の制度が改正されたらしく、なんとこの「八日間」は御降誕、御復活、聖霊降臨の三大祝日についてだけ行われるということになったと小林珍雄さんは書いている。それだけになおのこと権兵衛の日記の訳文に「聖母被昇天の八日間祭」というような訳語を、いきなり持ち出しても、どうもこれは権威筋ににらまれることになりそうで、怖い。そこでとりあえずオクターヴと権兵衛の言葉づかい通りにごあんないしておいて、さて、どういうことかというと、それがやはり「八日祭」の話なのですよ。聖母被昇天の祝日は、これは固定祝日で、八月十五日。他方、サンバーナー、これはいまのフランス人の言葉づかいに直せば、サン・ベルナールの祝日は八月二十日。ここのオクターヴは複数形で書いていて、聖母被昇天の八日間の祭の内の五日目が水曜日で、サンバーナーの祝日に当たるという、ややこしい、これは言い回しなのです。『古代中世暦』に当たって調べてみたら、ドンピシャリ、辛巳《かのとみ》の水曜日でした。

（2）「後にした」などとカッコつけちゃって。laissier はこの使い方では「捨てる」の方が当たっている。捨てて、逃げて、追尾されて、と文章はつながる。「残してきた」の方も同じ laissier だが、こちらの方がむしろこの動詞の原義に近い。

（3）ガスティネはいまはガティネ、フォンテンブローの南でセーヌ川に南から入るロワン川によって東西に分けられ、ロワン川沿いにヌムールとモンタルジのふたつの大きな町を擁する地域で、西はボース地域、東はヨンヌ、近代以前の読みではイーオン川の中流域に接する。

一六

（六一三）

この頃、純金ではない、ドゥルドゥレと呼ばれる金貨があって、一六スーペリジに値した。これを一四スーにするという触れが出た。たくさんあったものだから、みんな大損をした。

（1）「金貨があって」とか、「一六スーペリジに値した」とか、なんか生硬な訳で、なんかおかしいのではないか。「金貨が流通していた」とか、「その交換価値は一六スーペリジだった」と、平価切り下げの話のように訳したらどうだとお思いでしょうが、そうはいかない。権兵衛自身がなんからさんくさげな話で、というような調子で書いているのです。テュテイの脚注では、一四三二年八月三十日の日付でパリ代官にあてた命令書に「ブルグーン侯の紋章入りのドゥルドゥレは一四スーペリジ以上にはとらないように、フランドルのプラクは七ドゥブル以上にはとらないように」せよと読めるのだという。重ねて、九月六日土曜日にシャトレの会議でそのことが確認されたというのだから、まあ、たしかなことなのでしょう。けれど、なんともこれはおかしな話で、一六スーペリジというのはパリジスの一六スーで、トゥール貨に直すと二〇スーで、これは一リーヴルですよ。だからこの記事は書き直すと「この頃、純金ではないリーヴル金貨があって、タントー・アプレ、一四スーペリジにするという触れが出た。たくさん出回っていたものだから、みんな大損した」ということで、「タントー・アプレ」とはなにか。「その直後に」という意味だが、発行された直後に、では後につながらない。まあ、新貨ということでたくさん旧貨と交換させられた後に、それはないでしょうというふくみで物をいっているのだと了解することにしましょう。

プラクについては一四二五年の四三〇番の記事の注1をご参照。ドゥルドゥレについては、やはりテュテイのその注に、アルシーヴ・ナシオナールのもうひとつ別の資料に、ということで、別名クリカーとも呼ばれていたと見える。ドゥルドゥレは名前の由来について捜索に限界があり、閉口していて、別名クリカーの方がむしろ正体が知れる。ジャン・ベローヴルの「貨幣表」に、一括して「フィリップ・ル・ボンまでのブルグーン家のネーデルラントにおける貨幣発行」ということで、見開き両面にわたる表がふたつ見えるが、それのふたつめの見開きの左ページ欄に、一四二六年にホラントで発行したというクリンカート金貨が見える。これはフランス王家のフィリップ六世が発行した「エク・ア・ラ・シェーズ（椅子に座った王の肖像をおもて面の図案にとった盾型紋金貨）」の模刻である。フィリップ六世のエク・ドー・ア・ラ・シェーズは一三三七年一月一日に発行されたものが最初で、純金二四金で四グラム五三という堂々たるものだったが、その模刻の方は、なんと一七金、三グラム六五という工芸用の金にも劣る純度のもので、しかも小粒。おまけに流通については情報がないという。あまりにも劣等な貨幣なものだから、最初から動かなかったのかもしれない。これに比定されるドゥルドゥレなる金貨がどんなものだったか、想像に難くない。なお検索を見ると、一七六七年刊行の『ロマンス語あるいはフランス古語の辞典』という二巻本から dourderet の項を引いていて、ドルトレヒトで製造された一四ないし一六スーの金貨だという。念のためデュカンジュを引いてみたら、dourdere の見出しで同じことを書いている。デュカンジュは十七世紀のラテン語辞典の編者です。どうやら十八世紀のは十七世紀のを写したにちがいない。dourdere などの表記が現在オランダのドルトレヒトの異綴であることは、そのデュカンジュに照らしてもあきらかなところだが、ブルグーン侯がドルトレヒトで作らせた金貨というのは、ブルグーン侯フィリップ・ル・ボンを蔑む情報であって、軽々に信じ難い。

一七

（六一四）

八月の末、サンタンテーン尼僧院の院長と修道女何人かが牢に入れられた。修道女たちは、パリ市と友愛で結ばれていると思わせていた尼僧院長が、その甥を支援してパリを裏切ろうとするのに同意したのだという。かの女たちの手引きで、敵勢はサンタンテーン門から入って、まず門番の兵たちを殺したにちがいない。続いてかれらは情け容赦なく殺しまくった。かれらが逮捕された後、この出来事は方々で噂の種になった。

一八

（六一五）

九月十一日、イギリス勢はモールパと呼ばれる頑丈な建物のなかでマシー領主をつかまえた。人間の血をもちながら、フランスにこれほどに残虐なのは他にいなかったほどの暴君で、じつに百人あまりの徒党とともにつかまった。そのなかにマングーという名のがいたが、これが自白していうには、ある日、古い井戸に七人からの男を次から次へと突き落とし、上から大きな石をいくつも落として殺したと。そのほか数々の殺人を自白した。(1)

(1) モールパはヴェルサイユの南西、国道一〇号の町。すぐ東にポール・ロワイヤル修道院遺跡がある。パリの南のシュヴルーズ渓谷北縁に位置している。そこにあった une forte maison と、この記事はいきなり読み手を混迷の内に誘う。ある頑丈な家、で、なんか話が通るのか。知るべきはその語の時代の用法である。トブラー‐ロンマッチの辞書はその時代の語の用例集である。maison を引くと haus, gemach, kirche, maison dieu (hotel dieu, krankenhaus), maison fort (festung), wohnsitz v. tieren (hoehle) と解の区分けが続く。このなかで、このケースで、関心を引くのは maison fort と wohnsitz v. tieren である。maison fort のひとつの用例として ren. 16933 を引く。これは、しかし、一八二六年にパリで出版されたメオン編の『ルナール』四巻本の延行数であって、『ルナール狐物語』は十二世紀後半から十三世紀中葉にかけて北フランスで作られた動物寓話詩の一種の総称で、いくつもの「枝篇」に分かれている。メオン版以後、それぞれ別立てで刊行されている。メオン版そのものもその後版を重ねて、最新のものでは一九七三年にベルリンとニューヨークで刊行された写真製版のがあるという。だからメオン版の延行数をあげてもそれはそれでよいのだが、テキストクリティークがきちんとしているのかどうか、そのことが気に掛かる。ともあれ、引かれているテキストを見てみれば、renart ... recovrer velt sa force quil avoit perdue rien ne fet ne ne se remue de malpertuis sa maison fort ルナールはなくなってしまった気力体力をとりもどそうと、かれのメゾン・フォールから出ないよう、ひたすら籠もっていた。メゾン・フォールは狐の巣穴なわけです。いまは鬼籍にある旧友新倉俊一の名訳『ルナール狐の裁判』の一節にこう見える、「退路を絶たれたルナール狐、逃げられたら奇蹟というもの。が、最後の勇をふりしぼり、モーペルチュイに逃げ込んだ。この堅城、天守閣、砦、館に立てこもる限り、包囲も襲撃も怖るに足らぬ。来れるものなら、来るがよい」(白水社刊『フランス中世文学集3』「ルナール狐の裁判」一六五一—一六五八行)。

マシー領主は、テュテイは「おそらく」aymon de mouchy, seigneur de massyだろうというのだが、テュテイも示唆しているように、これが「インクェスタ（一四五〇年代に行われたジャンヌ・ダルクに関するアンケート調査）」に証人としてアンケートに応じた「マシー領主」と同一人であるとすれば、その「インクェスタ」の記録は一九七七年にパリで刊行されていて、それのパリで行われたインクェスタの証人のひとりにdominus haimondus dominus de macyがいる。これを近代語調に直せばseigneur aymon de macyということになる。日本語に置き換えればマシー領主エモンである。検索はmacy, massyに対応しない。テュテイの「おそらく」は、おそらくaymon de mouchyの両方にかかる。mouchyへの書き換えが当たっているとしても、検索で引いてもオワーズ中流のボーヴェの近くのムーシ・ル・シャトーしか当たっていそうなのは出てこない。それはどうも内容的に当たっていなさそうだ。それに、そうそう気軽にマシーの音がムーシーに変わるとは思えない。「マングー」については、なにも分からない。

一九

（六一六）

今年は麦が不足した。そこに大変な暑気がきたものだから、上等の小麦は一セテあたり七フランした。トゥッサンの頃のことだ。

二〇

（六一七）

この頃、若いのや子どもが大勢死んだ。疫病のせいだ。

二一

続く十月の第二日、プルーヴィンの町と城がイギリス勢に取られた。荒らされ、奪われ、人が殺された。この手の軍勢がよくやることだ。やつらがいうには、戦争の習慣だ、これは、と。（六一八）

二二

この頃、ふたりの王の間の和平をはかる協議がオーセールで続いていた。両方の側の大勢の領主たちがそこに集まっていた。ブルグーン侯方からも大勢来ていた。（六一九）

二三

この頃、パリで相変わらず悪疫がはびこり、フランス摂政ベトフォールの妻でブルグーン侯の妹アーンもこれにかかった。フランス随一のいい女で女の盛りだった。死去したとき、かの女はまだ二十八歳だったのだ。実正、パリの民衆にこよなく愛された。十一月十三日、木曜日（六二〇）

と金曜日の間の真夜中過ぎの二時ごろ、ルーヴルのそばのブルボン屋形で死去した。パリの民衆は希望を失ったが、ただ耐えるしかなかった。[1]

（1）ブルボン屋形は一四二四年の四一六番の記事に初出。それに「ブルグーン侯が立ち去った後、摂政はブルボン館を自分の物にした」と見える。注記はなし。これは問題だと反省して、ここに多少説明させていただくとして、ホフバウアーの『イマージュ・ド・パリ』に一三八〇年のルーヴル城とその周辺のスケッチがある。その右寄りにブルボン屋形が見える。その一番右寄りに、上から道が一本入り込んできて、下欄の道や建物の名前欄にリュ・ド・プーリーと見える。このプーリー通りはジャック・イレーレの『パリの通りの歴史的辞典』というのを見ると、これは古名で、現在のルーヴル通りの一部と説明されている。そこでル・コントの『パリの通りの案内』、通称「プラン・ド・パリ」にそれを確認しようと思うのだが、「プラン・ド・パリ」には、その見当のところに「リュ・ラミラル・コリニー（コリニー提督通り）」と書いてあって、そうですか、そうですかと、今度はジャック・イレーレの本に帰って、それを確認しようとしたのだが、この項は立っていない。お手上げです。「プラン・ド・パリ」の製作は一九七七年（これを探り出すのは大変だった。「ミシュランの道路図」とか、地名辞典とか、この手の事典類は出版年を明示することを嫌うのです）で、ジャック・イレーレの本は一九五七年から一九六一年にかけて執筆した、と、これは著者が「前文」の署名欄に添え書きしている。まるで一九六一年までルーヴル通りで通っていた通りの一部、ルーヴル寄りのところの名前が、一九七七年までの一五年間ほどのあいだに「アミラル・コリニー」と変わったかのようではないですか。「プーリー通り」の名前の起源は、このあたりにむかし織物職人が多数住んでいて、その織機に使われる滑車の仕掛けを「プーリー」といった。英語で「カウンターバランス・ルーム織機」というのだそうだが、わたしは織機についてはなにも知らないので、詳しいことは分からない。ブルボン屋形は、クレルモン・フェランの北のアリエール県の主邑ムーランの西二〇キロのブルボン・ラルシャンボーに主城を置いて、アリエール県から北のシェール県の南に領地網をひろげたブルボン家（由来はケルト語の泥からだという）のパリの屋形です。しかし、このブルボン家について語るには、十三世紀のカペー家のルイ九世の六番目の息子のロベールまで一旦時代を戻さなければならない。ロベールはクレルモン・アン・ボーヴェジス（北フランスのボーヴェを主邑とする一領邦）の伯であった。クレルモンはコンピーン（コンピエーニュ）の西三〇キロに位置する。ウィキペディアに「ロベール・ド・クレルモン」を書いた人は、「クレルモン・ド・オーヴェルン」や「クレルモン・アン・アルゴンヌ」と混同してはならない、と一本釘を刺している。ロベールは、ブルグーン侯ウーグ四世の第二子ジャン・ド・ブルグーンの一人娘のベアトリスと一二七二年に結婚したが、ベアトリスの母親のアネス・ド・ダンペールはそのまたおかあさんの筋からブルボン家の相続権を持っていた。紆余曲折を経て、一二八三年、ロベールは、ベアトリスとともにブルボン家領の領主と認められた。かくして、と、このあたりの解説文をウィキペディアに書いた人は、ロベールはヘンリー四世の大先祖であると、なぜかうれしそうに書いている。十六世紀にブルボン王家を起こしたナヴァール王アンリ（と、なぜかフランス人は henri をこんなふうに発音してみせる）のことらしい。

二四

（六二一）

続く土曜日、かの女はセレスティンに葬られた。心臓はレゾーグスティンに葬られた。身体を土にかえす時、サンジェルマンの修道士たち、コンフラリー・ド・ブルジュェの僧侶たちが、それぞれ黒いストラを肩にかけ、燃えるろうそくを手にもって脇にひかえ、屍を土にかえすや、すぐに行列を組んで唱歌をとなえた、イギリス人たちはイギリス人なりに、いとも敬虔に。(1)

（1）「身体を土にかえす時、サンジェルマンの修道士たち」と気楽に訳しているようだが、なかなかどうして。「et auporter le corps en terre avoient tous ceulx de saint gmain」などと書いている。これを分析的に書き直せば et a le porter le corps en terre avoient tous ceulx de sainct germain です。avoient は、グレマも avoir の項で最初の解にあげているように、そこにいる、あるいは、あるをいっている。iないしyの省略と見てもよい。「サンジェルマン」は「サンジェルマン・デ・プレ」の略記。どうしてここにサンジェルマンかは、次の「コンフラリー・ド・ブルジュェ」の起源にかかわる。

二五　（六二二）

その次の週に、摂政はマントへ行った。そこに三週間、滞在した。それからパリに帰ってきた。摂政がマントへ行ったその週に、和平のことを話し合うためにオーセールに出かけていた人たちが帰ってきた。何も決まらなかった。ただ金をたくさんつかい、時間を浪費しただけだった。それが、一同、うちそろって帰ってくるや、民衆に対しては、いかに話し合いにつとめたか、大げさにいいたてたのだが、じっさいはその逆だったのだ。それで、民衆はほんとうのことを知ると、オーセールに出かけた人たちに対して、批判の声が高まって、結果、大勢の人が牢屋に入れられた。民衆がそのことで暴動を起こさないように用心して、だましたのだ。[1] かれらは大金を支払って、ようやく外に出られた。

（1）写本は dissimulant que cestoit afin celle que le peuple ne sesmeust と書いている。それをテュテイは afin のところを a fin と起こしている。おまけにご丁寧にも、a の上にアクサンを乗せていて、前置詞の a と読んだことを示している。ヴァチカン写本はこの行を afin が行末にくるように書いていて、その afin の語尾のnにアンダーラインを引くように、それも右の空欄にはみ出るように長いアンダーラインを引いていて、その次の行はcelleから書き始めている。思うに、このアンダーラインを引いた人は、なんだ、これは、と思って引いたのにちがいない。なにしろこのcelleは読めないのです。読めないのを読めたふりをすることはない。

二六

（六二三）

田野のあちこちにいた盗人どもは、オーセールで何事も決まらなかったと知り、また摂政妃死亡の情報に接して、ますます過激化し、異教徒であっても、狂った狼であっても、まさかそこまではやるまいというほどの悪事を、キリスト教徒の野の農民たちに対して、また商人たちに対してはたらいた。週に二、三度は、かならずパリのどこかの門まで押し寄せてきた。残虐きわまりない振る舞いに及んで、僧をとらえ、尼僧をとらえ、プレストゥル(1)、女、子ども、六十歳から八十歳の年寄り(2)にいたるまで捕虜にした。大変な額の身代金を支払うまで、かれらの鉤爪から逃れることはできなかった。払えなければ死ぬまでだ。ところがこういった事態にあえて抗議し、行動を起こそうとする領主なんぞ、どこにもいなかった。

(1) 三六七番にプレスビテーなる語を点検してから訳語は考える。司祭でよいと思うのだが。
(2) この文体が権兵衛独特の、このケースだと六十、七十、八十の順列の七十をはぶく作法にでるものかどうか。

1433

一　　　　　　　　（六二四）

一月八日木曜日、摂政はセレスティンで妻の葬式をあげた。会葬者各人に二ブランを与えた。この施与に一万四千かかった。また、ろうそくが四〇〇リーヴルあったのだ。[1]

（1）この訳文はかなり推量が入っている。「会葬者各人」というがじつは原文に「会葬者」はない。コレット・ボーンあたりは「貧乏人に施しの分配」と注記している。これでは「シャカン（各人に）」が行方不明になっている。「施与」は「ドンネー」の訳語だが、それが「一万四千」といっている。これはなんだ？　貨幣の単位の「リーヴル」か？　「リーヴル」はトゥールヌェ貨で二四〇ドゥネ。二ブランは二〇ドゥネだから一リーヴルで一二人分。「一万四千」かかったといっているのだから、十二万と四万八千で十六万八千人分ですか。貧民施与にはいい数字ですか。会葬者と限定するとどうですか。けっこう、いい数字かな。「ろうそくが四〇〇リーヴル」の方は重量単位のリーヴル。半キログラムをいう。だからろうそくが二キロですか。これも、まあ、いい数字です。

二　　　　　　　　（六二五）

このころ、きびしい凍てつきで、グレーヴでモーテルリー通りを越すところまで水があがっていたセーンは二日と一晩のうちに手ひどく凍り、なんとも堅く凍りついて、サンヴィンセンがすぎても融けることがなかった。[1] このため諸物値上がりで、とりわけ粉に挽《ひ》く穀類が高騰し、なにしろ小麦八フランしたのだ。いつもなら豚にくれてやるような二、三年ものの小粒のソラマメがセテあたり五フランもしたのだ。大麦も五から六フランして、カラスノエンドウ、麦ナデシコといったものまで高く売られていた。いつもなら犬にくれてやるようなパンしか、パリでは食べられなかった。なにしろ四ドゥネペリジもするのにとても小さく、男の手のひらに隠れるほどのパンだった。

（1）モーテルリー通りはセーンの河岸からグレーヴ（市庁舎前広場）に入って最初に東から入る通りだが、トゥルシェとオヨーのパリ絵図では、その通りのグレーヴに入る直前にレゾードリエットと書いてある。通りの名はル・ド・ラ・モーテルリーと、もっと先の方に書き込まれている。レゾードリエットはその脇に描かれている教会堂の名前である。むかし、十三世紀のことだが、オードリーという王宮の官吏の家がこのあたりにあった。ルイ九世王の十字軍に従軍し、その帰り、スペインのサンチアゴ・デ・コンポステッラの聖地巡礼を思い立ち、家で待っている妻にも知らせず、かってに巡礼にいってしまった。それから長い年月がたち、妻は夫はてっきり死んでしまったと思い込み、独身の誓いを立てて、家に引きこもった。そこに夫が帰ってきた。妻は独身の誓いを解いてくださいと時のローマ法王に願いをあげ、法王は解いてあげるから、屋敷地を施療院に寄進しなさい、と。妻は夫のもとにもどり、屋敷地には一三戸の施療院が建てられた。ホスピス・オードリエット、オードリーの施療院である。それが一三戸。専属の教会堂も建てられた。エリーズ・オードリエット、オードリーの教会、でしょうか。このあたり、わたしの想像力もかなり働いています。そのオードリーの教会の流れが、十六世紀のパリ絵図に描かれた教会堂です。だから、その脇に添えられた名前は、「オードリーの施療院（複数）」をいうのでしょう。このあたりにオードリーの名前にちなむ施療院がむかし一三軒、軒を並べていた。絵図の通りに記された名前が、その土地の歴史を語る。またもや長々しい注記も、最後にようやく「サンヴィンセン」を迎えた。その前に、「モーテルリー通り」がらみで、もう一言。権兵衛がモーテルリー通りを越すところまで水が上がっていたと書いているのはなんとなくそう書いたのではない。かれの文章は厳密な計算に基づいている。一四二七年の四五六番の記事にかれはこう書いている。「また、この年、セーンははなはだしく水かさを増して、ペンテコステの日、これは六月の八日にあたったが、グレーヴの十字架にまで水があがって、これが祭の終わるまで引かず、木曜日にはぺと半の深さになった。ノートルダム島は冠水し、対岸のこちら側のニレの木河岸は、サンポール教会にかけて水の下になった。」セーンは河岸から水が這いのぼり、モーテルリー通りの入るあたりを水にひたし、グレーヴの十字架にまで這い上がる。グレーヴは海岸の砂浜をいう。市庁舎前広場は砂浜状をていしていて、出水の水位を几帳面に記録している。なお「ぺ」は⑪の四五六番に初出で、すぐ続けて四五八番の記事にも出るが、その四五八番の記事の注2に「その屋敷地が一ぺの深さの水に浸かった。約三〇センチである」と解説しているだけ。おそれいりました。

ようやく「サンヴィンセン」ですが、「ミッセル」の一月二十二日の項によると、「サン・アナスターズ」というのと同日の一月二十二日が祝日ということで、アナスターズ聖人だが、これは探すのに苦労した。ようやく『オペラバロック』という雑誌にみつけました。なんとこの雑誌は文字通りオペラ友の会のような性格のものらしく、それに「聖人一覧表」が載ったことがあるらしく、それに「アナスターズ・ル・ペルサン」が載っていたのです。なんでもペルシアのマギ（キリスト生誕の印を星の動きから読み取ってベトゥレヘムに来貢した東方三博士のような存在）の息子で、コメントの通り書くと、パトリアーク（総大主教）モデストゥスの手で洗礼を受け、サンアナスターズ修道院の修道士、ペルシア王コスロー二世の命令で、六二八年カエサレアで殉教という。『オペラバロック』をみつけた、その後にもうひとつ「シト・ド・ラ・クリプト」（地下聖堂の風景というような意味でしょうか）というサイトがあって、それに「サン・アナスターズ・ル・ペルス（†628）メーン・エ・マルティール フェート・ル・22・ジャンヴィエ」（ペルシャ人聖アナスターズ　六二八年没、修道士にして殉教者、祝日は一月二十二日）というのがある。それによっても実際はどうだったのか、よくわからない。イェルサレムに行って、当時ペルシャに囚われの身だった大主教ザカリアスの代理を務めていたサンモデストの手で受洗して、アナスターズの洗礼名をもらったらしい。かれが修道士になったアナスターズ修道院はイェルサレムから四マイルほどのところにあったらしい。一・六の四倍で、ほぼ六キロですね。もっともかれの名は、むしろパレスチナの港町カエサリア（現在イスラエルのヤッファ）で、なかなかころばない頑強なキリスト教徒だというので知られた。かれにくわえられる拷問の詳細をえんえんと書いていて、かれの伝記はモノトーンな繰り言である。それが、まあ、当時、殉教者をえがく作法だったわけで、それがサント・アナスターズは『黄金伝説』の著者の関心を引かなかった。かれの祝日なかまのサンヴィンセンの方を、だんぜん、ヤコブス・デ・ウォラギネは気にかけている。ヤコブスはかれの伝記は聖アウグスティヌスに由来するといわれるが、プルデンティウスもその生涯を美しい詩文に歌っていると伝記の根源を紹介してくれていて、それではとウィキペディア辞典に当たってみたら、「フランス教会史雑誌」という雑誌の一九二七年号にルイ・ド・ラッジェールという方が「サンヴィンセン・ド・サラゴッス」という論文を載せていて、その三〇七ページから三五八ページにかけてですが、その三一二ページに「わたしたちはサンヴィンセンの年祭から帰って、ヒッポでサントーグスティンが講じた四つの説教を所有している」と読める。どうやらサントーグスティン（聖アウグスティヌス）の説教集に根源資料があるようだが、ただヤコブスがイメージ豊かに書いている、サンヴィンセンが体験した壮絶な内臓責めがサントーグスティンの説教にそのまま読めるかどうかは依然としてナゾです。小池寿子さんが「文化広報誌 SPAZIO no. 64」にお書きになった「身体をめぐる断章　その11　内臓―人体のモノ化」がヤコブス・デ・ウォラギネの文章までそのまま引用なさって、中世末期の内臓観を生き生きとお書きになって、たいへん印象的です。どうぞご覧ください。

（六二六）

三

二月四日、摂政はパリを出立して、先年、先述のように、マントに滞在中にかれに約束された二十万フランという巨額の税金を徴収すべくノルマンディーへ出かけた。

四

この週、例のパールマンの役人、例のというのはフィリップ・ド・モーヴィレーのことで、これの役職がすべて解かれて、サンマーティン門の傍《かたえ》に住まいするメートゥル・ロベール・ペ・ド・フェーなるものが受任者となった。(1)（六二七）

(1)「例のフィリップ・ド・モーヴィレー」は権兵衛の批評する「稀代のタイラント」で、Ⅱの三二一番の記事に述べられている。

五

三月の最後の週、コルベーで協議会が開かれた。四旬節の残りが過ぎてもまだ協議は続いていた。この協議にド・ラ・クレ枢機卿(1)とパリ司教のほか、双方の側から大勢の司教、大領主、高位の聖職者が出席した。枢機卿といっしょにパリにきたある司教がパリに使節として立ったが、この司教は聖週間(2)の祭式を取り仕切ったのだ。アプストとか、クレームとか、また、プ（六二八）

レストゥルやディアクル、スーディアクル、アコリット・クーロンネといったのの叙品式とか、[3]いろいろあって、それをかれはなにしろ早朝に執り行ったものだから、全身分の者たち、ほとんどが、その日、出席しかねた。なにしろその日のうちに、かれはコルベーに発ったのだ。

(1)六〇〇番の記事をご参照。
(2)だいたいが写本はlasepm(省略記号)peneuseと律儀に書いていて、それがpeneuseという語は仏和辞典に出ない。だいたいが「大ロベール」に出ていないのだから、しかたがない。近代語にないというのなら、しかたがない。グレマを見てみたら、あっさりpenerの項目の枝項目としてpenosがあり、解はpenible, douloureux; difficile、用例のひとつにいきなり「ロランの歌」の四〇〇〇行のDeus dit li reis si penuse est ma vieを引いている。神よ、と王はいう、わが生涯のなんとpenosなことよ。辛いという意味です。その次に常套句をひとつ。それがla penose semaineで、これはla semaine sainteのことですと、これは近代語で解説が入っている。昭和二十九年に「序言」を書いた小林珍雄の『キリスト教用語辞典』はこれに「聖週間」の訳語を与えている。復活祭の前の一週間をいう。これはなにもイエス・キリストの味わったペーン、苦痛とか、苦悩とか、ことばはいくらでも飾れるが、つまりは十字架上に殺されたことをおもんぱかってこういったのではない。ラテン語でポエナ、ギリシア語でポイネ、ロマンス語に入ってペーンはもともと血の値段をいった。まあ、だから十字架上に流したイエスの血の値段ということで、人類の原罪を償う値段をいうようになったということのようです。
(3)アプスートは赦罪、クレームは聖香油を振りかける儀式をいうのでしょうか。司祭、助祭、副助祭、侍祭といった下位の聖職者を叙階する儀式をいう。アコリット・クーロンネのクーロンネはトンスレと同じで、頭頂を丸く剃ったという意味です。

六

この年、一四三二年はなにしろとてもの寒さで、なんと三二年の復活祭の近くまで毎日凍りつき、なにしろサンマークの日だというのに大変な寒さで、なんとか耐えしのぐのが大変だったのだ。なにしろ正餐の後に雪が降り、大変な冷え込みになったのだ。(1)　（六二九）

（1）正餐の後などと本気かよというような訳し方だが、apres disner をなんとも訳しようがなく、一日のメインな食事という意味で（まさかそう書く訳にもいかないでしょう）正餐の後と逃げたわけで、ご容赦ください。なお「サンマークの祝日」は、なんと四月二十五日。

七

この年一四三三年五月の最後の日に当たったペンテコステも大変な寒さだった。　（六三〇）

八

また、この頃、われらがフランス摂政ベトフォールは、四月二十日、クァジモドの翌日、シャンスレー・ド・フランスの姪にあたるサンポール伯の娘と結婚した。(1)　（六三一）

（1）一九一番の記事の注4に「シャンスレーは王侯家宮廷の行政役人の行き着く頂点だった。官房長という日本語をあてる」と解説している。この注ではもっぱら「ドーフィンのシャンスレー」が話題に上っている。次注の注5に、一四〇九年の「ジャン・ド・モンタグ」事件にふれて「ギエーン侯のシャンスレー（官房長）」というのが話題に供されているが、これは「ドーフィンのシャンスレー」の言い換えに他ならない。一九四・一九五番の記事に「シャンスレー・ド・フランス」という新風が起こる。これはつまり「フランス王家のシャンスレー」ということで、だれが見てもこれは「フランス王国の官房長」だ、「国璽尚書」だと太鼓判を押したがる手合いが我先にとひしめいている。なおクァジモドは quasi modo と二語に書いている。

九

（六三二）

また、五月七日、レザルミノーが夜中にパリの近くのサンマーソーの町にやってきて、大変な悪さを働いた。男、女、子どもを捕らえ、そんなふうに人を殺しまくり、教会堂に放火して、行ってしまった。大量に略奪して、みんな持って行ってしまったので、パリの暮らしに大きな痛手となった。パリでは以前にも増してモノがみんな高くなったのだ。奴らはシャートゥルへ行った。その後すぐクレスピ・アン・ヴァレに現れた。この町は、つい先頃、イギリス勢に占領されたのだったが、今度は裏切りがあってレザルミノーに降ったのだ。町の善良な世帯主たちにとってこれは悩みの種となった。

続く六月、かれらはふたたびコルベーに集まって、二人の王の間に休戦ないし和平を立てることができないか、そこまではムリとしても、せめて戦闘を差し控えさせることはできないか、協議した。しかし、テルーアン司教、フランスのヘンリ王の官房長は、最初に協議してから今度の協議までの間に、ノルマンディーに出かけて兵を徴募し、それを率いて七月の第一週にはパリに戻っていた。しかるのちにコルベーの協議に臨んだのである。だれしもがこの協定はかれが封緘するものだと思っていた。なにしろ以前の協定は枢機卿とシャルル王の官房長とランス司教他の手で封緘されたのだったから。それなのにかれはそうしようとはしなかった(1)。しょうがない。みんな不満を残したまま、解散した。枢機卿はバーゼル公会議に、この協議会がどんなふうに終わったか報告しに帰った。ランス大司教は、協議がこんなふうに終わって、いかに気を悪くしているか、おもてにもあらわに、態度物腰で示しながら、帰って行った。なんとも他に為しようがなかったのだ。ヘンリ王の官房長は、引き連れてきた軍勢をまっすぐ、ガスティネのミリーに向かわせ、修道院を襲い、町を取り、火にかけた。サラセン教徒よりも悪いことを一杯した、異教徒がサラセン教徒に対してするような悪事をはたらいた(2)。

(1)この記事の組み立てはムリがあって、「以前の協定」といっているのは、コレット・ボーンの注記を借りて物言うだけだが、一四三二年三月に、ノルマンディーで新たに徴募された軍勢とレザルミノーの軍勢との間に関して結ばれたもので、パリ地区とは関係がなかった。逆にここに新たに結ばれた休戦協定は、パリ地区のもので、それをド・ルシェフ、ふたたびと形容するのはじつはおかしい。それはともかくこの最初の協定の後、「フランスのヘンリ王」すなわち「フランスとイングランドの王家の当主ヘンリー六世（一四二一年生まれだからまだ十一歳の少年。ロンドンに住んでいる）」の官房長はノルマンディーに出かけて兵を徴募して、パリに集めていた。これはもう一人の王にとって脅威になる。もう一人の王というのは、この文脈ではレザルミノーの頭目シャルル・ド・ヴァレだ。この文脈での「二人の王」はたぶん初出だと思う。それをテュテイは注することもなく平然と書き流している。ただ、おもしろいのは、その直前の六三二番の記事の注に、モンストルレを引用して、「シャルル王の軍勢は」と、権兵衛が「レザルミノー」と呼んでいるのを言い換えてみせてくれている。この時期、パリとノルマンディーに蠢動する「フランスのヘンリ王」に敵対する武装した不逞の輩は、権兵衛は一括してこれを「レザルミノー」と呼び、近代歴史学は「シャルル王の軍勢」と呼ぶ。この歴史の近代化は、なんと権兵衛自身のなかにもすでに兆していたということか。なんとかれは「以前の協定は枢機卿とシャルル王の官房長とランス司教他」とすらすらと書いている。ヴァチカン写本のそこのところには、なにやら左手の余白に二行ほど書き込みが見られるのだけれども、残念無念、読めない。もしや「シャルル王」の文言批判かと大いに気を持たせるのだけれども。

（2）ガスティネは二一六番、二八〇番に既出。表記は本文、索引ともに「ガティネ、ガスティネ」で揺れているが、二一六番の注に書いたように「ガスティネ」と決めた。そこに書いたように、セーンの支流ロワン流域の土地をいう。「異教徒がサラセン教徒に対してするような悪事をはたらいた。」これはもう論評を拒否する発言で、「サラセン教徒よりも悪いことを一杯した」という自分の発言に平衡感覚をゆさぶられたということか。

一一　（六三四）

一四三三年のこの頃、ライ麦は四リーヴルペリジか、もっとした。他の麦もみんなそんなものだ。それが、六月の最後の週にノルマンディーから大量の小麦が入荷して、七月の最初の土曜日、上等な小麦ライ麦混合を二四スーペリジで売っていた。こんなふうに、炭やなんぞじゃあるまいに、麦を叩き売りするなんて、かつて見られたことはなかったのだ。(1) 続く木曜日、八ドゥネのパンが四ドゥネとされた。なにしろこの年は麦がとても上等で、大量に収穫されたからだ。とても美しい八月だったが、死者が多い夏で、それも小さな子どもたちが大勢死んだ、ボスかヴェロールかで死んだ。(2)

（1）que on navoit oncques mais veu crier le ble comme charbon と書いていて、テュテイはそのまま起こしているが、コレット・ボーンは vu と近代語調に書いている。なんで近代語調というかといえば、クレダは動詞 voir の過去分詞として vedut, veut, veu, vu をあげていて、ボーンが vu と書いているのは中世語のなかでの選択肢の選択かと一瞬思わせる。しかし、ここはそんなむずかしい話ではない。ボーンはヴァチカン写本を見ていない。クレダも見ていない。自分が使うフランス語のなかでの voir の変化形を思い出しているだけの話である。

（2）ヴェロールは天然痘ウィルスを病原体とする感染症である。英語圏では smallpox と呼ぶ。pox は水痘をそう呼び、小さいを冠してどうして天然痘か。水痘は十歳以下の水疱瘡をいう。天然痘は、古代ギリシアから症例が記録されている流行病で、近代に入って種痘術が開発されるまで、大人のほぼ全員がこれにかかったという。あえて外界に、また後生に言い伝えないという習わしさえもが生じたという。権兵衛の記憶はかなりいいかげんである。水疱瘡で子どもは死なない。日本では日本書紀に「瘡発死（かさいでてみまかる）」と見え、平安時代に「疱瘡」、室町時代に「痘瘡」という用語が使われていた。「天然痘」は「一八三〇年の大村藩の医師の文書が初出」だそうで、これはみんなウィキペディアに拾った知識。わたしがいうのは権兵衛の日記の verolle plate に、さてどの日本語の用語をあてたらよいものか。天然痘はおかしいでしょう。かといって権兵衛の時代の室町時代の痘瘡を借りようなんて、バカみたい。天然痘の時代の名なんて注をつけたくなります。権兵衛はヴェロール・プラトと呼んでいた。じつはプラトが分からない。それにボス。英語でいえばフラットという形容詞をかぶせて天然痘といって、それがなんですか。ボスだども、日記にはじつは二か所に出ていて、じつはと弁解がましくいうのは、じつは索引にとっていない。とれなくて、逃げたというのが実情で、二二五番の記事に boce et despidymie で大勢が死んだと出る。一応訳して「ボスと疫病がはやって大勢が死んだ」ですと。なんのことですか。ボスは疫病ではないというのですか。ここ六三五番の記事でも同じこと。si grant mortalite estoit de boce et despidimie. じつはテュテイの校訂本の索引にはもう一か所三四二ページと指定があるが、そこには出ていない。ただし、七五四番の記事の注に la bosse と見えて、どうやらこれが三つ目のボスらしい。そうして、なにやら一四四一年八月の日付のアルシーヴ・ナシオナル（国立公文書館）の史料の紹介ということでこれはプティット・ヴェロールだという。疫病の性質に関してはそれだけで、これは結構大きな注で一七行にも及んでいるが、あとはいかに死者が大勢出たかと大量死の数量的評価をいう史料断片を漫然とあげているだけである。

*

以前、ブルグーン侯はパリにぜんぜん姿を見せないと書いたが（一四三二年の五五二番の記事）、昨今にいたってもあいかわらず現れない。摂政も妻をめとって以来、パリに戻ってこない。例のテルーアン司教とその取り巻きに政治を任せている。

一二

（六三五）

この年は、一番の年寄りも見たことがないというほどに美しい八月だった。麦はよく実り、蔬菜は上出来だった。それが、なにしろボスと疫病で大勢の人が死んだ。一三四八年以来の大量死だった。なにしろ荒れ狂った疫病だった。瀉血も浣腸もきかなかった。なにをやってもダメだった。大流行のボスにやられたら逃げようがなかった。死ぬしかなかった。一四三三年の三月からはじまって、この人殺しは一四三四年に手が届こうという頃合いまで荒れ狂った。なにしろ若い人がコロコロ死ぬのだ。[1]

（1）ヴァチカン写本は行替えで en ce lan と書いている。en cel an ではない。また jusques a bien pres de lan mil iiij xxxiiii と書いている。iiij の右肩に ct と省略記号を置いている。「一四三三年の四旬節の終わりまで」と書いたつもりらしい。パックがくれば一四三四年である。

一三

（六三六）

この頃、九月の最後の週、何人かのパリの資産家の市民たちが、なんともいとわしい陰謀をくわだてた。かれらは赤い十字の印をつけられた大勢のエスコッセをパリに入れる。その数は二百人以上となるだろう。かれらの軍勢のうち最強の者百人に白十字のしるしをつけて、軽く手を縛って、外から見えないようになにかでおおって、サンドニ門とサンタンテーン門から入れる。一方パリ周辺に、どこか離れたところの石切場とかそんなところに兵三千から四千を伏せておく。捕虜のように装わせた一隊を引き連れて、正午ごろ門に入る。門の守備兵たちは食事中だ。これを殺す。あたり一帯、見渡す限り、野に山に、目に入ったやつらを殺す。サンドニ砦とサンタンテーン砦を占領する。これがやつらの企んだことだった。だが神はこの町を哀れと見そなわせ、やつらのおそるべき企てを証し給い、やつらのやることはすべて裏目に出た。詩篇の詩人が「彼は穴を掘り、掘ったその穴にはまった」と書いている、その通りになった。ある者たちは首を斬られ、ある者たちは追放されて財を失い、妻や子どもたちを物乞いの境遇に落とす。おのが身とおのが相続者を世間の非難に晒し、党派の争いの両方の側から憎まれる[1]。

（1）詩篇七章一五節。テュテイは詩篇七章一六節と注記し、これに引用ミスがある。前半の lacum apperuit et fodit は間違いで、正しくは lacum aperuit et effodit だと注記している。それはたしかに aperuit は aperio の変化形だから apperuit とは書かない。しかし fodit は fodio の変化である。テュテイはこれを effundo の変化で過去形の effudit が正しいととらえているようだが、effundo は to pour out あびせる、どっとそそぐの意味が基本の動詞であって、問題の文脈にはなじまない。テュテイのこの注記は apperuit の綴りミスを指摘しているだけのことにすぎない。あるいはこれは誤植かもしれない。なおテュテイはこれを詩篇七の一六としているが、これはまちがい。七の一五である。あるいはこれも単純な引用ミスに過ぎないかも知れないが、なんとも、まあ、アレクサンドル・テュテイは厄介をかけてくれることよ。

一四

まさしく同じ週、もう一件の陰謀事件が発生した。自分たちがもうかる分だけ支払って、サンドニの宵宮に、小舟に乗って集まって、サンドニ門とサントノレ門のあいだの何本もの堀割を伝って市中に入る。その方面には人はだれもいないからだ。人を見つけ次第、みんな殺せ。これは前にもいったことだ。これがはかりごとで、それがつかまったかれらが白状し、レアルで首を斬られる時に叫んだことには、かれらはおたがいだれがだれだかまったく知らなかったという。この小舟に打ち乗った連中は、サンドニの祝日に市中に入ったのであって、入るまでは、また市中に入ってからも、残忍な気持ちで、頭に血が上っていたが、栄光の殉教者サンドニ猊下は、このボーン・シテであるパリでは、そのような残忍な行動は差し控えるよう望んだ。他の機会にも、何度となく、猊下はこのような危機、いやもっと大きな危機を、その聖なる祈りによって差し止めたことがある。

（六三七）

1434

（六三八）

一

一四三三年一月二十九日金曜日、たくさんの家畜がパリにやってきた。豚二千匹、山羊や牡牛など角のあるのに牝牛が多数だ。そこにレザルミノーがサンドニをすこし過ぎたあたりにまで押し出してきた。その隊長はラ・ヒールといった。(1) レザルミノーは家畜を護送している兵たちよりも二倍ほど大勢だった。だから護送隊の方は手もなく負けた。レザルミノーは護送の兵のほとんどを殺し、家畜を手に入れ、家畜を運んでいた商人たちを捕虜にして莫大な身代金をかけた。殺すべき者をみんな殺してしまうと、レザルミノーは戦場に探しに出させ、(2) また捕虜たちのなかにしかるべき身分の者がいないかどうかを調べさせ、生きているのも死んでいるのも区別せず、イギリス人の紋章をつけている者、あるいはまたイギリス語を話す者と見れば、生きていようが死んでいようが(3)喉をえぐった。戦場にとってかえして、自分たちが殺した敵のキリスト教徒の喉をえぐるなどとは大変なインフマニテのあらわれだ。(4)

（1）権兵衛はこの高名なレザルミノーの一匹狼的領主の名を前にも出している。テュテイの校訂本は一四三一年の五七九番の記事の注にエスティエン・ド・ヴィノールとその本名を紹介している。
（2）戦闘後に戦場で死者の身分を確認するエローのことを暗示しているのか。
（3）権兵衛はここを再度くりかえして書いている。よほど強調したいのだと見える。
（4）Ⓘの二〇〇番の注13、Ⓘの三四五番の注11をご参照。

二

続く週、レザルミノーは夜、ヴィトリを襲い、略奪し、火付けをやった。翌日、引き揚げようとする奴らのあとを、数人のパリの衆がつけていった。そのまたあとを、貧乏な農民が一三人、自分たちのものを少しでもいい、とりかえそうと考えてついていった。ところがレザルミノーに気づかれて、レザルミノーはかれらに向かっていって、すぐにひっとらまえ、喉をえぐった。

（六三九）

三

この間に、やつらはボーモンの城と町をとった。二月二十七日、パリで、集められるだけ集めろと馬と人とが徴発されて、ボーモンへ出かけたが、結果は逃げるが勝ちという始末。ところが、かれらは逃げ帰りながらも、帰りがけに、牝牛だの牡牛だのを手当たり次第にさらってきた。ほんとうは欲しくないものまでも。なにせ、まあまあのものもないよりはよいというではないか。

（六四〇）

四

（六四一）

この間、摂政についてはなんの知らせも入らなかった。パリの市政をあずかっているのはフランス官房長のテルーアンの司教だけ。テルーアン司教は大層民衆に憎まれていた。民衆はフランスが平和じゃない方がかれにとってずっといいことなんだと陰口どころか公然といいかわしていた。むかし皇帝ネロもそうだったんだよとかれの共謀者たちについて悪口をたたいていた。

五

（六四二）

この年、一四三四年、パックは一四三四年三月二十七日だった。[1] この冬はとても寒く凍てついた。ヌーエの八日ないし十五日前のころから凍てつきがはじまり、なにしろ三十日ほどのあいだ冷え込みのきつくない日など一日たりともなかったのだ。何人ものパリの知識人はこの大寒波は五月なかばを越えて続くだろうよ、それはたしかなことだと公言した。だが全知全能の神はそうはなさらなかった。なにしろいま生きている人々はこんな三月はいまだかつて知らなかった。なにしろこの三月を通じて雨は一滴も降らず、とても暑くなって、サンジャンのころにも味わったことのないような大変な暑さがなんどもなんども押し寄せてきた。四旬節にはアラン・ソールやアラン・ブランが大量に出回り、四旬節の中日には上等なアラン・ブラン一樽が二四スー、高くても二六スーペリジで手に入った。〔以下未訳〕

（1）なんということもない、まあ、ちょっとぎこちない一文に見えるが、原文をあげつらうと、item en ce lan lan mil iiijct xxxiiij furent pasques le xxvii jour de mars lan mil iiijct xxxv と書いて、最後の v を消して iiij と書き添えている。なんかよく分からない文章だ。おもしろい。en ce lan はこれはマシオの書き癖か、テュテイなどは en cel an と起こしている。その後の lan は、an に定冠詞の le と読んでやることはそれはできるけれど、この書き方はさてどれほど市民権をもっているか、突然そう書かれてもすなおについてはいけない。たぶんこれは誤記でしょう。lan lan と筆が調子に乗っちゃったのだ。そちらの lan よりも曲者なのはもうひとつ、もうひとつ後の方の lan であり、それの引き連れている文言群である。これはだから最初の lan が引き連れている文言群の繰り返しとみてみえなくはないが、それが lan mil iiijct xxxv と書いて最後の v を消して iiij と書き添えている。これでは繰り返しとはいえない。それにしてもこの書きミスはいったいどうしたことか。一四三五年と書いて（ct は cents の省略表記。写本には右肩に小さく書いている）、五を消して、右の余白に四と書き添えたという恰好である。権兵衛がすぐまちがいに気づいてそう直したのか、それとも写本の筆生であるマシオがそうしたのか、それとも後代のだれかがそう直したか。欄外余白にはみ出し気味に書いてある iiij の字の勢いがどことなく弱く、それに直前に書かれている iiijct と比べて、さて同じ筆跡といえるかどうか、いささかうたがわしいところなどを勘案すると、どうやら後代、だれかがあたりそうだが、欄外余白にノートをしきりに書き付けているクロード・フォーシェの筆跡とはまたちがうもので、どうもそのあたりよく分からない。

文献案内

ここでは日記を訳し、注をつけるにあたってまずあたるべき根源の文献についてご案内します。アレクサンドル・テュテイの校注本、エミール・リトレの辞典、トブラー－ロンマッチの辞典、そうしてジャック・イレーレの辞典です。

テュテイの校注本については「はじめに」でご紹介しました。フルタイトルは以下の通りです。

Journal d'un Bourgeois de Paris 1405 - 1449 publié d'après les manuscrits de Rome et de Paris par Alexandre Tuetey ; à Paris, Chez H. Champion, Libraire de la Société de l'Histoire de Paris, Quai Malaquais, 15 ; 1881

近代フランス語が編成されつつあった十九世紀なかば、一八五〇年代に四巻本として出版されたリトレの『フランス語辞典』は、十九世紀中に二度ほど重版されたが、二十世紀に入ってからはとんと出版の噂はきかれず、一九五六年にようやく再版される運びになった。縦長の、余白をひろくとった一欄組みのしゃれた造本で、全七巻。それが第五巻から出版社が変わるという異例の事態になったが、組みや装丁は変わらない。フルタイトルは以下の通りです。

Emile Littré : Dictionnaire de la Langue Française ; tome 1 ; Jean-Jacques Pauvert Editeur ; 1956 (tome 7 ; Gallimard/Hachette ; 1958)

リトレは近代フランス語の語彙や解がくわしいことはもとより、歴史的用例欄が結構充実していて、また、語源欄がおもしろく、わたしなどは重宝している。しかし、語源欄はともかく、歴史的用例については、トブラー－ロンマッチの『古フランス語辞典』を前にしてリトレはいささか色あせて見える。

リトレより一世代若いスイス人のロマンス語学者アドルフ・トブラーがこつこつ集めた文例を材料に、二十世紀のエアハルト・ロンマッチが、一九一五年から、分冊のかたちで刊行し始めた。一九二五年にＡＢの分をまとめて第一巻として出版した。最後の最後、九二冊目の分冊は二〇〇二年に出版された。全十一巻が完結した。さらに六年後、二〇〇八年に「綜合文献目録」の第九三分冊が刊行された。世紀を超えた大事業が完成した。一九八九年に刊行された第八八分冊から、編集者にハンス・ヘルムート・クリストマンの名も加わった。その第八八分冊のフルタイトルは以下の通りです。

Tobler - Lommatzsch : Altfranzösisches Wörterbuch ; Adolf Toblers nachgelassene Materialien, bearbeitet und herausgegeben von Erhard Lommatzsch, weiter geführt von Hans Helmut Christmann ; 88. Lieferung ; Erste Lieferung des XI. Bandes ; U-venteler ; Franz Steiner Verlag Wiesbaden GMBH Stuttgart ; 1989

ジャック・イレーレの『パリの通りの歴史的辞典二巻』のフルタイトルは以下の通りです。

Dictionnaire historique des rues de Paris par Jacques Hillairet en deux volumes ; Les Editions de Minuit, Paris ; 1985(1991)

なにが「イストリク」歴史的かというと、なにしろ個々の通りの歴史を考えている。通りの名という言葉の成り立ちや変わりように絶大な関心を寄せている。なにしろ読んでおもしろい「辞典」です。

付録

○中世人の日記を読む
○日々の光景——月暦日記抄
○「スウェーデン女王蔵書一九三二番写本」の筆者について

○訳者の著作より、『日記』と関連のふかい論攷三本を以下に再録する。再掲にあたり、表記等については、各底本の通りとした。とりわけ『日記』の訳文には、表記・訳語・文体など、本シリーズの本篇に収録のものとはかなりの異同がみられるが、引用文脈や各論攷の性格、また刊行時期の隔たりなどを考慮し、あえて統一をはかることはしなかった。諒とされたい。

○各論攷中の『日記』からの引用には、本シリーズの訳文との照合の便をはかるため、引用末の〔 〕内にA・テュテイによる項目整理番号を添えた（本篇未収録の一四三四年以降のものについては、番号に＊を付した）。

○本篇未収録の日記訳文は以下の通り。

＊〔六五〇番〕（一四三四年）―二一七頁

＊〔八六〇―八六五番〕（一四四六年）―二〇七頁

＊〔九〇四番〕（一四四九年）―一七三頁／一九九頁

○なおほかに『日記』に関連のふかい著訳書として：

『パンとぶどう酒の中世――日記のなかのパリ』（ちくま学芸文庫、二〇〇七年／一九八五年初刊）

『中世の精神』（小沢書店、一九九〇年／悠書館より新版刊行予定）

『ジャンヌ＝ダルクの百年戦争』（清水書院、二〇一七年／一九七五年初刊）

ホイジンガ『中世の秋』（中公文庫プレミアム、二〇一八年／一九六七年初刊）

などがある。

中世人の日記を読む

二文銭は宙を舞って

たとえばここに一幅の絵があって、そこに窓が描かれていれば（この時代、絵師たちを悩ませたのは、いかに窓をあけるかであった）、そこに景色がひらけるわけであって、わたしがいうのはそれが教会堂の北面の戸口でもよい。北面のはずなのに、そこに陽溜《ひだま》りの気配がある。そうすると、その戸口から、あなたがたのまなざしは街中に出てゆく。たとえその戸口の外に街中の光景など描かれてはいなくとも。

絵の細部がわたしたちを惹《ひ》きつける。つまりは部分が表現的だということで、言葉を読む作法もついに同じことである。たとえば十五世紀のある日記にこう読む。

二文銭こそは庶民の銭で、それが通用しなくなった。みんなそのことを知ると、大損害だと、陰口どころか公然と、役人のよこしまをなじる声があがり、両替屋の軒越しに、かねを川に投げこむものが大勢出た……　〔四四五〕

そこであなたがたのまなざしに映る絵は、橋の上の両替屋の店先に王家紋章入りの幟《のぼり》がしおたれている。それでもすこしは交換してやろうかと、新鋳貨の一杯つまった樽だか金櫃だかをデンと据えて、両替屋の手代たち、はじめのうちはタカをくくっていた。

なあに、連中め、ぶつぶつ不平をいうだけで、なくなりゃおとなしく帰るだろう。ところが人数はふくれあがるばかり。手に手に廃貨の二文銭を握りしめて店先に殺到する。ついに金櫃が底をついた。群衆は怒り狂って、いまや無用の長物と化した銅貨を投げつける。コソコソ店の奥に逃げこもうとする手代たちの背中にピシピシ当たる。軒をかすめて川面に落ちたのもずいぶんあった。日記の筆者は、その分、大判五十金分と見積もる……

ポントワーズのそばのパリという名の町のお話です。とりたててなんの事件が起きたというでもない平凡な年、一四二七年は、五十金分の二文銭が宙を舞って川面に落ちる光景で明けました。五十金分の二文銭といえば、概算、一万個と、あなたがたに情報をお頒《わ》けしようか。

しかし、じつのところ、概算と割り切っていってしまってよいものかどうか、わたしにはためらいがある。記述者はそうは書いていない。五十金分と書いている。かれの眼は川面に落ちる無数の銅貨を、一桁の数値までかぞえている。だから、そもそも、無数の、などとあげつらってはいけないのです。

なるほどかれはそこまでは書いていない。けれども、書いていないところにさえも、書かれたであろうはずの事物の疼《うず》きが感じられて、このばあい言葉は教会堂の北面の戸口の陽溜りなわけである。記述者の、絵師の生活の細部をひらく窓である。

わたしがいうのは比喩としての戸口ではない、窓ではない。絵に描かれた窓であり、時として窓外の景色は街並みをひらく。それは絵師の手柄である。言葉の集合であり、時として言葉の配置は死者の数を一桁の数値までかぞえる。それは記述者の獲物である。しかし、むしろわたしの感性に訴えるのは手柄の予兆であり、獲物の予感である。そういう調子を孕《はら》む絵であり、言葉であり、時代の気分がそこに開示される。

雨に煙る北の門外

とりたててなんの事件が起きたというでもない平凡な年、一四二七年は寒気の去るのがおそかった。

……この年は、四月から五月、もう三日か四日で五月も終わろうというころになっても寒気ゆるまず、来る週も来る週も氷が張り、霜が降り、それに始終雨だった……〔四五四〕

その悪天候をついて、聖母の御堂の僧侶たちの行列が、町の北の郊外の野の道をゆく。まるとるが丘の御堂に詣でての帰路、聖遺物を奉じた輿《こし》の担い手たちが泥道に足をとられてよろめくわ、同行の連中が苛立って文句をいうわ、一行の頭がそれを叱るわでなにしろ難渋していて、ようやくのことで真近く町の北の門に臨むあたりまで辿《たど》りついた。

……雨はますます激しくなった。ちょうどその時刻に、摂政とその妻が門を出てやってきて、行列とすれちがったが、かれらは行列を気にもとめなかった。なにしろ行列のすぐ協を早駆けに駆けぬけたものだから、一行はよけることもできず、馬のひづめのはねあげる泥を全身もろにかぶってしまったのであって……〔四五四〕

冷雨の紗《しゃ》幕を透かして浮かびあがるふたつの騎馬の人影、一瞬のすれちがい、泥水を浴びせられて右往左往する僧侶たち。連続する場面のカットバック的処理。叙述は的確であって、記述者のまなざしがそこに生きている。このばあい、好きの嫌いのというのもどうかとは思うが、わたしの好みは最初のカットにある。

傲慢《ごうまん》の気を漲《みなぎ》らせて駆けり来るふたつの騎馬の人影。雨外套をつけていて、身分も定かにはわからぬが、高々と頭飾りを盛りあげて、横坐りに馬を御す姿形の方は、たしかにこれは女と見てとれた。この一瞬の光景はこれは絵になる。この絵にはなにか墨絵の効果が感じとれて、それがわたしを喜ばせる。

そこで気にかかるのは、はたして日記の筆者は、この絵をどこで、どの角度から見たか。というのは、なにしろわが想像のうちに、この絵は、行列の方から門の方を見たいのであって、あるいはこういおうか、行列を近景におき、門を背景にこちらに向かってくる騎乗の二人連れを中景におきたい。ということは、かれは行列の側に位置していて近づくふたつの人影を見ている。しかも、かれ自身の想像において、行列そのものを俯瞰《ふかん》している。そういう鳥目絵としてこそ、この絵巻物の一景は形をなす。

かれはそういうふうに現象を見るということで、それはいったいなぜなのか。わたしがふしぎに思うのはそのことである。とはいえそれをとやかくいう前に、とりあえずはかれの眼付きを借りて、この絵を見ることだ。日記を読むのはその実修で、その時代の人たちのものの見方、考えかた感じかたがそこに開かれる。歴史における理解がそこに萌《きざ》す。

ひとつのおおきな演劇のなかで

……二度三度と、なんとか上にあがろうとしたのだが、連中がかれらを乱暴に押しもどす。なんどもなんども押しつ押されつ、なんと八十人、百人がひとかたまりになって、揉《も》みあいへしあい。そこに盗っ人が大活躍。町の人たちがどっと入りこみ、お歴々がやっとのことで広間に入ってみると、もう満員。どこに坐ってよいのやら、見当つきかねるありさま。どうにかこうにか定められた席にたどりついてみれば、靴直し、辛子売り、屋台酒の売り子、石工の手伝いといった連中と一緒の卓子という始末。なにしろ、そいつらをどけようにも、ひとりふたりをなんとかどかしても、隙をみて、脇から六人、八人と割りこんでくる……〔五九三〕

なんとこれが王宮の大広間での戴冠祝賀の大宴会の情景だという。日記の筆者の筆づかいはなにしろ生気にあふれている。時とするとその筆調は無言劇の台本を想わせる。言葉がないというのではない。すでにして言葉は所作に孕《はら》まれていて、辛子売りは訳知り立てに言葉を操ることはない。

辛子売りは指定された所作を演じている。この印象が強く、そういうことであるならば、王の招宴の盛儀に、かれもまたその役どころを割り振られているとはいえまいか。商人頭、大学のお歴々の占めるべき上座の大理石板の卓子を横領する。席次の作法に違反するのがかれの役どころで、これをかれは誠実に演じているとはいえまいか。作法に違反すること自体が作法となる。

ヨーハン・ホイジンガの著述が開示した、これが「中世の秋」の世界の構図である。この季節に生きる人々は、自己疎外の無念を知らない。ひとつのおおきな演劇のなかで、なにがいったい不用の細部か。細部は記述者の言語実修の厚みのなかに転写され、そこにあなたがたは人間の気配を嗅ぐ。

……一四一三年七月の最初の日、件《くだん》の代官はもっこに乗せられて兜屋小路まで曳《ひ》き出され、荷車の上に渡した板に据えられて、手に木の十字架、貂《てん》の毛皮の裏付きの、裁切《たちき》れ仕立ての黒の上衣、生《き》なりの股引《ももひき》、黒の麻靴。そんな格好で市場に曳かれ、首斬られた。そうして、これは嘘ではない、もっこに乗せられてから首斬られるまで、かれは笑いを絶やさず、その尊大ぶりは、これはてっきり気が狂《ふ》れたかと人の疑うほどのものがあった。死にゆくものへの憐《あわれ》みに衝き動かされ、群衆は盛大に涙するというのに、かれひとり笑い、下衆《げす》どもが、このおれを殺させまいよ、とかれは考えていたのだ……　〔六三〕

ほとんど解説の言葉はいるまい。記述が的確に描き出す情景に、この男は引き廻される裏切り者の役どころをしっかり演じ、おのが眼でおのが演技をみつめている。

主客同体の境域に、尊大と倣慢《ごうまん》が、貂の毛皮の裏付きの、裁切れ仕立ての黒の上衣を羽織って、その振舞いの形を定める。

かれは屍体の数を勘定して歩く

……その後十日ないし十二日ほどして、町の門の鍵と錠前が取替えられた……〔一〕

と日記は筆を起こす。筆を起こす？　これは言葉の文《あや》で、その後という言い廻しが示唆するように、じつはその前がある。それが残っていないというだけの話である。

……大通りの泉水に面して足場が組まれ、板を渡した仮舞台では、平和と戦争の物語がとても見事に演じられていたが、なにしろとても長い話だったので、最後まで見ている人はいなかった……〔九〇四〕*

これが日記の結びの文章である。結びの？　またまた言い過ぎてしまった。かれがここで筆を止めたとする証拠はどこにもないのである。

こうして日記はひとつの過去の空間を被う記述の集合であって、その一四〇五年から四九年の部分が残った。そういうことで、なにしろこの、いってみれば偽の起筆と擱筆《かくひつ》は出来すぎである。始めに場を設定し（門というのはひとつの場の限定の表示ではあるまいか）、終わりに過ぎ来たった有為転変を観ずる（平和と戦争の物語の物語という字は、直訳すれば歴史なのです）。けれども、これはよい形だ。この構えは、日記という記述の集合の性質をよく表している。

歴史空間がまずあって、記述はそれを写すとあなたがたはお考えか。実相は、記述が歴史空間を作るのであって、むしろ現実を励起せしめるといおうか。沈黙の春が、言葉を植えられて、緑に燃える。なにしろわたしたちはその景色をしか見ないのである。

……卵は、このところ白銅一枚では二、三個しか買えず、牛酪《バター》は大安売りで、一斤が白銅六枚、安酒もいいところなので半升当たり六文……〔二一九〕

ものの値段が野の花の賑わいを見せ、見捨てられた王妃が立ち枯れの百合の太株を描く。

……このころ王妃はこの町にあって、その暮らしぶりつましく、なにしろ王妃とその扈従《こしょう》あての飲料一日分せいぜいが三斗強というていたらくで、この町の人のほとんどが、「王妃はどこに？」と聞かれて、さて、どこにいるのやら、答えられないという始末だった……〔四〇一〕

視線を移せば、死と暴力と憎しみの茨の茂みが暗々の色合いを見せていて、……屍体がいくつかころがっているのを見てから百歩も歩かぬうちに、屍体は、下穿《したばき》ひとつ残してあとは身ぐるみ剝《は》がれる始末で、その有り様は、まこと泥中の豚のごとく、あわれを誘うことであった。なにしろ、この週、雨が激しく降らなかった日はなかったのだ。この日、この町では、屋内で殺されたのは除いても、五百二十二人が道傍で斬り殺されたのであって……
〔一九三〕

かれは屍体の数を勘定して歩く。草花の狂い咲き、雷神の憤怒、市場に積まれた異邦の果実、手首を切断される若者、王の葬送、乞食《こじき》の喧嘩《けんか》、太綱に縛られて街を曳かれていく捕虜、王の愛妾の驕慢《きょうまん》と悔悟、漆喰《しっくい》で塗り固められる門、墓地にたむろする街娼、王妃の涙……かれの歩く道筋に日記の絵が描かれて、その道はわたしたちのところまで延びていて、その道をわたしたちは歩くことができる。

〔『軍旗はブラシュの花印』小沢書店、一九九一年、一六七―一七六頁
初出：『東京新聞』夕刊、一九八四年一月七、十四、二十一、二十八日〕

日々の光景――月暦日記抄

門（四月）

　復活祭もすぎて、聖ヨハネ祭日のすこし前、サンマルタン通りとその近辺の通りの人たちは、費用自分たちもちでサンマルタン門をあけること、跳ね橋や柵、門に当然あってしかるべきものすべてをしつらえることを許可された。門はたいそう傷んでいたのだ。ここ四十年間あけられたことがなかったかのようだった。それほどまでに崩れおち、悪化した状態にあったのである。だが、サンマルタン大通りの住民たちは、敏速果敢に事にあたり、労力と金を惜しまなかった。まったく、仕事に精を出すといえるものがあった。なにしろ各十軒組が交替で作業に出、スコップを握り、鍬をふるい、籠を背負い、笊をかかえたのだ。埋めるべきところは埋め、掘るべきところは掘り、壕割から、それぞれひとつがぶどう酒の大樽、いやそれ以上もの重さのある大石をひきあげたのである。〔四二三〕

この町には門が十あまりあった。川の中州から右岸に張り出じた街並みを南北に縦貫する大通りがあって、これはその北端の門である。町を支配するその時々の政権が、門を閉め、あるいはあける。

その後十日ないし十二日ほどして、町の門の錠前と鍵がとりかえられた。……そうこうするうちに、町の門は、四つを除いて、つまりサンドニ、サンタントワーヌ、サンジャック、サントノレを除いて閉鎖された。そうして、つづく九月の十日、タンプル門、サンマルタン門、モンマルトル門が漆喰で塗りつぶされた。〔一〕

門は町の壁の裂け目であり、裂け目は塞がなければならない。門の鍵は、街区の区長がベルトに吊した頭陀袋におとしこんでいて、区長の権限の象徴だ。王の代官とともに町政をあずかる商人組合長といえども、鍵は自由にはならない。

九月の第一週、区長たちは、それぞれの街区で町の守りをかためようと、大通りの塔門に、壁の上の家屋に、大砲や石投機を据えつけ、壁の内外の濠を浚う仕事をはじめた。〔五一八〕

町の壁の上に家屋があるといってもおどろくにはあたらない。たいして幅広でもない橋の両側に、びっしり家屋がへばりついていた時代なのだ。家屋の集塊が、壁を乗り越えてあふれ出ようとする。門は塞いでも、いずれは壁は崩される。

門の外（五月）

四月から五月、もう三、四日で五月も終りというころまで、いぜんとして寒気きびしく、この週も次の週も氷が張り、霜が降り、それに連日雨だった。御昇天の祝日の前の月曜日、聖母教会の一行が、モンマルトルの丘に出向いた。この日は朝の九時ごろから昼すぎの三時ごろまで雨は降りやまなかったのだが、雨だからというので、かれらは時間つぶしをしていたわけではない。なにしろ道がたいそうぬかるんで、モンマルトルからサンラードルまでくるのに、たっぷり一時間かかったのだ。サンラードルから行列はサンローランに向い、サンローランをたったのが午後の一時かそこら。雨はますますはげしくなった。ちょうどその時刻に、摂政とその妻が、サンマルタン門を出てやってきて、行列の一行とすれちがった。摂政夫妻は行列を気にもとめなかった。なにしろ行列のわきを早がけにかけぬけたものだから、行列の面々は、よけることもできず、馬のひづめのはねあげる泥を、全身、もろにかぶってしまったのだ。〔四五四〕

どしゃぶりの雨に視界を閉ざされて、聖遺物を奉持した行列の一行が進む。前方の町の門から、騎馬のふたり連れが影絵のように浮びあがり、泥をはねあげながら向ってくる。町の人々になじまぬ外国人摂政とその妻のふたりが、供廻りのものも連れず、旅装に身をかためて町を出る。事実、かれらは、そのまま北のフランドルに向かったのだ。この情景は絵になる。

サンローラン教会は、サンマルタン門を出てすぐのところにあった。夏八月ともなれば市が立つ。けれども、町を支配するものは、商業の自由さえも、ときとして否認する。

サンローランの祝日の前日、サンマルタン門が閉じられた。そして、お祈りにであれ、商売のためにであれ、なんぴともサンローランにおもむいてはならぬ。禁を犯すものは絞刑だと触れが出た。そういうわけで、サンローランのお祭は、サンマルタン修道院の広庭で催された。大勢集ったが、なんにも売っていなかった、チーズも卵も、季節の果物ひとつだにも。〔五一九〕

通貨（五月）

このころ、五月の二十三日、土曜日、突然、王政府の触れが出て、身分位階を問わず、なんぴともグロ貨を用いず、受けとるべからず、過怠あるときは咎めをうくべし。また、すべてグロ貨は、所定の両替商のもとへ持参すべきこと、両替商は四軒、いずれも王旗を店先にかかげおくべし、とのこと。これには金持も貧乏人もがくぜんとした。なにしろ、大方の人は、このグロ貨しかもっていなかったのだ。大変な損害であった。ともかく、十六ドニエ・パリジスの価値はあるはずのものが、一ドニエないし一トゥールノワにしか使えないことになったのだ。不平不満の声が大いにあがった。〔三四六〕

「通貨廃止令」である。この「グロ貨」というのは、この時期、王政府に対抗して南に政権を立てていた王太子の発行した銀貨であって、日記の証言によれば「トゥール白銭」と呼ばれていたらしい。これを集めて目方で量り、二分の一ポンドあたり八ソル・パリジスに換算したと日記は証言している。

パリジスというのは発行地パリの意で、トゥールノワは南のトゥールを中心とする流通圏に属する通貨の形容である。同じドニエ、ソル（スー）、リーヴル（フラン）でも、この二系統があった。とにかく中世の通貨の仕組みは複雑でややこしい。

それはともかく、この「トゥール白銭」が、かなりの量、この町に流通していたことはたしかである。そして、一方の党派が敵対する党派の通貨を断乎として拒否するとき、商人たちは、党派性と超党派性の危険な綱渡りを演じる。

つづく週、ラオームリ通りの武具屋ジャン某、かつて王家御用達だったこの男とその妻、ラオームリ通りの角のパン屋、これはその後まもなく首斬られたが、この面々が捕えられ、王宮に投獄された。うわさでは、かれらはアルマニャック党とかたらって、次の日曜日、というと六月の二十六日にあたるが、町をかの党派に引渡そうとしたという。〔三五二〕

出水（六月）

つづく六月、国中の河川の水位があがり、まさしく聖ヨハネ祭日の夜、火が盛大に焚かれ、人々がそのまわりで踊りを踊っていた。火の勢いが弱った。と、川の水があがってきて、焚火にせまった。あわてて、その火をできるだけよそに移そうと、火のついたばかりの木切などを、十字架のところに移し、薪の残りをそこでもやした。ところが、その四日ないし六日後には、水はますます増えて、十字架のところにまであがり、町の沼地は水で一杯になったのだ。〔四三七〕

夏の祭りの聖ヨハネの祭日に、川に面した町の広場で踊り楽しむ町の人たち、しだいにふくれあがる川面。当時、この町の川岸は、護岸工事などほどこされてはおらず、ふくれあがる水は、そのまま自然の傾斜をはいのぼる。足もとに水がしのびよるまで、町の人たちは踊りに熱中し、水に気がつけば、水を熱心に観察する。

つづく木曜日、水はますますあがり聖母島（川の中州）が水につかった。島の対岸では、いつもの道を小舟や筏で往来し、周辺の土台の低い家々の半地下の酒倉だの、一階の部分だのが、水をかぶった。人ふたり分の高さまで酒倉が水につかった家もあったのだ。ひどいことになった、ぶどう酒が水の下になってしまったのである。また、ほかのところでは、三段から四段ほど床が下っている厩が水にひたったので、そこにしっかりとつながれていた馬は逃げられず、溺れ死んでしまい、つながれていなかった馬でも、わずか二時間ほどのあいだに急に増えた、人の背丈ほどの水嵩に負けて溺れたのもいた。〔四五八〕

蛇足ながら、ぶどう酒といえばガラスの壜詰めを考えるのは、近代の常識である。

花笠（六月）

サンユスタシュ教区で、聖アンドレ信徒会結成のはなしが出て、六月の九日、木曜日に集りがあった。出席者全員が紅ばらの帽子をかぶった。大勢の人が出席したので、信徒会の世話役たちの請合っていうには、実に六十ダースもの帽子を作らせた。ところが、十二時にもならぬうちに、帽子がなくなってしまった。サンユスタシユ修道院は人で一杯になったが、司祭をはじめ、頭に紅ばらの帽子をのせていないものはいなかったので、御堂のなかは、ばら水で洗われたかのように、いい香りがあふれた。〔一九八〕

この直前、この町は、ふたつの党派の争いで、日記の証言によれば一夜に「五百二十二人」の死者が出るという惨憺たる暴動さわぎにわきたったばかりだった。血の匂いとばら水の香り、このぎらぎらするばかりの対照に、中世の都市の人々は生きていた。党派の抗争に、民衆は手を汚さなかったろうか。とんでもない。党派の情熱こそが、民衆の心の糧であった。

このころ、町の人たちは、ミネルヴァの眼の色の羅紗地の頭巾をかぶり、中央に百合花紋様の楯の紋章を描いた聖アンドレ十字架を身につけた。二週間足らずのうちに、一万をかぞえた。おとな、こどもの別なく、胸や背中にこのしるしをつけた。〔一七〕

「ミネルヴァの眼の色の」とは「ペール」という形容語の戯訳である。青ともつかず、緑ともつかぬ中間色で、「ペールの眼をもつ女神」というと、ローマ神話の技芸天ミネルヴァのことだ。同色の衣料、同じ標章を身につける。党派の情熱は、形と色をとる。

この月、五月、町は白い頭巾をつけた。三千から四千作られた。王もそれをつけ、ギュイエンヌ、ベリー、ブルゴーニュの殿もつけた。月の終りまでに、町にたくさん出まわり、どこをみてもほかの頭巾は眼に入らぬありさまとなった。〔六五〕

種をあかせば、この白い頭巾は、フランドル都市の自治権のシンボルとして観念されたのであった。王や諸侯の民衆統制の道具ではなかった。事情は逆である。当時、この町の実権は、民衆蜂起のリーダーたちがにぎっていた。そこへフランドル諸都市の代表使節団が訪れた。王や諸侯が白い頭巾をつけたのは、だから、都市自体のもつ党派性に対する挨拶であった。

麦酒（八月）

八月、そういうわけで、三頭ないし四頭立ての荷馬車二百台を調達し、食糧や武器、それに二百樽以上ものぶどう酒を送りこまなければならなくなった。そういうわけで、ぶどう酒がたいそう高くなり、一家の主人もほとんど酒がのめなくなった。なにしろ、九月に入ると、なみのぶどう酒一パントあたり、パリ貨で十二ドニエしたのだ。あまりぶどう酒が高くなったので、

麦酒を作って売るものが大勢あらわれた。万聖節のころまでに、この町に三十軒もの麦酒作りの店ができた。〔四八六・四八七〕

ぶどう酒の呼び売りと同じように、通りで売っていた。麦酒は、セルヴォワーズ、大昔、ゴール人が飲んでいた大麦の飲料である。ローマ人がゴールの地にぶどうの木をもちこんだ。この町の南の丘陵にも、ぶどう畑がひろがった。ローマ時代の公衆浴場や神殿の石組みの残骸が、ぶどうの枝の茂みの陰にうずくまる。町の人たちは、ぶどう酒を常用していた。

このころ、日暮れ時、ぶどう酒や辛子を買いに出るこどもたちが、声をそろえて、「おばさん、あんたのコンは咳をする、コンコン、コンコン咳をする」と歌うのだった。〔九二〕

ぶどう酒と辛子、食卓に欠かすことのできないもの。食事のあとの辛子、あとの祭。いま、ビールを常用する国の兵士が、この町に駐屯する。ビール醸造業が増える。自然のなりゆきというべきか。

鎖（九月）

この日、触れが出た、通りの地べたに燈火をおけ、戸口に水をおけ、と。そこで、みんなそうした。同月九月十九日、酒倉の明りとりの穴を塞げと触れがまわった。つづく二十四日、この町の鍛冶屋、金物師、鍋釜職人全員に触れが出て、かつてあったがような鎖を作れ、と。そこで、かれら鉄職人たちは、翌日より仕事をはじめ、日曜祭日も休まず、夜を日に継いではたらいた。〔二〕

鎖は、街路にはりめぐらして、侵入者の動きを封じるためのものであった。そういう実際上の効果もさることながら、それ以上に、鎖は、都市の自治権のうちに含まれる自力救済権の象徴であった。中世の人々は、効用のみで物を推し測ることはしない。事物の本性は、その象徴的意味に存する。

門のあけしめと同様、鎖は、その時々の権力によって、撤去され、再設置を許され、懲罰としてまた撤去を強要される。

聖ヨハネ祭日の前日、各通りのはずれに鉄鎖がまた張られた。鎖はぜんぶみつかると思ったところ、三百本足りなかった。やつらが自分たちの用に使ってしまったのである。どこにあるかわからなかった。そこで、いそいで、足りない分を作り直した。〔二〇九〕

この町の女流詩人、ピサ生まれのクリスチーヌのいう、この「組み合わされ、結ばれあった鉄環多数を順々につなげた丈夫でかたい鎖」は、日記の証言する三百本の不足分についての調査資料にもとづいて計算すれば、一本が五十キロていどのものであった。

王家大番頭被斬（十月）

そうして、その月、十月の十七日、木曜日、くだんの王家大番頭は、二輪の荷馬車にのせられ、官服をまとい、白と赤に染めわけられた毛皮裏地のコートを羽織り、同様の頭巾をつけて、片側赤、片側白の股引に、黄金の拍車、両手を前に縛られて、木の十字架をもたされ、荷車の上に高々と坐らされて、トランペット吹きふたりが先導し、こんな様子でレアルにひかれた。そこで首をはねられた。事が終ってのち、身体は刑場に運ばれ、下着姿で、股引と黄金の拍車はつけたまま、高く吊された。〔一〇〕

レアルは、この町の市場である。サンマルタン、サンドニの両大通りにはさまれた街区の一画、横丁の入り組む一帯で、これに接して、死の市場、墓地がある。中心の小広場を囲んで上下二層の回廊があり、衣料装身具等、小物が売られている。皮製品、陶磁器、古着専門の横丁がある。季節ともなれば、梨、桜んぼ、りんごを売る屋台も出る。

広場のまんなかに、晒台があり、泥棒や贋金造りが晒されていた。絞首台も組まれていて、笞刑の執行が見物人を集める。斬首刑の儀式が血の匂いをまきちらす。はねられた首は、そのまま晒される。

そうして、くだんのコリネ、悪虐の裏切者は、四肢を断ち切られ、その四本の手足は、一本ずつ、町の主門のそれぞれに懸けられた。胴体は、袋に入れて、刑場に晒された。そうして、

かれらの首は、六本の槍の穂先にさしつらぬかれて、レアルに晒された、悪虐の裏切者どもということで。〔一一〕

刑場、と日記の筆者がことわりなく書くばあい、それは特定のそれ、モンフォーコン刑場を指す。これは、この町の壁の外にある。サンマルタンの丘の一角の岩盤に、八メートルほどの高さの石柱十六本を立て、三段に横木を渡して、罪人を絞首し、あるいは屍体を懸けた。王家大番頭の首なし屍体の黄金の拍車は、陽光をうけて、さぞやきらきら輝いたことでもあろう。

入城（十一月）

つづく日曜日、待降節の初日、アンリ、当年九歳の王が、サンドニ門から町に入った。門の外側、田野に向けて、町の紋章が飾りつけてあった。門の石積みをぜんぶおおいかくすほどに大きな楯型のもので、半分が赤、上半分の青い地に百合紋を散りばめて、くわえて全面に黄金のⅨの字が、ひと三人分ほどの大きさで。門の内側には、真紅に装い、頭に帽子をのせた商人組合長とその助役たちが居ならび、王が門を入るや、黄金の百合紋を散らせた青の大天蓋の下に王を迎えいれ、助役四人がその大天蓋をかついだ。〔五八五・五八六〕

当時、商人組合長は両替商ギョーム・サンガン、四人の助役は、「環状タオル」の販売で知られる小間物商、レアルの魚屋の大店、王家出入の小間物商、両替屋も兼ねる羅紗問屋といった面々であった。
小橋の下に裸女の扮するシレーヌが泳ぎ、通りに沿ってしつらえられた仮設舞台では、生人形が聖書物語を演じている。町の墓所であるイノサン墓地では、「生きたまんまの」鹿狩の見世物に人垣ができ、奉行所の前では、正義の法廷劇が演じられている。大天蓋は、助役たちから羅紗商人組合の面々へ、つづいて香料商人組合の手へ、さらに両替商組合、貴金属商組合、小間物商組合、毛皮商組合、肉屋組合へと受け渡される。

一行がサンポル館のところにさしかかったときのこと、故王シャルル六世の妻、王妃イザベルとそのとりまきの女たちが窓に凭っていた。かの女は、自分の娘の子、アンリ幼王を娘のかたわらにみとめて、かぶっていた頭巾をとって、いともつつましやかに頭を下げたが、すぐに目をそらし、涙を流した。ここで衛兵たちが天蓋を受けとった。なにしろこれはかれらの権利なのだ。かれらは、かれらが建立者である聖女カトリーヌ小修道院に、この天蓋を寄進した。
〔五九二〕

さきのフランス王妃イザボー・ド・パヴィエールの涙は、なんの涙であったのか。そのせんさくはともかく、これも絵になる。それにしても、いったい「民衆」は王侯貴顕の入城にどう関与するのか。「ノエル、ノエル」と歓呼の戸をあげてばかりいたわけのものでもあるまい。衛兵たちは大天蓋を手に入れたが、「民衆」の分け前はなにか。

大宴会（十一月）

塗油の儀式のあと、王とそのとりまきは王宮にやってきて、大広間の大理石の大卓子で食事をとった。ほかの人たちは広間のあちこちに散らばって相伴にあずかったが、なにしろ大混乱だった。それというのも、町の連中が朝のうちからそこに入りこんでいて、あるものは見物しようと、あるものはたらふく飲んだり食ったりしてやろうと、またあるものは、肉だとかそういったものを盗んだり、ちょろまかしたりしてやろうというわけだったのだ。なにしろ、この日、雑踏のなかで、帽子が四十あまりもはぎとられ、帯の留金が多数もぎとられたのだ。ともかくたいへんな混雑だったので、大学や裁判所の面々、それに商人組合長さえも、ともかくたいへんな数の人々にじゃまされて、階段をあがることができなかった。二度、三度と、なんとか階段をあがろうとしたのだが、民衆がかれらを乱暴に押しもどす。なんどもなんども押しつ押されつ、なんと八十人、百人がひとかたまりになって、もみあいへしあい。そこにぬすっとが大活躍。町の人たちがどっと入りこみ、お歴々がやっとのことで広間に入ってみると、もう満員。どこに坐っていいのやら見当つきかねるありさま。どうにかこうにか定められた席にたどりついてみれば、靴直し、辛子売り、屋台酒の売子、石工の手伝いといった連中といっしょの卓子という始末。なにしろ、そいつらをどけようとしても、ひとりふたりをなんとかどかしても別の方から六人、八人とわりこんでくるのだ。

〔五九三〕

当時この町を支配していた外国系の王政府にしてみれば、これでもかなり気張ったのだった。なにしろ戴冠の祝宴である。それなのに民衆は、これでは分け前が足りぬと、遠慮会釈なく批評する。

ともかくサーヴィスが悪かった。みんなが不平を鳴らした。なにしろ肉のほとんどは、とくに町の人たちあてのものは、なんと木曜日に料理されたというしろもので、これはフランス人にとっては奇怪至極のことではあった。なにしろイギリス人が指図してやったことなのだ。この行事にどんな名誉が賭けられているか、そんなことはかれらの意に介するところではないのだ。ともかく、だれひとりとして満足しなかったのだ。施療院の病人たちでさえも、こんな粗末な、味気ない残飯なんぞ、いままでみたこともないといったくらいなのだ。〔五九四〕

民衆は、都市の生活の節目を作る儀式行事のうちに、名誉の感情を託している。慣行の行事がかれらの満足にあたいしないとき、かれらは無視された名誉を返せと叫ぶ。王侯貴族、上層の市民は、生活を公開の原則に縛られ、民衆の熱っぽい、貧欲な視線にさらされる。

パンの値段（十二月）

もうじきノエルというころ、パンの値段が異常にあがり、四ブランで買えたのが八ブランにもなり、それに第一、夜も明けぬうちにパン屋に出かけて、パン屋の親方や小僧に、パントびんや半パントびんをとどけなければ、手に入れようにも手に入らなくなってしまったのだ。その酒も、このころには、一パントあたり十二ドニエ以下のものなんか、どこを探してもみつからなかったのだ。それでも、手に入れることのできたものは、文句をいわなかった。なにしろ、八時ごろともなれば、パン屋の店先は押すな押すなのさわぎで、はなしだけではとても信じてはもらえそうにもない光景だったのだ。野にはたらくあわれな夫のために、飢えに泣くこどもたちのために、パンを手に入れようにも、金もなく、あっても奪いあいに負けて、あわれな女たちは……。〔二九四〕

われらが日記の筆者は、どうやら「庶民」の一員ではなく、「庶民」の生活の観察者であったらしい。「庶民」の生活の苦しさを記述するあたりは、どうも詠嘆調に流れ、あわれな、とか、飢えに泣く、とかのきまり文句が目立つ。けれども、「庶民」の生活をとりまく物的条件についての観察眼はたしかで、ものの値段の記述も、それを証している。

そういうわけで、十四歳の少年が一度に八ドニエ分のパンを食べ、パン一ダースで以前は七から八ブランだったのが、六ソル・パリジスもするようになり、チーズの小片が十から十二ブラン、卵が二十五個で五から六ソル・パリジス、上等の羊、車一台分、あるいは牛が三十八フラン。まだ青々としたマルタものの薪の小束が四十ソル・パリジス、百本で三フラン、葉っぱだけといってもいいような、けちな枝束が百束で三十六ソル・パリジス、アンゴワス梨、二十五個で四ソル・パリジス、りんごは二ソル、ないし六ブラン、塩バター、リーヴルあたり八ブラン、フリースラント産のチーズ、小片が十六ドニエ・パリジス、以前は八ブランで買えた靴一足が、十六から十八ブラン……。〔二三四〕

かれには十四歳の息子がいたのだろうか。ものの価格が、「庶民」の生活の苦しさをみごとに証言する。そのことにもまして、日記を読むわたしたちの感動を誘うのは、マルタもの、アンゴワス梨、フリースラント産の、といったいいまわしだ。ものが固有の限定をうけて、中世都市の生活のなかに、しっくりとなじむ。

アンゴワス梨のアンゴワスは、もともとは地名で、そこに産する梨は、熟さないうちに食べると、しぶくて口がまがる。すなわち「苦しみの梨」、ポワール・ダンゴウスだということになってしまった。

復活祭からノエル（クリスマス）まで、無名の一住民の書きつけた日記の記述が、この町の生活の上にかぶさり、たしかな手ざわりの歴史空間を後世に残す。

〔『遊ぶ文化』小沢書店、一九八二年、一六七―一七六頁
初出：『語りかける中世』都市住宅別冊、鹿島出版会、一九七六年六月〕

「スウェーデン女王蔵書一九二三番写本」の筆者について

1

ヴァチカン図書館所蔵の「スウェーデン女王蔵書一九二三番写本」[1]は、かつて十六世紀後半、人文学者クロード・フォーシェの蔵書にあった。つぎに確認されるのはポール・ペトーの名で、エチエンヌ・パスキエが、ペトーの蔵書にあったこの写本を一部翻刻し、その編著『フランス研究』に納めたことが知られている。前後してクロード・デュピイ（一五九四年死去）も原本の抄本を作り、これがその孫ジャックの手を介してドゥニ・ゴドフロワに紹介され、ゴドフロワは一六五三年、その編著『フランス王シャルル六世史』にそれをそのまま収録した。[2]

原本の方は、ポール・ペトーの息子アレクサンドルがスウェーデン王家に売却した蔵書のなかに入っていて、一時ストックホルムにあったが、やがてスウェーデン女王クリスチナが、二十八歳かそこらの若さで退位し、亡命の旅に出た折り、書画骨董を積んだ前の女王の荷馬車に、それが紛れ込んでいた。その荷馬車の馬の鼻面がまっすぐ南に向かい、ヨーロッパ半島を縦断して、イタリアはローマに向かったというのは、これはクリスチナが新教国の女王でありながら、カトリックに回宗した女性であったことを想えば、十分了解できることである。このばあい、荷馬車の荷はローマ法王への手土産ということで、これまた十分了解できることである。

小口に手垢がべったりついて、と、十九世紀末にこの小冊子を実地に見分したらしいアレクサンドル・テュテイは書いているが、ということはフォーシェをはじめ、この手書き本は何人もの人の目に晒されたらしく、十八世紀初頭にラ・バール本と呼ばれる印刷本が作られた。これの底本になったと目される写本が、デュピイ写本とともに、パリの国立図書館にあるが、その写本の筆跡と同じ筆跡の薄手の写本があって、その最後のページにこう注記があるという。

この詩行は八一三、七六九番のリエージュの戦いと題された写本からとったものである。その写本はジャン・マシオのものであったが、次いでスウェーデン女王の所有するところとなり、いまはヴァチカン図書館にある。(3)

ということは、ラ・バール本の底本と考えられる写本自体がヴァチカン写本の十七世紀後半の時点での写しであることがここに示唆されているということで、その筆生もまた、ヴァチカンの小冊子の小口をべったり手垢で汚した人のうちに算えられる。

十九世紀に入り、ナポレオン・フィーバーに乗って、フランス史史料集がいくつも作られた。問題のテキストも恰好の材料と狙われて、ビュション編史料集、ミショー、プージュラ共編のそれに収録されたが、これはじつのところ、両方ともラ・バール本の引き写しでしかなかった。[4]
パリの国立図書館にもうひとつ写本があって、「この三四八〇番写本の提供するテキストこそは、原初の稿本にもっとも近いものであることは疑いを容れないところである」と、アレクサンドル・テュテイはいきなり断案を下す。そのくせ、かれの校訂したテキストは「ローマとパリの写本によって出版されたバリ一市民の日記一四〇五〜一四四九」と題されている。[5]
わたしがいうのは、ローマとパリと、ヴァチカン写本の方を、なんのことはない、先に立てているではないか。揚げ足とりはやめにして、この「パリの国立図書館蔵フランス語本三四八〇番紙のフォリオ版」[6]だが、これは前半二六三葉までは十六世紀末の外交文書の写しであって、第二六四葉から「日記」がはじまり、第四六四葉まで続く。ヴァチカン写本と同様「リエージュの戦い」と題された詩文ほか一編が先行していることから見ても、これまたヴァチカン写本と無縁ではない。
しかし、ヴァチカン写本に欠落している、たとえば一四三八年度にかかわる、かなりの量の記事がこの写本に見えることなどから、これをヴァチカン写本の単なる写しと見ることはできないのではないか。[7]
だいたいが、ヴァチカン写本は十五世紀後半の筆跡のものなのだが、「日記」の写本は、十六世紀、すでに複数知られていたのではないか。というのは、ヴァチカン写本の第六〇葉裏の下欄余白に、十六世紀の筆跡で Desunt 3 feuillez（三葉、欠落している）と読める。前後の文脈から、欠落している紙葉には、モントローの謀殺事件のことが書かれていたのではないかと思われる。一四一九年、ブルゴーニュ侯ジャンがアルマニャック党によって謀殺された事件である。
それはそれでよいとして、わたしがいうのは、十六世紀の注記者は、どうして欠落分が三枚とわかったのか？　あてずっぽうか？　それも考えられる。別のテキストとの照合で、それを知ったか？そう考えた方が無理がない。けれども、もしその欠落部分をその目で見たというのなら、もうすこしなにか書き添えてもよかったのではないか？

第二一葉裏下欄余白にも、同じ筆跡でDesunt feuillezと書き込みがあり、こちらの方は枚数を指示していない。しかし、フォリオ第一二葉から二二葉にかけての文章のつなぎぐあいからみるに、これは何枚もの欠落とはおもわれない。せいぜいが数行である。[8]してみれば、十六世紀の注記者は、それほど頼りになるサブ・テキストをもっていたわけではないのではないか。

一四三八年度にかかわる欠落については、問題の注記者は書き込みの労をとってはいない。問題の箇所は第一六二葉裏から一六三葉表にかけてだが、つながりぐあいはたしかにおかしい。おかしいはおかしいのだが、しかし、それもよく読めばということで、なるほど第一六三葉表冒頭のItem ceulx demontargis firent semblablement et rendirent ces trois places（またモンタルジスの人々も同様にし、こうして三箇所が帰順した）という文章は、前提になる文章を要求する。第一六二葉裏にそれがない。[9]

しかし、この程度の不整合は、じつはここだけではないのであって、それよりも、わたしが興味深く思うのは、第一六三葉表第一行の書き出しの文字であって、Itemと、これは記事のひとつのまとまりを指示する文字である。

ヴァチカン写本は、改行のほとんどない、いわばベタ書き、追込み筆記の体裁を見せていて、フォリオ表であれ裏であれ、その第一行冒頭にItemがくるのは、これはなにも文章規則でそうなるということではない。偶然のことであり、むしろ筆記者の勝手である。

わたしがいうのは、第一六二葉裏の最後の行はne pouvres gens ne buvoient point levin（貧乏人は葡萄酒が一滴も飲めなかった）と一応まとまっていることだし、次の紙葉は Item ではじまっていることだし、十六世紀の注記者がうっかり読み過ごしてしまった可能性があるということ、これがひとつ。

次に問題は、ヴァチカン写本にはもともと欠落分の記事群が入っていたか？　それとも、そもそも筆生自身、欠落に気付かず、書写してしまったか？

なにしろ第一六二葉は、一応それ自体で納まり、第一六三葉は文章がそれ自体で立ち上がるのだから、なんとも挨拶のしようがない。しかし、これは案外重要なことではないかと思案される。

もともと入っていたとしたら、どうなるか？

パリ写本とヴァチカン写本のちがいがほとんどなくなる。

アレクサンドル・テュテイは、パリ写本のヴァチカン写本に対する独自性を際立たせようと、パリ写本の原本になった写本ということを、しきりに言い立てる（それにしても、しかし、その情熱は、いったいどこから来るのか？）[10]しかし、もしも問題の欠落部分が、もともと、すくなくともパリ写本が作成された時点までは、ヴァチカン写本に備わっていたということになれば、パリ写本の原本なるイメージは幻となる。

もうひとつ、写本がある。エクス・アン・プロヴァンス市立図書館の所蔵で、テュテイの紹介によれば、問題の一四三八年度分にかかわる欠落分も含まれていて、第二九ページから一九六ページまで、一四一二年から二七年度分までのものは、十六世紀末に筆写されたものと見られるという。[11]

例の詩文からきちんと入っていて、体裁はヴァチカン写本やパリ写本とおなじである。パリ写本から出たか、それともパリ写本の原本の写しか、とテュテイは胸をはずませているのだが、パリ写本の写しと見るには時間的幅がどうか。また、パリ写本の原本なるもの、が、すなわちヴァチカン写本であっていけないわけのないことは、以上、概略、ご案内したところである。

2

ともかく、十五世紀前半のパリに住んでいて、日記を書き残した男がいたはずだ。その日記の草稿そのものは無理だとしても、その草稿に一番近い写しがどこかにあるはずだと、ただ力んでみたところでしかたがない。初源の原本なるものは、つねにかわらずわたしたちの夢だが、夢から覚めて、目の前にあるものは、フォリオ版の紙一八七枚を綴じた冊子であって、表紙はごくあたりまえの赤だという(12)。

しかも、この小冊子、第一一葉までは、なにやら「リエージュの戦い」などと題する詩文であって、第一二葉表から、ようやく「日記」本文がはじまる。そうして、ずうっと第一八七葉までいって、九行で本文はおわる。

一行おいた感じで、左端から prince puissant si belliq (belliqueux) と書かれていて、その左肩に、小さな文字で Amen と読める。そうして、この文字群から離れて、三行分ほど下方の、中央から右寄りに maciot と読め、その周囲に花押ふうの走り書きが散見される。この写本の筆者マシオの署名である。maciot の文字を囲んで、人の顔のデッサンが見てとれて、これもマシオその人のいたずらであったのか。

興味深いのは、puissant si belliq（強い、とても好戦的な）と批評されている、そのprince（君侯？）はだれかということで、そのことを詮索するには、その直前に文字を並べている、「日記」最後の記事の内容を、まずご承知おきねがう必要がある。(13)

また、シモン聖人とユダ聖人の祝日、サンマルタン・デシャンでたいそう見事な行列のことがあった。ここ二百年間見られなかったほどの盛事であって、なにしろノートルダムのお歴々が、大学の面々、パリの全教区の世話役たちを引き具して、グレーヴのサンジャンへ御聖体を拝受に出掛けたのであって、裁判所の方々ほか、じつに五万人がつき従ったのであって、通過する通りという通りは、御聖体の祝日のときのように飾られた。そうして、サンマルタン大通りのモービュエの水場のあたりには、たいそう見事な舞台が組まれていて、平和と戦争の物語が、いとも華麗に演じられていた。語るに長い話で、最後まで見ている人はいなかった。〔九〇四〕*

わたしがいうのは、もとよりこの記事は問題のprinceを特定するものではないが、この記事がマシオ氏のペン先から問題の文言を引き出したとはいえる。すなわちprinceは、だれかある特定の君侯を指すものではない。上天の主を指示すると読む。

同時代の詩人フランソワ・ヴィヨンの雑詩第一一番「絞首されたものたちのバラッド、別名ヴィヨン墓碑銘」の返歌四行詩冒頭に、prince Jesus qui sur tous a maistrieと読める。(14) バラッドの返歌は、歌会の作法を踏まえて、princeと、冒頭に呼び掛ける形式をとる。その家の主、歌の選定者への挨拶という想い入れで、ここではそれが主イエスその人に指定されているわけで、マシオ氏の弄ぶ

princeの言葉の響きは、なにか限りなくこのヴィヨンの詩語になじむ。

　そうして、主よ、力満てるあなたは戦いを好む、と、これはもう見事な文明批評ではないか。

　わたしはなにもいっていないことになる。もしやこの賓辞は、たとえばだれしもの思い付くところ、最後のブルゴーニュ侯むこうみずのシャルルに対する批評ではあるまいか。強力なブルゴーニュ軍団とフランス王ルイに対する挑戦的な態度、puissant と belliqueux、このふたつがかくまでしっくり結び付いているケースは、そうざらにあるものではない。もしそうならば、マシオ氏の素姓、筆写の年代の見当がつくと、そんな予測を立てていたのだが、シャルルに対するかかる賓辞は、いまのところわたしはこれを同時代史料に見出していないのであって、とにかく詮索好きのテュテイ氏も、この件については知らん顔である。

　マシオ氏の素姓については見当つけかねるが、これが「日記」の筆者ではなく、筆写した人であったこと、これははっきりしている。いったいだれが、自分の日記の一番最後のページに、きちんと署名などするものか。

　わたしが興味深く想うのは、「日記」ははたしてヴァチカン写本の第一八七葉裏で終わったのか？　わたしがいうのは、「日記」の筆者がそこで筆を絶ったのかということで、マシオ氏は「日記」の原稿（文字通りの意味で！）を写したのか？　はたしてマシオ氏の写した稿本自体が、すでに写しであったのではなかったか？

　終わりと同様、始まりも問題で、いったい「日記」がヴァチカン写本の第一二葉表から始まったというのは本当なのか？　じつのところ、「日記」の文章群中、もっとも古い日付の文章は、第一三葉表の第一行から始まるのだが、わたしがいうのは、そのこともあるが、そのことだけではない。

すなわち、第一二葉表裏の文章群の帰属の問題であって、ともかく、ご面倒でも、一度通してお読みいただこう(15)。

なにしろかれらはひどい目にあった。二万六千以上が死んだのであって、それは四百と八年の九月二十三日のことだったが、戦火絶えぬ間に、火に焼かれ、飢えに苦しみ、寒さに凍え、剣に倒されて、さらに一万四千人が死んだのだ。じつに四万である。続く十一月十六日、土曜日、前述の諸卿、すなわちナヴァール、ロイ等(?)は、王をトゥールに連れていった。民衆はそのことに大変当惑し、もしもブルゴーニュ侯がパリにいたならば、そうはさせなかったろうに、といった。しかし、かれらはそうしたのだ。王はそこやシャルトルに十七週間いた。そうして、パリの商人頭や町人たちが、何度もなんども呼ばれて出掛けていった。しかし、かれらにとっても、また民衆にとっても、得になることはなにも決まらなかった。続く三月九日、ブルゴーニュ侯が、貴顕を引き連れて戻ってきた。そうして同三月の十七日、日曜日、かれらは王をパリに連れてきた。王は、ここ二百年間、かつて見られなかったほどに敬意を払われて迎えられた。なにしろ夜警隊の警吏や商人組合のそれ、騎馬警吏に笞の警吏、また十二人組(16)、全員がそれぞれちがうお仕着せと、とりわけ頭巾をつけていて、また、町人全員が王の前に進みでる。王に先行してラッパ吹き十二人に楽人多数。王の進む先々で、なんとも喜ばしげなノエルの叫び声があがり、すみれやなにかの花々が王に投げかけられた。夜になって、路上の宴会が開かれて、みんな大層楽しそうにやっていて、いたるところで火が焚かれ、パリ中どこでも、金だらいで水をかけていた。そうして、その翌日、王妃と王太子がやってきて、前日と同じかそれ以上に、人々の喜びは大きかったのであって、なにしろ、はじめてパリにきたとき以来、王妃がこんなにも敬意を払われて入城するのは、かつて見られなかったほどだったのだ。続く六月二十六日、聖父が決まった。すなわちピエール・ド・カンディ。続く七月の月曜八日にパリで披露された。人々はいとも高雅にこれを祝った。王のトゥールからの帰還のときのことを前に書いたが、そんなふうだった。パリ中の僧堂が高らかに、また夜を徹して、鐘を打ち鳴らした。〔四―七〕

注記　四百と十一年六月の最後の日、火曜、ポール聖人の祝日、正餐後の八時ごろ、雹が降り、風強く、雷鳴とどろき、稲妻が走った。その凄まじさたるや、およそこの世に生を受けたもののの、かつて見たことのないほどのものであった。〔一五a〕

最初の記事はブルゴーニュ侯おそれしらずのジャンのリエージュ攻め関連のもので、一四〇八年九月二十三日、リエージュ近郊オテーの会戦のことが示唆されている。してみれば、なるほど第一葉までの「リエージュの戦い」などと題された詩文とあい呼応していて、さてさてマシオ氏は、その詩文につなげて、Dont il leur prent mal ...（なにしろかれらはひどい目に会った）と「日記」の稿を起こしたのかと思わせる。

そうして、これに続けて同年十一月、翌一四〇九年三月、六月、七月と、記事の順序は時間の経過に素直に従っていて、なんの問題もないかと思わせる。ところがそこに、Nota（注記）と妙な頭注があって、一四一一年の記事がぽつんとひとつ入り、あと、第一二葉裏は一七行だけで、あとは空白になっている。

第一二葉表の右肩に iiij viij と書いてあって、四〇八、すなわち年記だが、左欄余白にも 1408 と書き込みがある。右肩の年記は、その筆跡が本文のそれと同じだが、左欄余白の年記は、これは後代の書き込みである。前者は、その後しばらく現れず、ようやく第五五葉表の同じ位置に iiij xviij（418）と読める。

第五五葉表は、なにも一四一八年度の記事が始まるページではなく、筆記者の気持ちを忖度すれば、その前ページ、第五四葉裏の最後の行に、… le lundy xix jour de / septembre lan mil iiij xviij と書き、そこで文章を止め、数字分余して、紙を取り替えた。そこで、新しい紙の右肩に、心覚えにまず年記を入れたか。なにしろ前ページとひとつの文章でつながっていないのだから、あとで束ねるときの手掛かりにと、年記を入れたか。

そのことはどうでもよい。じつのところ、わたしの関心をそそるのは、むしろ左欄余白の年記の方であって、というのは、次の紙葉、第一三葉表の、これは上部余白中央に、おなじ筆跡で 1408 と読める。この位置、この筆跡の年記は、以後、紙葉裏表に必ず入る。ただし、どういうのか、最後のページ、第一八七葉裏には年記はない。

ところで、この第一三葉の年記、じつはこれはまちがいなのである。

Et environ dix ou doze jours apres furent changees / les sereures et clefs des portes deparis …（そうして十日ないし十二日ほどして、パリの諸門の錠前と鍵が取り替えられた……）と始まる第一三葉表冒頭の文章は、一四〇五年の出来事を伝えていて、その書き出しからして、これに先立つ文章を予想せしめるが、それがないという、「日記」中一番古い日付の記事なのである。

そうして、ずうっと読み進めて、第二二葉の裏ページの第一六行に Lan mil iiij et ix lejour de

lamyaoust / fist tel tonnoyre … と、いきなり一四〇九年の年記が見える。それから後は、大体素直に年を追って記述は進む。そこで問題の第一二葉裏表の文章群は、この記事の直前に入ると推量される。

「日記」の構成は、こうなろう。

ヴァチカン写本第一三葉表第一行から裏第一六行まで。これは一四〇五年の記事群である。次に第一二葉表第一行から裏第一二行まで。これは一四〇八年と九年七月までの記事群である。次いで第一三葉裏第一六行から後の文章。これは一四〇九年八月以降の記事である。第一二葉裏第一三行から第一七行までの文章は、第一五葉裏第一六行の後に入る。

第一三葉裏の途中、第一六行の後に第一二葉の文章群が入るという事態がすべてを語っている。それも、ただその行の後に入るというのではない。第一六行の途中に切れ目があるのであって、してみれば、第一二葉の紙葉は、これはたまたま綴じ誤りで浮いてしまったといった体のものではない。マシオ氏がこれを書いたその段階で、第一三葉のたたずまいはすでにしてこうであったと推理せしめる。ということは？

ということは、マシオ氏は筆生である。職業にしていたかどうかは、皆目分からないが。それでは、かれが脇に置いていたその原稿は、それはどのような性質のものであったか。「日記」の草稿ではすでになく、その写しであったか。草稿ではあったが、整ったものではなく、すくなくともその頭の部分は断片化していて、再構成するのに骨が折れた。そうも考えられる。

マシオ氏が筆者でないならば、筆者はだれか。

ヴァチカン写本を一皮剝げば、初源の原本が現れるとわたしたちは期待する。筆者も姿を現すと期待してよいであろうか。

これはじつは、からんだもののいいようで、わたしがいうのは、初源の原本はもちろんヴァチカン写本のなかにあり、筆者もまた、ヴァチカン写本のなかにいる。ところが、テュテイ氏にせよ、今世紀に入ってテュテイ氏の本の焼き直しを作ったアンドレ・マリ氏にせよ[17]、そう見定めることにおいて覚悟のほどが足りなかった。

かれらは逆に、かれらの常識の指示する人間像を「日記」に読み込もうとし、片言隻語にその手掛かりを求める。「われわれ nous」の文字について、ことは兆候的であって、じつのところ、これは読み手三代というか、ティテイ、マリ両氏の問題にとどまらず、すでにしてクロード・フォーシュの眼鏡の曇りの問題でもあったのだ。

わたしのいうのは、とりわけ一四二七年と四六年のふたつの記事と、その欄外余白の書き込みのことであって、まずは前者の文章をお読みいただこう[18]。

3

この年は、四月から五月、もうあと三日か四日で五月も終わろうとするころになっても寒気ゆるまず、来る週も来る週も氷が張り、霜が降り、それにしじゅう雨だった。御昇天の祝日の前の月曜日、ノートルダムの一行とその随行の一団がモンマルトルに出向いた。なにしろその日も、朝の九時ごろから正餐後の三時ごろまで、雨は降りやまなかったのだが、かれらは雨を嫌って、時間を空費したわけではなかった。なにしろモンマルトルからパリまで、道は泥々の状態で、われわれは、モンマルトルからサンラードルまで来るのに、たっぷり一時間かかったのだ。そこから行列は、サンローラン経由の道をとり、サンローランを出発したのが一時かそこら。雨足が一段と強まった。ちょうどその時刻に、摂政とその妻がサンマルタン門から町を出てやってきて、行列とすれちがったが、かれらは行列にまったく配慮しなかった。なにしろ行列の脇を早駆けに駆けぬけたものだから、行列の一行はよけることもできず、馬のひずめのはねあげる泥を全身もろにかぶってしまったのであって、聖遺物匣や行列のことを気にかけて、ほんのしばらくのあいだでも、馬の足を止めてやろうとは、だれもしなかったのだ。そんなぐあいで、それでも急ぎに急いで行列はパリにもどったのだが、かれらがサンメリにたどりついたのは、かれこれ二時と三時のあいだだった。この日、摂政は、前述のようにブルゴーニュ侯に会いに出掛けたのであって、この日は一四二七年五月二十六日であった。〔四五四〕

そうして、この記事に付したクロード・フォーシェの注記だが、第一〇五葉裏の右欄外余白に筆記された六行二三文字のこの注記の、じつは最後の三文字がわたしには読めない[19]。

こう思われる、筆者は／団体に属していた／ノートルダム教会の／あるいは、いうところの（人のいうごとく）／姉妹（教会）の、そうして、じつに／（不明三文字）

ノートルダム教会あるいはその姉妹教会の聖職者団の一員であった。あるいは「（不明三文字）」であったかもしれない……そうフォーシェは注記していて、注目すべきはこの文章の造りそれ自体である。最後三文字が読めなくとも、べつに構わない。この記事に照らして、筆者はパリ司教座教会の聖職者団の一員であったかもしれないというのが肝心な点なのではない。逆である。「あるいは」以下を付け加えて、フォーシェが推理しているという、筆者はノートルダム教会の聖職者団の一員ではない可能性もあると示唆している。その点こそが眼目なのである。

ここで興味深いのは例のテュテイ氏の挙動であって、かれは筆者はノートルダムの一員だと決めてかかり、もちろんそのことは、この記事に筆者自身証言しているところから明らかだとし、人文学者フォーシェもつとにこの事実に注目していたと、こう述べる。「……長官フォーシェ、かれはかれの本の余白に、次のような考察を記入している、著者はノートルダムの団体に属していたと思われる」[20]。

「あるいは」以下の文節は、あっさり無視されている。無視することで、「あるいは」などと気の弱いことだと十六世紀の大人文学者を叱りつける気配である。

一四四六年の記事はこうである[21]。

また、この年、二十歳になるかならぬかの若い男がやってきた。パリ大学の僧侶こぞって証言するところ、自由七科に通暁していて、あらゆる楽器をこなし、歌を歌い歌を作ることにかけて余人の追従を許さず、絵を描き、飾り絵を制作することにかけて、パリはもとより、どの土地にもかれ以上の腕前のものはいなかった。また、戦争のことにかけて、かれ以上に腕の立つものはなく、一本の剣を両手でめざましく操って、匹敵するものの存在を許さず、なにしろ敵を認めるや、二十歩ないし二十四歩離れたところから、ひとっとびに襲いかかって、過たずこれを倒したのだ。また、かれは人文学と医学のメートルであり、法学のドクトゥール、教会法学のドクトゥール、神学のドクトゥールであって、これは嘘ではない、かれはナヴァール学寮において、われわれ、パリ大学の完全無欠な僧侶五十人余り、その他三千人を越す僧侶と討論したのだが、かれは投げかけられた問いのすべてに、声たからかに、みごとに答えたのであって、じっさいこれは、その目で見たものでなければ信じられないほどの不思議であった。また、かれは、大変巧みなラテン語を話し、ギリシア語、ヘブライ語、カルデア語、アラビア語その他いろいろな言葉を話す。また、かれは正騎士であり、そうして、じっさい、百年間、飲みもせず食べもせず眠りもせずに生きられる人がいたとしよう、それでも、この若者が完全に暗んじて知っている知識を学んで身につけることはできはしないであろう。たしかに、かれはわれわれを大変怖れさせた。なにしろかれは、およそ人間の自然が知ることのできないはずのことを知っていて、なにしろかれは聖教会の四人のドクトゥールたちをやりこめたのだ。すなわち、およそこの世に比肩するものを見出さないかれの知識をもってである。そうしてわれわれが聖書に持つところでは（聖書の教えるところでは）、反キリストがキリスト教徒の父と、キリスト教徒を装う、だれもがそう信じているユダヤ女の母との姦通から生まれるであろう、反キリストは戦火渦巻くとき、悪魔から生れるであろう、若者はこぞって、あるいは男にあるいは女に、あるいは驕りの心から、あるいは贅沢の欲望から、衣服を変えるであろう、大領主たちに対する憎しみが増すであろう、かれらは細民に対して残忍このうえなくなるであろうから。また、かれの知識はすべて悪魔に出るものであるだろう、それなのにかれは、それがかれの本性から出たものと思いこむであろう、かれは二十八歳のときまでキリスト教徒であるだろう、そうして、その年齢になると、かれの大変な知識を披露すべく、この世の大領主たちのもとを訪れるであろう、そうして、そのものたちから大評判を獲ち取るべく、二十八歳の年にイェルサレムからやってくるであろう。そうして、神を信ぜぬユダヤ人たちは、かれの大変な知識を見聞するや、かれを信じ、これこそはかれらに約束された救主だといい、かれを神と崇めるであろう。そこでかれはその弟子たちを世界各地に送り、ゴドとマゴドがかれにつき従って、かれは三年と半、君臨し、三十二歳のとき、悪魔たちがかれを連れ去るであろう。そこで欺かれることとなるユダヤ人たちは、キリスト教の信仰に回宗するであろう。その後、エノクとエリが来るであろう。その後はすっかりキリスト教の世になり、そうしてひとつの羊の群れ、ひとりの羊飼となるであろうといった聖人の福音が実証されるであろう、そうして、かれを崇めようとしないというので、かれが苦しめさせるであろう人々の血が、神に対して、復讐をと叫ぶであろう。すると、聖ミッシェルがやってきて、かれとその手先どもを深い地獄の沼に突き落とすであろう。以上述べたごとく、前述のドクトゥールたちは、くだんの男について語ったのである。その男はエスパーニュからフランスに来た。ところが、じっさい、ダニエルと黙示録によれば、反キリストはカルデアのバビロンに生れるはずなのだ。〔一八六〇―一八六五〕*

これに付したクロード・フォーシェの注記はこうである。

筆者は教会人あるいはなにかの学部のドクトゥール、すくなくとも長衣の人であったと思われる。(22)

この注記は、第一八一葉裏の右欄外余白の第一六行目から二〇行目にかかわる部分に記入されたものであって、訳文では「これは嘘ではない、かれはナヴァール学寮において、われわれ、パリ大学の完全無欠な僧侶五十人余り、その他三千人を越す僧侶と討論したのだが、かれは投げかけられた問いのすべてに、声たからかに、みごとに答えたのであって」の部分にあたる。

わたしがいうのは、まさにこの文節に対応する注記において、大人文学者は、あくまでも慎重な構えを見せている。「教会人 home deglise」、「なにかの学部のドクトゥール docteur quelque faculte」と、筆者の存在の可能態を検証しながら、「以上当たらずといえども、せめてはいえよう pour le moins」と、「長衣の人 de robe longue」とまでカテゴリーを拡大する。

いったい、フォーシェの心中を横切った不安はなんだったのか。むしろ、そう問いかけたい思いに駆られる。

だから、ここでも肝心な点は、大人文学者が「日記」の筆者本人の証言らしく読める文節に接して、眼光鋭くそれを指摘したといったようなことにあるのではない。逆である。大人文学者は、そのためらいがちな筆違いのうちに、「日記」の筆者がパリ大学の関係者ではない可能性があることを示唆している。

わたしが不審に思うのは、いったいどうしてこの大人文学者の不安とためらいが、十九世紀の校訂者に伝わらなかったのか。

なにしろテュテイ氏は、筆者自身が自分はパリ大学の教授だと自己紹介している。そのことは指摘するまでもないが、ことのついでにといった調子で大人文学者の注記にも軽く触れ、問題は五十人のうちか三千人のうちかですよと、大急ぎで、エキセントリックな話題を持ち込もうとする(23)。テュテイ氏の筆者捜しのことはもうよい。十九世紀の実証主義的考証家が、なんともいただけないやりかたで獲物を料理する仕方を開陳してくれていて、それはそれで勉強になるが、ただし、それはテュテイ氏という精神それ自体に対する興味が掻き立てられるというだけのことである。「日記」はテュテイ氏の手からすりぬけて、ふたたびヴァチカンの図書館に眠る。

以前わたしは思い違いをしていたが、アンドレ・マリ氏は「日記」をむりやり目覚めさせたのではなかった。マリ氏は、テュテイ氏の刊本と、それ以前のラ・パール本の写しとを突き合わせて本を作っただけであって、その本というのも、これは読み物に入る類のものである。そうして、なにやら筆者についていうには、なるほどテュテイ氏の仮説は、いまとなっては受け入れられまい。「この〈パリのブルジョワ〉は、かれ自身みずから表明しているように、〈大学の僧侶〉のひとりであったということだけで満足しなければならない」(23)。

なにも写本を見なければだめだとはいわない。テュテイ氏の刊本で十分なのである。これは立派な刊本である。いったい、この校訂者ならぬ編集者は、問題の記事をはたして読んだのか? 編集者はきちんと読む。かれは編集者でさえもないのか?

マリ氏のことはもうよい。わたしがいうのは、どうぞご紹介したふたつの文章群をお読みいただきたい。そうしてご判断いただきたいわけで、筆者は、わたしはノートルダムの僧侶だ、大学の関係者だといってはいないというのがわたしの意見である。

文章を読めば、そうとわかる。読解の鍵は、後者の終わりに近く置かれた文節「以上述べたごとく、前述のドクトゥールたちは、くだんの男について語ったのである」にあり、すなわち、「われわれ」を含む文節は伝聞の記述である。

「また、この年、二十歳になるかならぬかの若い男がやってきた」と、かれは記事を起こす。次いで単刀直入に「パリ大学の僧侶こぞって証言するところ」と、噂伝聞の記述に入る。伝聞の記述終わって、こう、大学の博士たちはその若者について語ったがと、かれはいささか懐疑的な姿勢を示す。若者はスペインからやってきたという。おかしいではないか。「ダニエルと黙示録によれば、反キリストはカルデアのバビロンに生まれるはずなのだ」。つまりこれは「日記」の筆者自身のコメントなのである。

わたしがいうのは、文章の組み立てのことである。前者の文章の組み立ても正確にこれと同じで、なるほど五月も終わりに近くなっても寒気ゆるまずと、なにやら天候の話題を始めにもってきて、ただの挨拶かと思えば、それがまた、後の話の伏線になっているというレトリックの腕の冴えを自慢している気配がないではないが、「御昇天の祝日の前の月曜日、ノートルダムの一行とその随行の一団がモンマルトルに出向いた」の一節がきりりと文章を引き締めて、出来事を記述する。

そうして、肝心なことは、かれはかれ自身、その出来事に参加していなかったということである。かれは聞いた話を書き留める。かれらはなかなか帰ってこなかった。ようやく帰ってきたのをつかまえて、わけを聞いたら、なにも雨宿りをしていたわけではない。「なにしろ、モンマルトルからパリまで、道は泥々の状態で、われわれは……」と、「われわれ」を含む文節が、この文章、伝聞の記述であることを示す。

そうして、ずうっと聞いた話の転写が続いて、さて、転写の終わりはどこか。というのは、「……かれらがサンメリにたどりついたのは……」と、この文章、かれらがと、なにかストレートにものをいっている気配があって、もしや「日記」の筆者はサンメリ教会堂の前あたりで、行列の一行を待ちうけていたのではあるまいか。

しかし、それはよい。むしろ気になるのは、最後の一行で、これがつまり筆者自身のコメントなのである。じつのところ、前述のようにというけれど、前述の記事はない。あるいは、なくなってしまったのかもしれない。それはよい。わたしがいうのは文章の組み立てのことであって、文章の性質のことであって、一四二七年と四六年のふたつの記事の文章は同じ性質のものである。

4

事は文体であって、あるいは語り口といおうか。「日記」の文章の読みは、筆者の語り口を真似るエクササイズでなければならない。あるいは、文法は「日記」の文章それ自体に内包されているといおうか。すなわち、文法を掘り起こすことが読むということである。読むことが文法を掘り起こすことである。

わたしがいうのは、かれはノートルダムのなにかの役僧ではなく、パリ大学のどこかの学部の教授でもない。そう「日記」に読めるということで、なにやら「日記」の筆者捜しは、消去法のモードをとるかの気配である。かれが何者でないか、ありえないかを知ることもまた、かれは何者であるかを知る手掛かりとなる。

正攻法、消去法、そのどちらで迫るにしても、データは「日記」そのものに求めようと腹を据え、語り口自体が筆者の氏素姓を明かしてはいないか、片言隻語に筆者の存在証明が読みとれはしないかと、神経をとがらせる。そんなエクササイズをかなり続けてみたが、正直、まだ全体の景色は見えていない。

このエッセイの眼目は、さしあたりテュテイ以来の誤解を解くことにある。テュテイ以来というけれど、テュテイ氏の議論はとうてい批判に耐える体のものではなく、テュテイ氏以後、マリ氏や、近くは渡辺一夫氏の名前[25]を無視するわけではないが、「日記」を批判的に、ということは学問的に解題した人は皆無であって、してみればテュテイ以来の誤解もなにもあったものではない。

わたしの印象では、テュテイ氏の段階で、「日記」の、いわば解題学は、いちはやく一頓座をきたしてしまったのであって、わたしがいうのは、なるほど一頓挫をきたしたといいまわすのはいいすぎかもしれない。そんなにすごい勢いで、この件に関する考察が進められたというわけではないが、それでも、テュテイ氏以前、「日記」をどう読むか、筆者をどう捜すかを一所懸命考えながら、「日記」を読んでいた人がいたということで、すでにご紹介したように、それは大人文学者クロード・フォーシェである。

わたしがいうのは、フォーシェに還れということで、「スウェーデン女王蔵書一九二三番写本」の欄外余白注記を丹念に読めということで、たとえば第四六葉裏のそれである。

一四一八年夏、ブルゴーニュ軍団がパリを制圧した。六月十二日の夜十一時ごろ、と、かれは克明に時刻まで指定している。

……サンジェルマン門の方で警戒の叫びがあがった。ボルデル門の方からも聞こえた。そこでモーベール広場界隈の民衆が動きだし、次いでレアルやグレーヴの、橋のこちら側の人たちが、パリ中の人たちが上述の諸門めがけて駆けつけた……(26)〔二〇〇〕

ceulx de deca les pons（橋のこちら側の人たち）という「片言隻語」が、第四六葉裏の第一八行目に点灯していて、大人文学者は、そのところの右欄外余白に慎重にこう記す。

筆者は示している、（かれが）／住んでいることを、所に／パリの、人がヴィルと呼んでいる(27)

かれは諸橋のこちら側、すなわちヴィルと呼ばれていた街区に住んでいたと大人文学者は読みとっていて、ヴィルとはすなわちセーヌ右岸の街区の総称であり、これをわたしは「下市《しもいち》」と訳したいとかねがね思っている。それはともかく、レアルとは市場、グレーヴとは市庁舎前広場の呼び名で、どちらも「下市」にある。サンジェルマン門は、これは「橋のむこう側」セーヌ左岸の街区、わたしの用語では「上市《うわいち》」の西の門であり、そこから東の方に回りこんで東南に開く門がボルデル門、別名サンマルセル門であった。

もう一例、これは第二九葉裏、一四一四年初頭の記事だが、パリはアルマニャック党に押さえられている。ブルゴーニュ軍団はサンドニにあって、パリ奪回の機会を窺っている。アルマニャック党は諸門を閉ざして、守りを固める。

……橋のこちら側ではサンタントワーヌ門の他は開かれておらず、むこう側でもサンジャック門だけ。サンドニ門の守りはゴール卿、サンマルタン門はエタンプをさんざん苦しめたルイ・ブルドン、またベリ侯はタンプル門を守り、オルレアンはサンマルタン・デシャンにあり、これこそが連中の頭目格アルマニャックはアルトワ館にあり、アランソンはベエンニュにある。つまり、のこらず橋のこちら側にいたのであって……[28]　〔八七〕

第二九葉裏第入行から第一六行にかけて記述されたこの文章の最後の行の「のこらず橋のこちら側にいた」の文言に注記するかたちで、フォーシェは右欄外余白に書いていて、こう読める。

筆者は、じつに望んでいる／示そうと、かれは住んでいたと／下市に[29]

サンドニ、サンマルタン、タンプル諸門、サンマルタン・デシャン修道院、アルトワ館、ベエンニュ（ボヘミア）館、いずれもセーヌ右岸の街区にある。大人文学者は、一五六七年のパリの町の、どこか静かな部屋のなかにでも座って、このあたりの文章を目で追いながら、そこに読みとれる門とか通りとか館とかの名前を、脳裡に浮かぶ街の景観のなかにたずねる。

このばあい、一五六七年と、なぜ言挙げするのかといえば、第一四七葉表の左欄外余白に、やはり大人文学者の、こんな注記を読むからである。

それに似た風／一五六七年の／月曜、火曜、水曜／七月十四、十五、十六日／また、九月七日日曜日の[30]

これはつまり、一四三四年十月七日の夜、パリ盆地に吹き荒れた大風のことを記述している文章に付した注記であって、フォーシェは、かれ自身体験した大風にこれを引き較べている。それはそれでよいのだが、注目すべきは、このばあい、過去の他人の経験を、現在の自分の体験に照らして追体験する、そのことの不思議に感動してのあまりか、さすがの大人文学者も注記の機会を逸しているのだが、この記事には見逃すことのできない文言が読める。[31]

わたしの家のそばの古びたサル（建物）

誓っていうが、わたしはそれをわたしの目で見たのであって、こんなことはいままで見たことがなかったのであって、もしもこの目で見なかったならば、人のいうことなど信じはしなかったろう。〔六五〇*〕

なにしろよほど古びた建物であったらしく、風はその建物の大梁を持ちあげて、長さ四トワーズ、つまり八メートルほどもあったというそれを、十メートルから十二メートルは離れている庭先の塀の上に運んだという。「両端をそれぞれの側の塀の上にのっけて、いささかも塀を傷つけることなく、あたかも二十人の男たちが、できるだけそうっと置いたかのようであって」、とかれはすっかり感動している。

その建物というのは、どうやら石材置場であったらしい。ひとつひとつがぶどう酒の樽ほどの重さの（カク樽と書いているから、ほぼ六十リットルの重さ）、差し渡し十四ピエもあるという長大な（四メートル強）切り石を三つまでも、風は隣家の庭まで吹き飛ばしたとかれは書いていて、かれはそれを見た。

だから、なるほどかれは、そのとき、そこにいた。この存在証明はたしかである。なるほど、それがどこか。石材置場の近所のかれの家は、かれの家のそばの石材置場はどこにあったか？ ロケーションはいぜんあいまいな気配だが、それでもかなり見通しはよくなった。「日記」の筆者はノートルダムの僧侶ではなく、パリ大学に縁はなく、右岸の「下市」の、どこか石材置場の近所にすんでいた男と、そこのところまでは限定できた。

（1）Biblioteca Apostolica Vaticana, Regin(ae). Lat(us). 1923.

（2）このあたりの消息については、後注で紹介するアレクサンドル・テュテイの「日記」校訂本の序文に詳しい。いずれも未見だが、パスキエの『フランス研究』は Etienne Pasquier: Des Recherches de la France; Livres I–VI; 1596. ゴドフロワの『フランス王シャルル六世史』は Denis Godefroy: Histoire de Charles VI, roy de France; Recueil des historiens; 1653. クロード・デュピイの作成した抄本は、現在パリの国立図書館にあり、すなわち Bibliothèque nationale, collection Dupuy, no. 275. Mémoires pour l'histoire du roi Charles VI. である。

(3) ラ・バール本の底本にかかわる筆生の注記は、テュテイがその序文に紹介している。ラ・パール本は未見であるが、テュテイによれば「アカデミシアン」、後注のミショー、プージュラ本の「前書き」の紹介によれば「ディジョンの一聖職者」ラ・バール氏による刊本である。La Barre, dans Mémoires pour servir à l'histoire de France et de Bourgogne; 1729.
(4) ビュション本は来見。ミショー、プージュラ共編の本は、Journal d'un bourgeois de Paris sous Charles VI et Charles VII; Michaud et Poujoulat, éd., Nouvelle Collection des Mémoires relatifs à l'histoire de France, vol.II et III; Didier, à Paris; 1854.
(5) Journal d'un bourgeois de Paris 1405–1449 publié d'après les manuscrits de Rome et de Paris par Alexandre Tuetey; à Paris, Chez H. Champion; 1881.
(6) Bibliothèque nationale, fonds français, no. 3480. In-folio sur papier, reliure moderne. Mémoires de Paris soubz Charles VI et VIIe du nom.
(7) わたしはこのパリ写本は見ていないので、批判的にはいえないが、テュテイの校訂本を見るかぎり、一四三八年度分にかかわるヴァチカン写本の欠落部分は、およそ一二〇行、一行一二語平均と押さえて一四四〇語にわたっている。もしitemごとに「記事」を区切ることができるとすれば（事実テュテイ氏はそうしていて、そのテュテイ氏の勘定によれば）第七三二号記事の途中から第七五一号記事まで、二〇記事分である。なお本文後出を参照のこと。
(8) 問題の記事は一四一二年のものであって、フォリオ第二一葉裏にかかわる部分は、En ce temps furent plusis (plusieurs) / commus (communes) come depis (de Paris) derouin etdeplusis (et de plusieurs) auts (autres) boes (bonnes) villes. (Folio 21v. l.30- 31)「このころ、パリやルーアンといった多数のコミューヌ、その他多くの善良なる町々……」第二二葉表冒頭の文章は、devant eulx et gaingnerent tantost laville et moult tueret (tuèrent) / degens duplain pais que tous se rebellerent en tout lepais / debeausse car ilz avoient tant depaine etdecharge de / gens darmes quilz ne savoient ausquelz obeir si se / tindrent aux arrninaz qui la estoient les plus fors / pour letemps que lamalle guerre comensa et quant / lesd (lesdites) comunes vindrent adreux ilz les trouverent si / rebelles quilz les tuerent tous et les faulx traistres / armanaz gens darmes qui les devoient secourir /

sen fouirent au chastel delad (de la dite) ville et laisserent / tuer les pauvres gens ... (Folio 22 r. l. 1-11)「かれらの前に、そうして（かれらは）いちはやく（あるいは）町を占領し、野良の衆を大勢殺したので、ボース地方の人々全員が反逆したのであって、なにしろさんざん迷惑をこうむったし、負担に耐えかねて、かれらには服従する気にはなれず、この不幸な戦争が始まったころ一番強かったアルマニャック党と組んだのだ。さて、くだんのコミューン軍はドゥルーに到着し、（そこの住民の）叛意盛んと見て、これを全員殺した。これを救うべきアルマニャック党の軍勢、この裏切者どもは、町の砦に逃げ込み、哀れな町の人たちを殺されるがままに見捨てたのだ……」

（9）Et pour les cources / que lesdi (ledits) larrons faisoient enchery tant pain / et vin que pou degens mengeoient depain ler saoul (tout leur soul) / ne pouvres gens ne buvoient point levin (Folio 162v. l. 28–31) Item ceulx demontargis firent semblablement et rendirent / ces trois places ... (Folio 163r. l. 1–2)「そうして、くだんの盗賊団の度重なる掠奪のせいで、パンと葡萄酒がむやみに高くなり、腹一杯パンを食べるなんてとうていできなくなったし、貧乏人は葡萄酒が一滴も飲めなくなった。」（フォリオ第一六二葉裏第二八―三一行）「また、モンタルジスの人々も同様にし、こうして三箇所が帰順した。」（フォリオ第一六三葉裏第一―二行）

（10）序文、p. iv. わたしが心配するのは、よもやこの十九世紀の実証主義史家は、ヴァチカン写本よりもパリ写本の方を先に立てたいという、なんとも無邪気な、そうしてなんとも不気味な愛国主義に囚われてはいなかったか？　まさかとは思いたいが……

（11）序文、p. viij. わたしはこれも見ていない。

（12）ヴァチカン写本は、マイクロフィルムから起こしたファクシミレのかたちで、わたしの手元にある。原本を見る機会はまだ得ていない。ヴァチカン写本の寸法についての情報はない。ファクシミレの寸法は、ほぼ280×200mmである。羊皮紙は知らず、およそ中世写本の「紙の」フォリオ版の寸法は高290～310、幅190～210のうちにあるという数字がある（Carla Bozzolo et Ezio Ornato: Pour une histoire du livre manuscrit au Moyen Age; Trois essais de codicologie quantitative; CNRS, Paris; 1980; p. 130)。わたしは富士ゼロックス・システムセンターにファクシミレの作成を依頼したが、その際、とりわけて寸法の注文はつけなかった。はからずも原本寸法の複製が得られたと考えてよいであろうか。

(13) Item le jour sainct simon / et sainct jude fut faicte laplusbelle press (procession) / asainct martin deschamps que on eust veue / puis cent ans devant car ceulx de nosdame / acompaignez de toute universite et de toutes / les proisses (paroisses) deparis et allerent querre / leprecieulx corps nostr (Nostre Seigneur) ast jehan engve (à Saint Jean en Grève) / acompaignez de bien 1 mil psonnes (personnes) tant de parlement que dautres et pmy (parmy) les rues / ou ilz passerent les firent encourtinez come / lejour du sainct sacrement Et fut fait en / en (sic) lagrant rue sainct martin devant la / fontaine maubue ou pres ung moult bel / eschaffaut ou on fist une tsbelle (très belle) histoire / depaix et deguerre qui longue chose soit (seroit, par Tuetey?) / aracompter que pource on delaissa (Folio 187r. l.26–32 et 187v. l.1–9)

(14) Le lais Villon et les poèmes variés édités par Jean Rychner et Albert Henry ; I textes ; Librairie Droz, Genève ; p.67.

(15) Dont il leur prent mal car il en mourut laplus / de xxvi mil et fut le xxiiie jour de septembre / cccc et huit et en tant que la guerre dura / par feu p (par) fain par froit alespes (a l'épée) plus de xiiii^{m} ; / or sont biens quarante mil. Le xvie jour de / novembre ens. (ensuivant) a ung sabmedi les devandiz / signeurs cestassavoir navarre (Navarre) loys (Louis) ?? emeneret (emmenèrent) / le roy atours (à Tours) dont lepeuple fut moult trouble et / disoient biens que ce (si) leduc dedourg. (de Bourgogne) eust ?? icy / quilz ne leussent pas fait ainsi lefirent et / la fut que la q (que) achartres (à Chartre) xvii sepm (semaines) et par / plusieurs foys yfut leprevost desmarchans / et des bourgois deparis (de Paris) qui yfurent mandez / et si ny arresteret (arrètêrent) onques preu pour eulx / ne pour lepeuple. Le neufviesme jour de / mars ens. (ensuivant) revint leduc debourge (de Bourgogne) atout noble / gens et le xviie jour dud. (dudit) moys de mars / aung (à un) dymenche amenerent le roy aparis (à Paris) qui / fut receu le tresplushonnorablernent quon vit / passe a deux cens ans car tous lessergens / comme duguet ceulx delamarchandise / ceulx acheval ceulx averge ceulx de la / xii^{ne} avoient diverses livrees toutes espalment (spécialement) / dechapperons et tous les bourg. (bourgeois) allerent / alencont (à l'encontre) delui devant lui avoit xii trompette / et grand foueson menestrees et ptout (partout) ou il / passoit on crioit tres joieusement nouel et / gecstoit on viollettes et fleurs sur lui et au / soir soupoient les gens en my les rues par / tresioyeuse chere et firent

feus tout ptout / paris et bassynoient debassins tout parmy paris. Et le lendemain vint la royne et le dauphin si / refust la joie si tres grande comme le jour de devant / ou plus car laroyne vint leplushonorablement / quon lavoit oncques veue entrer apis (à Paris) depuis / quelle vint lapremiere foys. Le xxvie jour / de juing ens. (ensuivant) fut fait le saint pere cestassavoir / pierre de candye. Et le lundi viiie jour de juilt (juillet) / ensuivant fut sceu aparis on en fist moult / noble feste comme quant le roy vint de tours / comme devant est dit. Et par tous les moustie / deparis on sonnoit moult fort et toute nuyt / aassi.

Nota que lemardi darrain jour dejuing iiii^{e} / et xi. jour de saint paul enviro (environ) huit heures / apres disner gresla venta tonna ??? (espartit ?) le / plus fort que homme qui adonq fust eust / oncques veu. (Manuscrit de Vatican, Folio 12r. l. 1–31 et 12v. l. 1–17)

（16）夜警隊 le guet は、夜警隊長 le chevalier du guet の統率下にある専任警吏と、補助の夜警隊とも呼ばれる商人組合の夜警隊 le guet de la marchandise で構成されていた。騎馬警吏に笞の警吏 ceulx à cheval, ceulx à verge は、奉行所 grand chatelet の警吏であって、騎馬と徒足にわかれ、前者はパリとその郊外地区を越えた範囲に検察権限を及ぼしていて、後者はパリとその郊外地区が縄張りであった。総数二二〇。そこから奉行所警吏をオンズヴァン onze vingt（11×20）と呼ぶ俗習が生じた。十二人組 le XII^{ne} は、奉行所の長である王のパリ代官 le prévôt du roi de Paris の護衛隊のことである。

（17）Journal d'un bourgeois de Paris sous Charles VI et Charles VII ; Préface et notes d'André Mary ; Les hommes, les faits et les moeurs, Collection dirigé par Edmond Pilon ; Jadis et Naguère ; Chez Henri Jonquières, Editeur à Paris ; 1929.

（18）Item le moys davril et du moys de may jusques / environ iii ou iiii jours en lafin ne cessa de faire / tresgrand froit et ne fut guere sepmaine quil ne / gelast ou grelast tresfort et toujiours plouvoit / Et lelundi devant lascension laprocssion (la procession) de notda (Notre Dame) / et sacompaignie furent amontmart (à Montmartre) et ce jour / ne cessa deplouvoir depuis environ ix heurs / au matin jusques a troys heures apres disner / non pas quilz se musassent pour lapluye, / mais pour c tain (certain) les chemins furent si t f (très fort) / enfondres ent (entre) montmartre et paris que nous / mismes une heurs largement avenir de / montmart asainct ladre. Et de la vint /

laproceseion par sainct laurens. Et andeptir (au départir) / de sainct laurens il estoit environ une heur / ou plus lapluie sefforca plus fort que devant et / acelle heure sen alloit le Regent et safemme p (par) / laporte sainct martin et encontrerent laprossion / dont ilz tindrent moult pou decompte car ilz / chevaulchoient moult fort et ceulx delapross. / ne porent Reculler si furent moult toulliez / delaboue que lespiez des chevaulx gectoient / par devant et darriere. Mais oncques ny / ot nul si gentil qui pour chasse ne pour pross (procession) /se daingnast ung pou arrester. Ainsi sen vint / aparis laprossion leplustost quelle pot et si fut / ent (entre) ii et iii heures quand ilz vindrent asainct / merry. A cellui jour se pti (partit) le Regent pour aller / devers leduc debourge (de Bourgogne) come devant est dit / qui fut lexxvi jour de may lan mil cccc xxvii. (Manuscrit de Vatican, Folio 105v. l.1–30)

(19) Il semble que autheur / fut de corps de / eglise nostre dame / ou come lon dit des / filletes et mesme de (?) …

(20) Tuetey, Journal, Introduction, p. xvij. "… le président Fauchet qui inscrivit en marge de son volume la reflexion suivante : Il semble que l'autheur fut du corps de Nostre Dame."

(21) Item / en celluy an vint ung ?? jeune home qui navoit q (que) / vingt ans ou environ qui savoit tous les vii ars / liberaux par letesmoing detous les clercs de / luniversite deparis et si savoit jouer detoinstrums (de tous instruments) / chanter et deschanter mieulx que nul aut (autre) paindre / et enluminer mieulx que ??? (oncques ?, par Tuetey) on sceust aparis ne / ailleurs. Item en fait deguerre nul plus appt (appert) / et jouoit dune espee adeux mains si m veilleust (merveilleusementr) / que nul ne si comparast car qut (quant) il veoit son / ennemy il ne failloit point asaillir sur luy / xx ou xxiiii pas a ung sault. Item il est / maist en ars maistre en medicine docteur en / loix docteur en decret docteur en theologie / et vraiement il a dispute anous au colliege / de navarre qui estions plus de cinquante / des plus pfaiz (parfaits) clercs de luniversite depis (de Paris) et plus / de iii mil aut s clercs et asi haultement bn (bien) / respondu atoutes les questions que on lui afates (a faites) / que cest une droite merveille acroire qui ne / lauroit veu Item il ple (parle) latin trop subtil / grec. ebreu. caldicque. arabicque. et tous / aut s langaiges. Item il est chev (chevalier) en armes / et vraiement se ung home povoit vivre c ans / sans boire sans meng (menger) et sans dormir il ne / auroit pas les sciences quil scet tout p (par) cueur / aprinses. Et pour c tain il no (nous) fist t sgrant / feour car il set plus que ne puet savoir / nature humaine car il reprint tous les iiii / docteurs de

saincte eglise bref cest desa sapience / la non palle (pareille) chose du monde. Et no avons / en lescripture que ante c st (anté-Christ) sea (sera) engendre en advoutire / depere xpian (chrétien) et de mere juive qui se faindra / xpianne et chun (chacun) cuidera quelle le soit il sera / ne dep (de par) ledeable en temps de toutes guerres et q (que) / toutes jeunes gens s ont (seront) deguises dabit tant / femmes que hommes tant p (par) orgueil tant p / luxure et s a (sera) grant hayne con les grans / signeurs pour ce quilz s ont trescruelx au / menu peuple. Item toute sa science s a depar / ledyable et il cuidera quelle soit depar sa / nature il s a xpian jusques a xxviii ans de / son aage et visitera en celui temps les grans sig (seigneurs) / du monde pour monstrer sa grant sapience etpour avoir / grant renomee diceulx au xxviii an vendra de jherlm (Jherusalem) / Et quant les juifs incredules verront sagnt (sa grande) sapience / ilz creront en luy et diront que cest messias qui / pmis (promis) leur estoit et laoureront come dieu Adong / envoyera ses disciples par le monde et god et magod / le suyveront et regnera par iii ans et demy a xxxii / ans les dyables lemporteront. Et adong les juifs / qui auront este deceupz. ilz se convtiront (convertiront) alafoy / xpianne. Et apres vendront enohc (Enoch) et helye (Helye) / Et apres s a (sera) tout xpian et sera leuvangille de s t (saint) / qui dit et fiet unum oville et unus pastor adong / approuvee et le sang de ceulx quil aura fait tor. (tormenter ?, par Tuetey) / pour ce quilz ne vouldrent adourer criera adieu / vengence. Et adong vendra sainct michel qui / le trebuchera lui et touz ses ministres ou pfons / puis denfer ainsi come devant est dit le raconterent les devant diz docteurs de celluy / home devant dit. Lequel est venu despaigne / enfrance Et pour vray selon danyel et lapoca (l' Apocalipse) / antecrist doit nestre en babilonie en caldee (Manuscrit de Vatican, Folio 181v. l. 2–33 et 182r. l. 1–32)

(22) Il semble que laut (l'autheur) / ait este home de / glise (d'église) ou docteur (en?) / quelque faculte / pour le moins de / robe longue.

(23) Tuetey, Journal, Introduction, p. xxviij et suiv.

(24) Mary, Journal, Préface, p. 10.

(25) 渡辺一夫氏の「日記」解題についてのわたしの批判は、もうかなり前のものだが、わたしの論考「中世ナチュラリズムの問題」(『史学雑誌』73-3/4、一九六三年)をごらんいただきたい〔『中世の精神』(小沢書店、一九九〇年)所収〕。それに対する渡辺氏の反論は、「渡辺一夫著作集9『乱世・泰平の日記』」

（筑摩書房、一九七一年）に読める。なお「『日記』の読み方について」〔同じく『中世の精神』所収〕は、渡辺氏の反論に対するわたしのお答えである〔『中世の精神』は二〇一九年、悠書館より新版が刊行予定〕。

（26）… on cria alarme coe (comme) / on faisoit souvent alarme a laporte s germain / les auts (autres) crioient a laporte debordelles. Lors sesmut / lepeuple vers laplace maubert et environ puis / apres ceulx de deca les pons come des halles / etdegreve et detout paris et coururent vers / les portes dessds (dessusdites) (Folio 46v. l.14–20)

（27）Lautheur monstre (quil) / habitoit celle partie (de) / paris que lon dit la ville.

（28）… et nulle de deca les pons / nestoit ouverte que celle de sainct anthoine et / dela celle de sainct jacques et estoit garde de / laporte sainct denis lesir degaule et decelle de st / martin louys bourdon qui donna tant depeine a / estampes et leduc deberry gardoit le temple / orleans sainct martin deschamps arminac / lostel darthoys qui estoit ledroit chief deulx / alencon behaingne brief tous estoient deca les pos (pons) … (Folio 29v. l.8–16)

（29）Lautheur veut bien / monstrer quil habitoit / (en) la ville.

（30）Vent pareil a celuy / qui fut lan 1567 / le lundi, mardi, mercredi / 14, 15 et 16 de juillet / et le dimenche 7 septembre (Folio 147r.)

（31）… une vieille salle ps / de ma maison … (Folio 147r. l.17–18)

… et je vous jure q / ce vy ge ames yeulx aussi bn qu oncques jevy / rien de ce monde ne je nen creusse homme / se veu ne leusse. (idem. l.29–32)

… chascn (chacun) bout portant sur / lun des murs sans aucunement grever les murs / comme se xx hommes leussent assise leplus / doulcement que faire se peust … (idem. l.23–26)

〔『中世の精神』小沢書店、一九九〇年、二〇八―二四二頁
初出：『学習院大学文学部研究年報32』、一九八五年〕

『パリの住人の日記』と堀越先生――あとがきに代えて

本書の訳者、堀越孝一先生は、二〇一八年九月八日に逝去された。文字通りライフワークとして取り組んでこられた、『パリの住人の日記』のご訳業のうち、本書、第Ⅲ巻では、一四三〇年から一四四九年までを収める予定であったが、誠に残念ながら、一四三四年の六四二番の記事が絶筆となり、以下九〇四番まで、全体の四分の一ほどは、未訳のまま残されることとなった。

病床にあって先生は、脱稿済みの訳稿のみで第Ⅲ巻とし、堀越訳『日記』の幕を下ろすよう、つよく望まれたという。前二巻で、余人をもって替えがたいその訳文・註文の魅力と厳しさに親しんでこられた読者諸氏にはおそらく、先生のお気持ちを汲んでいただけるものと拝察するが、本書は、そのご遺志に沿うかたちで、一四三〇年の五二五番から、一四三四年の六四二番までを収録、一巻としてまとめられたものである。完結にいたらなかったことは痛恨の極みながら、ジャンヌ・ダルクの風聞を伝える一節などを含む、一四三〇年代前半の、本史料のハイライトともいうべき部分にまで筆を進めていただいていたことは、残された私たちにとって、せめてもの僥倖というべきであろう。

また前二巻の随所で予告されている、「文献案内」や、渡辺一夫先生との論争の総括についても残念ながら筆が及んでいないため、先生が過去に発表された文章のなかから、関連の深そうなものを数篇選び、付録として添えることとした。比較的発表時期の早いものが多く、『日記』の訳にあたり、時に活字本に依っておられる点など、本書の叙述とはいささか齟齬があるのは確かながら、その筆の行方に想いを馳せるよすがとはなるかと思う。何卒読者諸賢のご理解を乞う次第である。

私が堀越先生に出会ったのは、今から半世紀ほど前、茨城大学の学生の時であった。当時の私は、哲学を学ぶか歴史学にするか迷っており、思い切って堀越先生をお尋ねした。哲学と歴史学の方法論の相違、実証史学の重要性を指摘された先生の言葉は、説得力があり、今でも鮮明に記憶している。西洋史を志した理由である。

西洋史を専攻し堀越先生をゼミの指導教員として、中世ヨーロッパ史の勉強を始めた。当時の先生はホイジンガの『中世の秋』を翻訳されており、多忙であったと思うが、われわれ学生を何度もご自宅に招待してくださった。先生お手製のカレーライスをご馳走になり、奥様を含めて家族麻雀に興じた。先生ご夫妻は、われわれ学生よりはるかに麻雀が上手で驚愕した。学習院大学に移られてからも、何度かお邪魔させていただいた。奥様は鎌倉のご自宅で様々な花を育てておられ、肥料も自家製であった。そのうちの一つクリスマスローズを頂戴し、我が家の庭に移植した。今年も元気に育ち、濃赤の花を多数咲かせた。

不肖の弟子である私は、堀越先生のように史料論を追究する能力に欠けていた。それどころか中世ヨーロッパ史のどこに焦点を合わせるべきか、決めかねてもいた。先生がフランスに留学された際に撮られた、スペインの写真やスライドに接する機会がなければ、中近世スペイン史を研究しようと思わなかっただろう。赤茶けたスペインの中央台地《メセタ》やグラナダのアルハンブラ宮殿、コルドバのグラン・モスクなどの写真やスライドを拝見し、西ヨーロッパとは異なる「異教」のスペインに魅せられた。

　堀越先生は大学では、史学概論と西洋史特講の授業を担当されていた。史学概論の授業では、ランケやコント、ウェーバー、マルク・ブロックなどについての講義に加え、先生が直接扱っておられた「生きた史料」を例に、具体的かつ実証的な史料論を展開された。百年戦争やジャンヌ・ダルクを対象とした西洋史特講では、社会経済史的な視点以上に、王位継承問題に象徴される政治史的視点を重視しておられ、百年戦争を英仏間の「国家間戦争」に比定する近代的解釈の「非歴史性」を強調されていた。ジャンヌも同様であり、中世において無名であったジャンヌが、中世フランス史の「悲劇のヒロイン」となるのは、フランス・ナショナリズムの高揚する十九世紀以降のことである。近代まで見据えた堀越先生の重厚な授業に接し、多くのことを学ばせていただいた。

*

　なお最後に、先生のお仕事への厳しい姿勢の一端を示す例として、『日記』とホイジンガにからめて翻訳論を語られている一文を紹介し、拙い「あとがき」代役のしめくくりとさせていただく。

一九六七年に中央公論社の「世界の名著」の一冊として出版したヨーハン・ホイジンガの『中世の秋』の翻訳は、その後、一九七六年に中公文庫に収めるにあたって、多少訳文を手直しした。しかし、それが十分な仕事ではなかったことは、ここにはじめに紹介する事例からも明らかである。

第一章「はげしい生活の基調」に、ホイジンガは、中世の秋の人びとの「信じがたいほど素朴な残酷さ、品の悪さ、残忍な悪ふざけ、あわれな人びとの不幸をみて喜ぶというなさけない根性をあげつらい、『パリの住人の日記』の文章を紹介している。

一四二五年、パリでのこと、ある「おなぐさみ」が催された。武装した四人のめくらが一匹の子豚をめぐって闘う、という悪ふざけである。その前日、かれらは、武具をつけさせられて、市中をひきまわされた。風笛吹きと、子豚の描かれた大きな旗をもつ男に先導されて。

ホイジンガは、この文章のあとに、ヴェラスケスの描いた「侏儒の娘たちの深くもの悲しい顔」について書いている。ホイジンガは、この文脈に乗せて、日記の記事を読んだ。わたしの訳文はホイジンガの読みにあわせている。だが、この読みはおかしい。

二〇〇一年に、中央公論新社は「中公クラシックス」という新しいシリーズをおこし、その「世界編」の第一号に『中世の秋』を据えた。ちなみに「日本編」の第一号は柳田聖山訳注の一休宗純の『狂雲集』である。これはわたしの好きな本で、ご一緒できて、とてもうれしかった。

閑話休題。わたしはその機会に訳文に手を入れ、訳注を大幅に増やした。問題の日記の記事がらみの一文もあらためた。また、注もつけた。

一四二五年、パリでのこと、武装した四人の盲人が一匹の子豚を賭けて闘うという「催事(エバットマン)」がもたれた。その前日、かれらは、武具をつけて市中を行進した。風笛吹きと子豚の描かれた大きな旗をもつ男に先導されて。

盲人は、「クィンズヴィン(三百人)」という団体のメンバーだった。「クィンズヴィン」は、パリの西門、サントノレ門の脇に広壮な屋敷を構えた当代の特権団体で、この「催事」は、「クィンズヴィン」を最有力の構成員とするそこの街区の行事だった。

ちなみに、時世が流れて、往時「クィンズヴィン」の屋敷地は、ルーヴル美術館の「ピラミッド」を右手に見て、カルーゼル広場を横切ったバスが、リシュリュー翼廊のはずれのせまいアーケード門をなんとかかんとかくぐりぬけて、リヴォリ通りに顔を出す。そのまま前進してサントノレ通りに出る。そこまでのほんの五十メートルほどをロアン通りという。この通りの界隈が、往時「クィンズヴィン」の屋敷地である。

サントノレ通りに入って視界右手にフランス国立劇場「コメディー・フランセーズ」。このあたり、テアトル・フランセ広場だ。サントノレ通り沿いの家屋の地上階上部の壁面に、「ジャンヌ・ダルクの胸像」がかかっている。往時、サントノレ門のあたりを、「むすめ」を引き連れた王太子の軍勢が襲撃した、その記念である。

閑話休題。盲人のグループは「催事」の主体だった。「風笛吹きと子豚の描かれた大きな旗をもつ男に先導されて」という訳文も、いまにして思えば問題がある。まあ、そのようにホイジンガが書いているのだが。だからホイジンガの意を体して、そのように訳したのだが。ここは「男が先導した」と止めた方がよかった。

ホイジンガの意を体して訳すとどうなるか。もうひとつ、表現的な事例をご紹介しよう。第五章「恋する英雄の夢」に、ホイジンガは、「トーナメント」が当時領主身分（ホイジンガはしきりに「貴族」といいまわしているが）のものたち以外の社会層からどう見られていたかを話題にして、こう書いている。

モラリストも避難した。ペトラルカは、ペダンティックに問いかけている、キケロやスキピオがトーナメントをやったなどと、いったいどこに書いてあるか？　そして、市民は肩をすくめる。ある有名なトーナメントについて、パリの一市民はこういっている、「どんなつもりか知らないが、かれらは、試合をやったのだ」。

「パリの一市民」は、『パリの住人の日記』のことで、わたしは中公文庫版までにとったこの訳語を中公クラシックス版でもそのままにしている。この件について書き出したら、それこそ紙が何枚あっても足りないので、ここでは触れない。

「ペトラルカ」は、ホイジンガは出典を示していない。そのこともあるし、ここもまた、紙が何枚ものロなので、ここでは触れない。

ホイジンガは、「パリの一市民」を実例にとって、「市民は肩をすくめる」と書いている。このいいまわし、いまもホイジンガの原文をたしかめたが、こうとしか訳せない。全体に、この一文は、中公クラシックス版でもそのままにした。じつは注もつけなかった。なんともここはきわどいところで、ホイジンガの意を体してというか、彼の身になってというか、テキストに対するわたし自身の読みを曲げてまで、訳文を工夫しなければならない。これは最悪のケースだった。

ホイジンガは『パリの住人の日記』は、一八八一年に刊行されたアレクサンドル・テュテイの校注本を見ている。これは現在にいたるまで唯一の校訂本である。それなりに信用できるが、欠陥がないわけではない。わたしは、現在、日記の根本写本であるヴァチカン図書館所蔵の写本からおこして、日記の日本語版校注本を作ろうと作業中である。

ホイジンガが引用している短い文節をふくむ記事は新暦で一四一五年二月の日付の記事である。写本に照らして、テュテイの校訂に問題のないことは確かめた。ちなみに括弧内はわたしの補いである。

このころ、(パリに)スペインとポルトガルの騎士たちがいて、武芸に長けていると評判のポルトガルの騎士三人が、これは愚かな企てとしか言い様がないのだが、フランス人の騎士三人に武芸試合を挑んだ。(フランス人の騎士三人というのは)フランスェ・ドゥ・グリノ、ラ・ロック、それにムーリジョンだ。決闘はサンペールとサントゥーインの祝日、二月二十一日と決められた。(当日)かれらが試合場に入ったのは日の落ちる直前だったが、これはまったくたしかなことだったが、試合はサンマルタン門からサンタンテーン門へ馬で行く時間ほどもかからなかったのだ。ポルトガル勢は三人のフランス方に打ち負かされた。(三人のフランス方の）なかでもラ・ロックが一番強かった。

「これは愚かな企てとしか言い様がないのだが」のところを「どういうつもりか知らないが、かれらは試合をやったのだ」と訳したということである。

原文など引き合いに出して恐縮だが、par ne scay quelle folle entreprinse と書いている。たしかに folle「愚かな」と書いているのだが、これはトーナメントをやったことが「愚かな」ことだったという文脈ではない。勝てそうもない相手に無謀にも挑戦したことが「愚かな企て」だったと権兵衛は批評しているのである。ちなみに「権兵衛」とは、なにしろ日記の筆者は無名氏で、だから「名無しの権兵衛」である。

二月に入って、王と領主たちはサンタンテーン大通りのサンタンテーンとサントカトリーン・ドゥ・ヴォー・デゼスクーレの間で、ジュートをやった。その場所には矢来が組まれた。このジュートにブレバン侯も来ていて、和平を取り結びにやってきていたのだが、ジュートにも出て、賞を取った。

「トーナメント」は集団戦である。「ジュート」は一対一の勝負である。トーナメントについても、ジュートについても、ことさらに批判的な口吻は感じとれない。むしろ武芸試合に旺盛な好奇心を寄せている気配が伝わってくる。

ホイジンガは、ここでは、読みたいように読んでいるといわれてもしかたがない。

『中世の秋』という著述は、「中世の秋」という時代が遺した言葉を読み、絵を見て、その時代を知ろうとする試みである。そのばあい、読みたいように読んではだめだ、見たいように見てはだめだ。言葉のなかで読み、絵のなかで見なければならない。そういっている。ここにホイジンガの真骨頂が見える。

だから、このケースでは、ホイジンガがホイジンガ自身を裏切っている。そういうケースが、この大部な書物には各所にある。翻訳者は翻弄され、戸惑う。ホイジンガと一緒になって誤解したふりをするのがよいか。さかしらに注記して、人の冷笑を買うがよいか。なにしろ批判的に読み、訳すというのはつかれることだ。

（「相手の身になって訳すこと――それが裏目に出ることもある」
「ユリイカ」青土社刊、二〇〇五年一月号より転載）

＊

読みたいように読んではだめだ、見たいように見てはだめだ、というおことばを、改めて噛みしめつつ、また、未訳のまま残された二百六十余編の邦訳が、泉下の先生を驚かせるような出来映えをもってあらわれ、『日記』の、そして堀越孝一の仕事の環が、それにふさわしく閉じられる日が来ることを切に願いつつ。

流通経済大学教授
関 哲行

パリの住人の日記

Ⅱ

1419-1429

堀越孝一【訳・校注】

相つぐ君公の急逝、セーヌの氾濫、死の舞踏、悪疫の流行、群盗の跋扈、そして戦火くすぶる街に、軍旗とともに立つ「プセル」＝ジャンヌ・ダルクの姿……。鏤骨の名訳の第二巻。

四六判上製　472頁　定価 本体3800円＋税

ISBN 978-4-89694-746-5

パリの住人の日記

Ⅰ

1405-1418

堀越孝一【訳・校注】

内乱、処刑、裏切り、疫病、諸物値上り……。百年戦争下のパリ、殺伐とした世をしたたかに生き抜く人びとの姿と時代の息づかいを鮮やかにつたえる貴重な史料、待望の邦訳の第一巻。

四六判上製　392頁　定価 本体2800円＋税

ISBN 978-4-89694-745-8

［訳者紹介］

堀越孝一（ほりこし・こういち）

1933年東京に生まれる。東大西洋史の学部と大学院で歴史学を学ぶ。堀米庸三先生に師事してヨーロッパ中世史に分け入る。茨城大学、学習院大学など、多くの大学で教鞭を執る。通算して2年半ほど、パリに住む。2004年3月、学習院大学を退職して、現在、同大学名誉教授。日大文理学部大学院講師。茨城大学在職中にホイジンガの『中世の秋』を翻訳して出版し（最新の刊本は「中公文庫プレミアム」版、上下2巻）、文部省在外研究員として最初パリに住んだ折に『パリの住人の日記』のテュテイの校注本を手に入れた。20年後、学習院からの長期出張で、二度目のパリ滞在の折に、ヨーロッパ各地に「ヴィヨン遺言詩」の写本を訪ねた。「ヴィヨン遺言詩注釈『形見分けの歌』と『遺言の歌』」全4巻を、1997年から2002年にかけて、小沢書店から出版、また2016年に悠書館から『ヴィヨン遺言詩集』と題して校注1冊本を出版した。多数の著書と翻訳書、また日本語版監修本があり、最新刊に『悪の歴史　西洋編下』（清水書院）『放浪学生のヨーロッパ中世』（悠書館）などがある。2018年9月8日没。

パリの住人の日記　III　1430-1434

2019年2月8日　初版第1刷発行

訳・校注　堀越孝一

発行者　八坂立人

印刷・製本　モリモト印刷（株）

発行所　（株）八坂書房

〒101-0064　東京都千代田区神田猿楽町1-4-11

TEL.03-3293-7975　FAX.03-3293-7977

URL.: http://www.yasakashobo.co.jp

ISBN 978-4-89694-747-2

総索引

（I–Ⅲ巻）

＊数字はテュテイの区分けによる記事番号（各記事冒頭下端の丸括弧内参照）、
また n 以下は各記事の注番号を示す。
（たとえば 22n1 とあれば、22 番の記事の注 1 に言及あり、の意。）
＊太字（**22n1**）は、その注に詳しい言及があることを示す。
＊ 1–240 番は I 巻、241–524 番はⅡ巻、525–642 番はⅢ巻に所収。

【ア】
アヴー（頭目の認知）　431, 431n2
アヴァン(アドウェントゥス，待降節) 497n3
アヴィノン（アヴィニョン） 7n2, 37n2, 502n2
アウグスティヌス隠修士会　563n1
アウグスティヌス聖堂参事会　563n1
アヴランシュ(→オーランチェ) 392n1, 435n1
青物（→菜物／緑の菜物） 302, 449, 451
赤い十字／赤十字　189, 201, 636
赤ん坊（双頭の） 508
アクィテーン（アキテーヌ） 26n1
悪疫（→疫病） 620
アコリット・クーロンネ(侍祭) 628, 628n2
アサンシオン(キリストの昇天の祝日) 62, 63, 149, 448, 454, 62n1, 63n1, 448n2
アジャン　11n3
アジンクー（アザンクール／→エジンクー） 129, 87n3, **129n1, 130n1**, 130n12, **262n15**, 405n5, 419n1
　——の戦い 243, 13n2, 53n1, **129n1**, 416n2, 519n10, 519n15
アスンプション・ノートルダム（聖母被昇天の祝日） 612, 612n1
遊び　374, 499, 514, 534, 589
アーチバルド（ダグラス伯／ゲー伯） 405n5
暑気／暑さ 54, 79, 211, 225, 256, 352, 457, 470, 611, 616, 642
アトランパンス（緩和，自制） 200, 200n4
アナスターズ聖人　625n1
アネス（ジャン・サン・プールの娘） 22n1
アネス（双子の赤ん坊） 508
アーパン（アルパン） 353, 470, **353n1**, 470n1
アプスート（赦罪） 628, 628n2
油　306, 318, 426, 526
アベ（大修道院長） 483-485, 483-485n2
アベエ（大修道院） 388, 388n1
アポロ（神） 388, 388n7
亜麻（——布） 275, 502
アミアン　252, 379, 15b-n1
アーミン　371a, 349n1
アムルー　172, **172n2**
雨　41-47, 54, 122, 193, 261a, 261b, 324, 352, 393, 454, 456, 479, 552, 598, 611, 193n6
アメ・ド・ブレ　20, 20n2
アメンドゥリ　161, **161n1**
アーモンド（巴旦杏） 268, 462, 470, 476, 479, 605, 470n1
アラゴン王　191n6
　——王の娘（王女／→イザベル） 524
アラゴン家　89n2
アラス　104, 107, 111, 22n1, 103n1, 513n2
　——の平和／和約　103n1, 513n2
あられ（霰／→ヒョウ） 609n4
アラン（→ニシン） 642
アランソン家　27n2, 60n2
　カトリーン（・ダランソン） 60n2

アランソン伯／侯（ジャン1世）10, 24, 27, 87, 116, 130, 10n6, 519n10
——（ジャン2世） 405, 518, 519, 519n10
アランデル伯 22n1
アランブルジ（メーヌ伯女） 480n1
「アリストテレスの宴会」 483-485n1
アルテ／アルトゥェ（アルトワ） 15b-n1, 20n3, 22n1, 103n1, 419n1, 513n2
アルトゥェ館 87
アルフルー 180
アルマナック／アルミナック（党／派）(→レザルミノー) 237, 262, 265, 543, 13n5, 17n2, 25n1, 27n3, 55n3, 55n4, 103n1, 117n1, 193n3, 229n2, 259-260n2, 303n1, 503n2, 512n2
アルマナック家 11n3, 396n1
アルマナック／アルミナック伯（ベルナール7世）11, 13, 24, 87, 90, 115, 134, 136, 262, 11n3, 15b-n1, 24n3, 134n1, 396n1, 425n1
アルミナ／アルミノー（勢）（→レザルミノー）16, 23, 55, 200, 212, 223, 226, 238, 242, 262, 265, 303, 325, 394, 495, 503, 579, 612, **16n1,** 27n4, 221n2, 495n6, 503n2
アルミナック屋敷（ホテル・ダルミナック） 424, 425n1
アルル 191n6
アレクサンデル5世（法王／→ペール・ド・カンディ） 7n2
アレ橋 110
アレマーン(ドイツ)皇帝 466, 466n1
アーン（・ド・ブルグーン／ベトフォール侯妃） 620, 22n1, 493n1, 513n6, 521n6
アンヴィル(→カンヴィル) 486, 486n1, 495n2
アングェッス（アンゴワス）梨 234, 234n2, 396n2
アングレ（→イギリス／イングランド） 200
アングレ王（→イギリス王／イングランド王） 303, 303n2
アングーレーム屋形 591n12
アンゲラン／アンゲレン（・ド・ブールノンヴィル） 20, 23, 98, 99, 100, 20n2, 98n2
アンジェー 303, 303n1, 303n3
アンジュー家 5n1, 89n2, 191n6, 402n1, 480n1
アンジュー侯（ルイ2世, シチリア王） 89, 156, 591, 156n1, 191n6, 591n10
アンジュー館／屋形 72, 591, 72n1, **591n10**
アンジュー - メーヌ連合 480n1
アンテーン（ブラバント侯, ジャン・サン・プールの弟） 419n1
アンテーン・ド・クラーン →クラーン
アンドゥリ聖人信徒会（→サンタンドゥリ信心会） 17n2
アンドレ（使徒, 聖人） 17n2, 110n1, 514n2
アンブロシウスの祝日 497n1
アンラージェリー（激怒） 200, 200n2
アンリ（4世, フランス王） 497n7
——（ナヴァール王） 620n1

【イ】
イヴリ・ラ・ショッセ（城／シャトー・ディヴリ・ラ・バタイユ）394, 403, 404, **394n1**
イエス（・キリスト） 388, 464, 514, 519, 258n1, 262n1, 262n7, 291n7, 328n1, 387n1, 395n3, 458n2, 501n3, 514n2
イエズス会 483-5n1, 505n2
イェルサレム 302, 366, 501, 262n7, 364n1, 366n3, 371an8, 468n5
イーオン（ヨンヌ）川 259-260n2, 387n3
イカ 247
異教徒 102, 519, 623, 633, 633n2
イギリス 22, 125, 130, 138, 259-260, 446, 452, 22n1
イギリス王 189, 192, 201, 222, 229, 243, 417, 255n1, **262n15,** 303n3, 417n1, 515n1
イギリス軍(——勢／方) 22, 23, 118, 125, 126, 127, 129, 162, 172, 180, 199, 217, 227, 229,

238, 241, 243, 250, 255, 256, 257, 259-260, 261a, 262, 264, 303, 335, 336, 352, 379, 381, 389, 390, 392, 399, 401, 402, 404, 405, 414, 419, 421, 432, 435, 469, 493, 495, 504, 506, 519, 522, 523, 530, 531, 536, 537, 539, 541, 543, 545, 583, 594, 596, 608, 611, 612, 615, 618, 621, 241n, 259-260n1, 264n2, 400n1, 419n1, 428n1, 443-445n1, 495n11, 504n3, 506n1, 506n2, 543n1
イグナティウス・ロヨラ　502n3, 505n2
イザベル（アネスの娘，ジャン・サン・プールの孫）　22n1
——（シャルル6世の娘）　6n2, 118n1
——（ポルトガル王女）　110n1, 524n2
イザボー（・ド・バヴェール，フランス王妃）　591, **6n2**, 26n1, 36n2, 48-51n4, 56n3, 58-59n4, 118n1, 191n3, 191n6, 193n2, 214n1, 237n3, 291n1, 504n3, 521n6
——（ジャン・サン・プールの娘）22n1
イシイ（地名）　167
石切場　56, 636, 56n2
石工　191n4
　——の手伝い　593
石玉（石の大玉）　481, 493, 493n1
イシドルス（セビーリャ司教）　497n1
石投げ機　481
医者　93
泉　573
イスラエル　302
イスラエル人　362, 395n3
イゼール（アイセル）川　103n1
遺体　312, 504, 519, 504n4, 504n5
イタリア　502, 372n3, 372n6
異端　194-195, 441, 502, 441n1, 442n1, 468n5, 513n5, 548n2
異端審問　497n3, 515n1, 545n1
異端審問官　580
市（サンローランの）　517, 517n1
市（モーの）　336, 336n1
一時課　200, 562, 496n3
いちじく（の木）　380
イチジク　247, 268, 268n1
市場（→レアル）　205n2
一万一千人の処女の祝日　361
イッシ　456
凍てつき（→寒さ）　324, 374, 395, 449, 598, 625, 642
イテム（item）　201n1, 221n6
井戸　374, 615
稲妻　15a
犬　13, 52, 83, 85, 193, 194-195, 200, 201, 306, 381, 382, 625, 194-195n3, 521n4
イノサン（イノッサン）教会／墓地　422, 497, 514, 580, 590, 10n4, 75n2, 191n4, 205n2, **422n1**, 497n7, 509n1
イーペル　17n1, 103n1
イール（怒り）　200, 201, 200n6, 200n10
インヴェンシオン・サンドニの祝日（→サンドニの祝日）498, 497n2, **498n1**
イングランド（→イギリス）341, 17n2, 35n2, 419n1
イングランド王（→イギリス王）　262, 276, 279, 281, 291, 298, 299, 311, 317, 319, 324, 329, 330, 333, 335, 336, 340, 341, 350, 351, 352, 356, 362, 368, 375, 36n2, 118n1, 129n1, **262n15**, 305n1, 311n1, 330n1, 351n4, 402n1, 521n6
イングランド王家　402n1, 419n1, 453n1
イングランド王妃（カトリーン・ド・フランス）　292, 348, 349
イングランド勢　270, 329
イングランド摂政（グロスター侯ハンフリー）513n5, 522n1
印章　512, 518
インファマニテ　345, 638, 345n11
インポジトゥー（インポジシオン，課税）128, 314, 597, 128n2, 314n1, 597n1

【ウ】
ヴァッソー（封臣） 255
ヴァッレ（主君持ちの若い下士） 405, 405n3
ヴァルェ／ヴァレ（ヴァロワ）家 2n3, 5n1, 6n2, 12n1, 13n2, 17n2, 20n3, 26n1, 35n2, 35n3, 36n2, 48-51n4, 60n2, 87n4, 418n1, 503n1, 510-511n3, 513n2, 523n2
フィリップ（ヴァレ家初代） 60n2
シャルル（初代フィリップの弟） 60n2
シャルル・ド・ヴァレ（トゥーレーン侯／→王太子シャルル） 600, 191n4, 503n1, 503n2, 503n3, 512n1, 512n2, 513n2, 515n1, 516n1, 522n1, 633n1
ヴァレスティン領主 304
ヴァンヴ 167
ヴァンタドゥー伯（ヴァンタドゥール伯ジャック） 405, 405n7
ヴァンドーム 504
ヴァンドーム伯（ルイ・ド・ブルボン）130, 130n9
ヴァンリー通り 458, 458n2
ヴィエーエ・ズリ通り 591, 591n9
ヴィエンヌ川 416n1
ヴィオン（ヴィヨン），グィオーム 34n1, 130n15, 529n1
ヴィスコンティ家 7n2, 11n3, 58-59n4
ヴァレンティーン・ヴィスコンティ 7n2, **10n6**, 11n3
ヴィセートゥル（ウィンチェスター）枢機卿（ヘンリー・ボーフォート／→ヴィンスター枢機卿）513, 522, 588, 592, **453n1**, 513n5, 522n1, 588n1
ヴィトリ 609, 639
ヴィネール（酢） 374
ヴィノール，エスティエン・ド（→ラ・ヒール） 638n1
ヴィリエール・ル・モリエ 372n1
ヴィル（町） 388, 388n1
ヴィルヌーヴ・サンジョルジュ 40, 40n1
ヴィルヌーヴ・ル・ルェ 319
ウィルヘルム（シュトラウビング系バイエルン侯） 229n3
ヴィレ（ヴィリエール），ジャン・ド（リラダン領主）**513n6**, 606n1
ヴィンサン・フェレ（ヴァンサン・フェリエ／ビセンテ・フェレ） 502, **502n2**
ヴィンスター枢機卿（→ヴィセートゥル枢機卿）453, **453n1**
ヴィンセーン森 259-260, 348, 356, 541
ウィーン大司教 393, 391n1
飢え 4, 13, 108, 256, 259-260, 289, 291, 294, 312, 321, 324, 381, 552, 555, 170n1
ウェクシルム（→エスタンダール） 519n7
ウェーズ（オワーズ）川 15bn1, 41-47n9, 96n1
ヴェスプル／ヴェプル（→晩課） 149, 561, **561n1**, 568n1
——・ドゥ・ジュール（二回目の晩課） 561, 561n1
ヴェネツィア 503n1, 524n2
ヴェール（ぶどう汁） 374, 494, 551, 374n2, 494n2
ヴェール（布） 452n1, 475n1
ヴェルトゥ伯（フィリップ）58-59, **58-59n2**, 89n3
ヴェルヌー（ヴェルヌイユ） 404, 405, 408n1, 416n2
——の会戦 387n3, 405n4
ヴェルノン 128, 243n1
ヴェルマンドゥェ 130, 332, 372, 230n1
ヴェロール（天然痘） 634, **634n2**
ヴェンジャンス（復讐心） 200
ヴォーデモン伯（フェリー・ド・ロレーン） 130, 130n5
ヴォール（→私生児） 343, 344
ヴォール，ドゥニ・ド 344, 345
ウォルムスの協約 347n1
牛（→牡牛／去勢牛／子牛／牝牛） 172, 234,

271, 521, 234n1
——の脚　261a
——の肉　250, 302
ウージェ，ペリン　73-74
ウスタス（ウタス）聖人（→サントゥスタス）
256, **256n1**, 256n2
ウーステ侯（グロスター侯）　303, 303n2
ウーセー／ウールセー（オルセー）　337,
381, 337n1, 381n1
ウタス聖人（→ウスタス聖人）　35, **35n2**,
256n1
歌ミサ　31-33, 34, 35, 37, 39, 41-47, **34n3**, 35n6,
37n4,
ウック　81, 65n2, 81n1, 81n3
ウ・ディユー・フ・ブーイ通り　31-33n1
ウー伯　130, 132
ウーバルヴィレ（オーベルヴィリエ）　508
ウプランド　10, 68, 10n2
馬　108, 132, 172, 289, 405, 409, 423, 454, 458,
495, 514, 519, 521, 530, 545, 604, 640,
495n9
——の肉　289
馬屋　458
厩番頭　458, **458n1**, 458n2
厩番役（エスクエ・デスクーリー）20n2, 66n1
占い師／占い女　388, 468
ウール川　394n1, 402n1
ウルスの領主　141, 141n1
ウルバヌス／ウルバン（1世，法王）　571,
563n1
——（2世，法王）　347n1
——（4世，法王）　563, 563n1, 591n10
ウルバン聖人（→ウルバヌス1世／サントゥルバン）　**347n1**
ウルバンの祝日（→サントゥルバン）　571
運命　68, 72, 78, 99, 101, 189, 325, 345, 378, 443-
445, 493, 611
運命車輪　190
ウンヴァーシテ（→大学）　593

【エ】
エヴェスク（司教）　483-485, 483-485n2
エオーム（大兜の作り物）　276, **276n2**, 276n3
エオームリー通り　302
疫病　225, 231, 617, 635, 225n1, 634n2
エク（金貨／→エスク・ドー）　169, 213
エクエ（→エスクエ）　573, 573n2
エクサルタティオ・クルーキス（聖十字架称讃の祝日）　489n1
エクセトゥル（エグゼター）枢機卿（トマス・ボーフォート）　522n1
エクルーズ（スロイス）　524, **524n2**
エジプト　464, 302n4, 468n5
エシャフォー／エスシャフォー（高廊下／ノートルダムの）　592n1
エシャンソン（酌人）　168n1
エシュヴィン（エシュヴァン／助役）　483-
485, 164n1, 202n1, 518n4
エジンクー（→アジンクー）138, 262, **262n15**
エーズ（オワーズ）川　513n1, 513n2, 515n1
エスク　242, 305, 242n2, 305n1
エスク（楯）　189, 20n2, 66n1, 189n1, 201n2
エスク・ドー　261a, 283, 323, 443-445, 461,
261a-n2, 443-445n2, **461n1**
エスク・（ドー・）ア・ラ・クーロン　**283n1**,
305n1
エスクエ（楯持ち）230, 475, 20n2, 66n1, 230n1
エスクエ・デスクーリー（厩番役）　20n2,
66n1, 230n1
エスクッソン　201, **201n2**
エスクーピオン　308
エスコー（スヘルデ）川　103n1
エスコッセ（スコットランド勢）　636
エスコルスリー（皮剝ぎ職）　160, 160n1
エスタ　161, 161n1
エスタンダール　222, 343, 431, **20n4**, 35n3,
222n2, 346n1, 431n2, **519n7**
エスタンプ（エタンプ）　26, 161, 337, 421,
495, 26n2

エストゥートヴィル，ニクラス・ド　130n12
エスピセー（薬種商あるいは香料商人）591
エスペーノン　317
エセクァル領主（トーマス・ド・スケールズ）　416, **416n2**
枝束（→粗朶束）519, **519n4**
枝の主日（パック・フルーリ）94, 529, 532, 94n1, 529n1, 532n1
（聖）エステーン発見の祝日（→サンテスティェン／ステパノ）387, **387n1**
エッサー，ペール・デ（ペール・デ・ゼッサール）9, 12, 16, 58-59, 69, 71, **58-59n3**
——，アンテーン・デ（アンテーン・デ・ゼッサール）71, **71n2,** 72
閲兵式　23, 23n2
エード（助力金）103n1
エドゥアー3世（→バー侯）13n2
エード役人（御用金係）206n1
エドワード3世　283n1, 402n1
エニシダの花枝（プランタジュネ）480n1
エーヌ川　96n1
エノー　229n3, 498n2
エノー伯（ヤコバ・フォン・バイエルン）　419, **419n1**
エノー伯家　430n1
エパクト値　**496n4**
エピファニア　328n1
エブルー　483-485n1
エペルネー　58-59n2
絵模様（クェン，コインの）158, 158n1
エル（エード役人，御用金係）206, 206n1
エール・スル・ラドゥール　11n3
エルメニー（アルメニア）王　130, 130n11
エレミア（預言者）302, 366, 371a, 366n3
エロー（紋章官／紋章調人／伝令者）405, 409, 519, 638, 409n1, **519n15,** 638n2
円金（メロー，錫の）514, 514n1
エンドウ　238, 242, 259-260, 264, 291, 300, 302, 318, 395, 434, 488, 522, 553, 601, 242n5, 300n1
燕麦　170, 226, 271, 352, 352n1, 553n1

【オ】

王（イギリス／イングランド）125, 189, 192, 201, 222, 229, 262, 270, 276, 278, 279, 280, 291, 329, 336, 538, 26n1, 255n1, 591n4
王（エジプト）464, 466
王（シチリア／→アンジュー侯ルイ）89, 95, 89n2, 95n1, 591n10
王（フランス）2, 3, 5, 6, 7, 15b, 26, 27, 28, 29, 36, 48-51, 52, 54, 55, 56, 58-59, 60, 64, 65, 70, 71, 81, 86, 87, 94, 97, 100, 101, 103, 104, 108, 113, 116, 117, 118, 126, 128, 131, 132, 135, 136, 152, 155, 162, 179, 180, 181, 185, 189, 190, 191, 192, 201, 206, 214, 229, 237, 238, 243, 250, 255, 257, 262, 263, 264, 265, 273, 276, 279, 288, 289, 291, 314, 360, 361, 573, 584, 600, 619, 633, 3n1, 24n1, 26n1, 28n2, 31-33n1, 36n2, 54n1, 56n3, 56n4, 71n1, 86n1, 94n2, 118n1, 156n1, 200n15, 229n2, 243n2, 255n1, 583n4, 591n4
王（フランスとイギリスの）533, 584, 585, 586, 587, 588, 589, 591, 592, 593, 595, 596, 597, 598, 600, 619, 633, 583n4
王冠　365, 573, 591, 591n4
王宮（パレ／ル・パレ）35, 63, 66, 67, 201, 291, 302, 591, 592, 593, 595, 35n6, 291n7, 366n1, 483-485n1, 591n6, 591n9
王軍長（フランス）24, 27, 130, 134, 182, 201, 262, **24n3,** 27n3, 27n4, 425n1
王家大番頭　9, 10, 57, **9n1,** 10n3, 10n6, 27n3
王家貨幣方　84n4
王家館　186
王家裁判所（→パールマン）255n2, 360n1, 363n2, 376n1, 411n1, 448n1, 483-485n3, 512n1

王家財務方頭取　9n1
王家パン係長　27n2
王国（フランス）55, 66, 102, 136, 200, 206, 214, 215, 228, 229, 257, 259-260, 262, 338, 463
王国（フランスとイギリス）　379, 401, 512
黄金の拍車　130
牡牛　271, 541, 638, 640
王杖　364, 369n2
王太子（シャルル・ド・ヴァレ）190, 512, 17n2, 27n3, 53n1, 118n1, 181n1, 191n4, 191n6, 229n2, 238n2, 259-260n2, 303n3, 305n1, 405n4, 419n1, 443-445n1, 495n7, 495n8, 497n3, 503n1, 515n1, 519n10
――（ジャン）　191n4, 191n6, 229n2
――（ルイ, ギエーン侯）6, 6n2, 26n1, 56n4, 57n2, 58-59n2, 58-59n3, 71n1, 71n2, 229n2
王太子勢（側／一党）　249n1, 376n1, 387n3, 400n1, 402n1, 497n3, 504n3, 506n2, 513n2
王塗油の儀式（ヘンリ6世／パリでの）583, 592, 593, 596, 597
王妃（イングランド）　291, 349, 350, 351
――（エジプト）　464, 466
――（フランス）　6, 58-59, 161, 214, 215, 229, 250, 262, 291, 292, 293, 360, 401, 418, **6n2,** 58-59n4, 193n2, 214n1
王妃の弟（バヴェール侯）　58-59, **58-59n4,** 60, 60n2, 62
大雨　462
大市（モーの）　336
大斧　193, 604
狼　312, 315, 345, 386, 623
狼捕り　386
大樽　276, 412n1
大旦那衆（パリの）　302
大塔（ルーアンの）　602
大橋（両替橋／→グラン・ポン）37n2, 71n3, 307n1, 483-485n1
大ミサ（→歌ミサ）　93, 519, **34n3**
大麦　300, 352, 625, 352n1
大雪　374
大弓　519, 519n9
大弓射手六十人組　141
大弓隊／大弓兵　431, 495
大ろうそく（→セルジュ）　210, 30n6
オーク（オーシュ）　11n3
オクターヴ（八日祭）　612, 612n1
オジェ, ペール　123
オージュモン家　140n4
　ニコール・ドージュモン（ドルジュモン）　140
　ペール・ドージュモン（ドルジュモン）　140
お救い所（子どもたちの）　302
オー・ズー通り　426
オーセール　28, 54, 513, 619, 622, 623, 55n1, 56n4, 387n3, 513n2
　――の和議　56n1, **56n4**
オーセール, グィオーム・ド（グィオーム・ドーセール）　206
御鷹係長官　68
おたまじゃくし（汁杓子）　537, 537n1
オテーの会戦　4n1
オテル・ド・ラ・ヴィル（市役所／→ホテル・ド・ラ・ヴィル）　71, 123, 601, 6n1, 31-33n1, 71n5, 72n1, 173-174n1, 255n2, 324n1, 382n1, 483-485n1, 509n1
オテル・ド・ルルス　141n1
男の身なり／着物（→男装）　572, 573, 576
オーヌ　275
斧　222, 271, 534
オフモン領主　334, 335, 336
オーブリオ, ウーグ（パリ代官）　483-485n1
オーバルヴィレ／オーベルヴィレ（オーベルヴィリエ）　508n1
オボル　443-445
溺れ死に　27, 161, 189, 201, 212, 213, 345, 388, 458, 504, 529, 26n2, 504n3
オーマル伯　405

親指（で吊るす）　16, 16n3
オランジュ領　19n1
オーランチェ（アヴランシュ）　392, 392n1
オリーヴ油　242, 268, 242n6
オーリオ（オービオ），ウーグ（ユーグ・オーブリオ）　9n3, 12n1, 37n2, 64n1
オリオン（病名）　93, 93n1
オリフラン（オリフラム，サンドニ修道院の祭旗）　35, **35n3**
オルガン　411
オルセー宮　381n1
オルドンネ（葬儀の準備を整える）362, 362n1
オルフェーヴル（金銀細工師）　591, 591n8
オルレアン　115, 328, 486, 493, 495, 503, 504, 531, 541, 604, 15b-n1, 443-445n1, 493n1, 495n2, 495n11, 503n3
——の私生児　527n2
——包囲　495, 498, 541, 495n2
オルレアン家　5n3, 9n1, 11n3, 15b-n1
フィリップ（ヴェルトゥ伯，シャルル・ドルレアンの弟）　89n3
オルレアン侯（シャルル・ドルレアン）　73-74, 87, 114, 115, 130, 10n6, 56n4, 58-59n2, 58-59n3
——（ルイ・ドルレアン）　3, 331, **3n1**, 9n1, 10n6, 134n2, 135n1
オルレアン党　10n6, 12n5, 35n4, 58-59n3
オルレアンの戦い　27n3
オロフェルン　205, 403, 519, **519n14**
オー・ロンバー通り　410
オンス　293, 300, 325, 553, 293n2
雄鶏　374, 554

【カ】
ガイオン（城）　402, **402n1**
海軍方長官　134, 134n2
悔悛の秘蹟　561
カイロ　468n5
加塩バター　242, 250, 261a, 306, 537, 250n5, 537n1
かがり火（→焚き火）　192
鍵（門の）　1, 534
隠し主日（御受難の主日）　452, 603, **452n1**
楽人（メネストレー）　6, 218
学生　423, 423n2
学僧（大学の）　60, 578, 117n1
カク樽　171, 353, 414, 470, 494, 171n1, 242n2, **353n1**, 470n1, 494n3, 495n1
学長　262
カークトン，アラン　483-485n1
学寮　363, 363n2
火刑（→火あぶり／焚刑）　548, 548n2
掛け物（クールティン）　291, 292, 291n5
籠　148, 426
鍛冶職人　2
果実　308, 318, 605, 482n1
貸家　397
ガスクーン（ガスコーニュ）　11n3, 134n1
ガスコン人／勢　108, 495
ガスティネ（ガティネ）　612, 633, 216n1, **612n3**, 633n2
カストレ（→シャトレ）　525, 525n5
カスリーン・スウィンフォード　513n5
カスレム（肉絶ち／→四旬節・小斎）　526n2
風（強風）　15a, 524, 552, 605
仮装　410, 410n1
ガタッス（むだ遣いする）　518n6
ガチョウ（鵞鳥）　264, 426
カッシノー，ベット（ビエット・カッシネル）　36n2
合戦　303, 376, 378, 392, 409, 432, 303n1
甲冑　2, 21, 23, 423, 573, 576, 423n2
カッパ（長袍祭服）　291
ガティネ　280
カトリーン（・ダランソン）　60n2
——（・ド・フランス／イングランド王妃）　276, 298, 36n2, 118n1, 326n1, 350n1, 481n1

——（・ド・ラ・ロシェル）　580, 580n3
——（ジャン・サン・プールの娘）　22n1, 89n3
カーナージ（肉の日）　526n2
かなだらい　6, 58-59, 113, 58-59n1
ガーニズン（堡塁）　232, 232n1
鐘　7, 109, 261, 327, 368, 411
ガーネル　190, 190n1
金持ち　242, 346, 381, 502, 519, 342n2
ガヌロン　378
寡婦　388, 418, 490, 521n5
かぶと屋小路　66, 68
かぶら　242, 293
カプルシュ　26, 26n6
貨幣　213, 314, 389, 213n3
——についての触れ　305, 306, 310, 314, 321, 389
貨幣方（王の）　221
カペー家　12n1, 24n1, 31-33n1, 35n3, 37n2, 87n4, 402n1, 494n1, 503n5
ガベル（税）　597, 597n1
カペンドゥりんご　396, **396n2**
カボシュ，ドゥニゾ　71, 72, **71n3**
カボシュ暴動　215n1
雷　8, 15a, 258, 479, 609, 609n4
辛子　92
辛子売り　593
カラスノエンドウ　625
カラス麦畑　458
ガラールドン　272
カランテーン（ラ・サント・カランテーン／聖カランテーン／灰の水曜日）333, 333n1
カランド（シャランル／カランル／カランドゥル）通り　291, 591, **291n7**, 591n9
カルヴェール十字架　37n3, 505n2
カルカス（大トロイの占い師）　388
カルタ　499, 512n1
ガルタンプ川　416n1
カルテ（カルチエ／クァルテ）　175-176, 205, 423, 440, 76n2, 175-176n1, **205n2**, 423n2, 483-485n1, 494n1, 518n1, **525n5**
カルトネ（区長）　12, 76n2
ガルネー・サンラードゥル通り 472, 472n2
カルム僧（カルメル会修道士）　529
カルメル会　31-33n1, 529n1
カレー　22n1, 283n1, 416n1
ガレラン（ヴァレラン／→ルクセンブール）　27, 27n1
ガレーン（猟獣猟鳥の飼育場）　190n1
ガロン（ガロンヌ）川　11n3, 396n1
革（コルドバ革）　318
皮剝ぎ職（エスコルスリー）　160n1
瓦　122, 220, 122n2
ガン（→ヘント）　103, 103n1
カーン　130, 180, 229n1
カンヴィル　495, **495n2**
寒気／寒波（→凍てつき）374, 454, 598, 605
冠水（ノートルダム島）　456, 458
浣腸　635
官房長（シャンスレー／フランス王家の）　77, 201, 442, 588, 633, 641, 191n4, 191n5, 521n6, 588n1, 631n1
——（シャルル・ド・ヴァルェの）442, 522n1
——（ベリー侯の）　9n1
冠（黄金の）　575

【キ】

ギエーン侯（ルイ，王太子）　26, 28, 54, 61, 64, 65, 72, 73-74, 86, 123, 126, 128, 131, 132, 155, 2n3, **26n1,** 54n1, 55n1, 56n3, 60n3, 66n1, 71n2, 72n1
ギエーン殿（ジャン，王太子）　155
飢餓（→飢え）　306, 552
機械（攻城用の）　165, 165n1
キケロ　200n15, 205n3
騎士　58-59, 66, 130, 161, 201, 221, 257, 279, 295, 342, 347, 348, 360, 371a, 372, 399, 427, 447, 483-485, 497, 513, 587, 350n1, 513n5

徽章　17, 17n2, 18n3, 276n3
儀仗　369n2
騎乗槍試合（ジュート）　117n1
奇蹟　320, 582
狐の尻尾（紋章幟の刺繡）　276, **276n3**
ギトリー領主　280
絹（布）　262, 502, 262n4
キャベツ　238, 293, 302, 321, 395, 449, 605
球技　472, 374n3
救世主　388, 501
——の祝日　364, **364n1**
休戦（協定）52, 177-178, 217, 250, 252, 264, 270, 522, 524, 633, 54n3, 56n4, 252n2, 633n1
牛肉　175-176, 182
教区（パレッス）　31-33, 37, 262n3
教授　181, 181n1
行列　29, 31-33, 34, 35, 36, 38, 39, 40, 41-47, 48-51, 162, 210, 291, 377, 410, 411, 437, 441, 442, 454, 456, 457, 512, 561, 580, 586, 589, 591, 592, 621, 24n2, 35n5, 37n2, 37n3, 38n1, 468n5, 478n1, 519n1
去勢牛　172, 272
ギリシア人　388
キリスト教徒（→クレスティエン）　83, 172, 181, 191, 200, 231, 250, 256, 329, 344, 381, 387, 388, 392, 393, 405, 464, 466, 495, 524, 572, 580, 600, 623, 638, 121n1, 220n2, 250n7, 525n2
キリスト教徒の王　361
キリストの昇天の大祝日（→アサンシオン）448n1
キリル（聖人／イェルサレムの）　364n1
金　461
銀　242, 245, 246, 261a, 325, 467
金貨　261a, 368, 612, 613, 242n10, 261a-n2, 283n1, 305n1, 443-445n2, 613n1
銀貨　371b, 261a-n2, 284n1, 284n2, 305n1, 310n1, 331n1, 368n2, 371b-n1, 385n1, 385n2, 389n1, 395n4, 412n3, 417n1, 430n1, 443-445n1, 487n2, 503n3, 553n1
金銀細工師　323
キンクェンプェ通り　60, 426
金庫番（王の）　168, 168n1
金箔師　596
ギーン伯領　416n1
吟遊詩人　303
金羊毛騎士団　17n2, 110n1, 276n3, 416n1, 514n2

【ク】

クー（コキュ）　468, 468n3
クー（液量の単位）　240, 412, 470, 486, 353n1, **412n1**, 412n2, 470n1
クァジモド（白衣の主日）　448, 631, **303n1**, 448n2, 631n1
クァドリガ（荷馬車）　519n5
クァトゥレーム　302, 314, 494, 597, 302n2, 314n1, 314n1, **494n1**
クァルテラティン（カルチエラタン）　9n2, 12n2, 37n2, 190n1, 200n1
クァルトゥネ（→レクァルトゥネ／区長）527
グーイ（→バー／ル・ボー・シール・ド・バー）235
クィンズ・ヴィン（キャンズ・ヴァン）149, 149n2, 425n1, 568n1
グーヴェルヌー（支配者／→レ・グーヴェルヌー）　522, 539, 583, 453n1, 583n3
偶像（礼拝）　466, 572
グーエ家　72
グェナール（ディジョンの）　284n2
鎖　2, 143, 209, 342, 2n4, 287n2, 448n1, 510-511n3
九時課（ノーン）193, 562, 193n1, 496n3
グージュ，マーティン（クレルモン司教）191n5
鯨の髭　500
具足商い　351
果物　353, 396, 420, 517

クー樽（→カク樽） 261b, 287, 412, 414, 423, 604, 612, 222n1, **412n1**
クータンス司教 201
区長 76, 423, 76n2, 518n1
靴 8, 234, 275, 282, 318, 8n2
靴直し 593
靴屋 475
靴屋組合 233
グトゥレ領主 249, 249n1
くに 15b, **134n1**
首斬り 224, 343, 347, 360, 427, 481
首斬り役人 26, 68, 224, 26n5, 26n6
首吊り 100, 344
クープ（浮気された妻） 468, 468n3
グフレ 26
クーポー・レ・サン・マーソー（ラセペード）（通り） 351, **351n2**
クラヴァン 387n3
グラヴラン，ジャン（宗教裁判官） 515n1
鞍担ぎ 81
グラスデール，ウィリアム（隊長） **504n3**, 504n4, 504n5, 504n6
クラマー 456
クラマシー，ジル・ド（パリ代官）244, 295
クラマール 167
クラムシー，ジル・ド（パリ代官代理）607
クラレンス侯（トーマス・オブ・ランカスター）292, 299, 303, 303n1, 303n2, 303n3
クラーン，アンテーン・ド 27, 27n2
グラン・シャトレ（→シャトレ） 196, 200, 221, 221n1, 483-485n1
グラン・セルジュ（大ろうそく／→セルジュ）262, 262n3
グランソンの戦い 276n3
グラン・トルセ（大松明／→トルセ） 262, 262n3
グラン・プレジダン（プロヴァンスの／ジャン・ルーヴェ） 191, 191n6
グラン・ポン（→大橋，両替橋） 437, 34n2, 64n1, 200n1, 221n5, 591n9
グラン・ル，ペール・ド（ろう・ろうそく王家御用達） 123, 123n1
クリカー（金貨） 613n1
クリストゥッフル（クリストポロス／聖人） 508n2
クリニャンクール門（→リナンクー） 16n2
グリノー，フランスェ・ドゥ（騎士） 120
クリューニー博物館 37n2, 56n2
クーリン・ド・ピゼ 18, 25, **18n3**, 25n1, 25n6
クール（聖歌隊席） 291, 384, 291n1, 291n7, 384n1, 592n1
クールー（速く走る者） 403, 403n5
クルェ・エモン（エモンの十字架） 324, 324n1
クルー川（サンドニの） 23n5
クルテ（ルクルトワ） 400, **400n1**
クールトゥクッス，ジャン（パリ司教） 297, 330, **330n1**
クルーニー（クリューニー）修道院（パリ宿坊） 34n1, 519n13
グールネー 554
クルネム 501
グルノール（グルノーブル） 422n1
車曳き 544
くるみ 242, 318, 380, 476, 479, 553, 603, 605, 242n5, 242n6
くるみ油 245, 537, 242n6
くるみパン 267, 267n1
クレ 193, 193n2
クレー（聖職者） 367, 570, 367n2, 567n1
クレーヴ，アドルフ・ド 22n1
グレーヴ（市役所前広場） 31-33, 71, 72, 182, 183, 194-195, 200, 324, 456, 601, 625, **31-33n1**, 71n5, 200n1, 200n15, 256n3, **437n1**, 483-485n1, 509n1, 625n1
——の十字架 456, 458, 396n2, **458n2**
グレーヴ物（の薪） 219
グレゴリウス（トゥールの） 507n1

—— 7 世（法王） 347n1
—— 12 世（法王） 7n2
クレシー 220, 271, **271n1**
クレスティェン／クレスティェンテ（クレティアンテ／→キリスト教徒） 250, 262, 525, **250n7**, 262n16, 525n2
クレスピ・アン・ヴァレ 632
クレスピンとクレスピニアン聖人の祝日 129, 243, 129n1
クレテー（クレテイユ） 48-51n4
クレティアン／クレティアンテ（→キリスト教徒） 220, 231, 220n2
クレーム（聖香油を振りかける儀式） 628, 628n2
クレリー 541
クレルモン司教 191, 196, **191n5**
クレルモン伯（シャルル・ド・ブルボン） 495n7
——（ベロー 3 世） 495n7
クレロン吹き 541, 541n1
グレーン 385n2
グロ（銀貨） 253, 284, 305, 310, 314, 321, 346, 261a-n2, **284n1**, **310n1**, 314n1, 321n1
グロ（薪） 522n2
クローヴィス 262, 262n16, 319n1
グロスター侯（ハンフリー） 303n2, 419n1, 513n5, 522n1
クロセ（遊び） 374, 374n3
黒パン 553n1
燻製ニシン 242, 247, 286, 335, 242n2
軍長 185, 187

【ケ】

荊冠 591n6
刑場（→処刑場／ジベ） 405, 427, 525n3
芸人 229
警吏（騎馬の） 6, 151, 205, 448, 151n1
——（杖《じょう》の） 6, 448, 475, 151n1, 369n2
毛織物 269, 275
毛織物商 128, 206, 510-511, 123n3, 140n4, 164n1
毛皮商 591, 164n1
結婚（式） 60, 62, 89, 118, 142, 250, 262, 279, 379, 416, 419, 448, 524, 525, 552, 596, 631, 191n6, 416n1, 416n2
月齢 496n1
ゲナール（10 ドゥネ銀貨） 229n1
ゲナール・ド・ディジョン 254n2
ゲノウェファ 497n5
ゲー伯（ダグラス伯アーチバルド，トゥーレーン侯） 405, 405n5
毛虫 308, 308n3
ケラスス 482
剣 145, 222, 369, 370, 382, 388, 402, 409, 495, 519, 573, 369n1, 382n1
権標 369n2

【コ】

コイン 254, 321, 325, 346, 368, 430, 471, 522, 321n1, 325n2, 368n2, 430n1, 514n1, 522n4
合（の日） 374, 374n1
公会議 633, 7n2, 502n3, 561n1
強姦 259-260, 262, 262n9
絞刑／絞首刑 88, 90, 517, 558
子牛 541
　——の頭 272
　——の肉 250, 302
　ふたつ頭の—— 509
絞首台（→ジベ） 495, 557, 559, 560, 10n5, 190n1, 492n1, 495n14, 525n3
絞首吏 475, 492
貢租 314
降誕祭（→ヌーエ） 14, 183, 238, 264, 522, 524, 580, 596, 597, 601, 522n4, 586n1
皇帝 466, 137n1
高騰（→高値／値上がり） 247, 272, 337, 538, 625
降伏 404

拷問　529, 221n4, 507n1
香料商　128, 596, 123n1, 164n1
氷　302, 324, 374, 451, 454, 374n4
凍りつき（→凍てつき）　629
五月祭　186
穀物倉（マトゥリン修道院の）　519, 519n13
ゴークー領主（ラウー６世）　27, 52, **27n3**
孤児　388
腰掛の職人　164, 164n2
五十戸組長　76, 423, 76n2
御受難の主日（→隠し主日）　452n1
コショウ　268
コーション，ペール（ボーヴェ司教）442, 442n1, 515n1
コストレ／コトレもの（薪）　173-174, 182, 522, 526, 173-174n1, **522n2**, 526n1
御聖体（→聖体）　31-33, 210, 31-33n1
御聖体の祝日（フェト・ディュー／サンサクルマン）　31-33, 364, 561, 563, 351n1, 478n1
告解　329
コット・ダーム（鎧武者）　406n1
ゴード，ジャン（砲兵隊長）　194-195
子ども　30, 34, 40, 85, 92, 100, 187, 193, 201, 205, 212, 213, 225, 226, 231, 233, 248, 256, 259-260, 261a, 262, 264, 271, 276, 294, 302, 303, 345, 352, 404, 456, 457, 466, 467, 490, 495, 555, 582, 591, 608, 617, 632, 636, 466n1
粉屋　246, 265, 266
コネタール／コネスタール（フランスの）　172, 194-195, 200, 545
ゴネッス　41-47, 41-47n10, 48-51n4
小橋（→プティ・ポン）　37n2
コフキコガネ　339, 420, 476, 479
子豚（ふたつ頭の）　509
小間使い　375
小間物商／——屋　510-511, 591, **510-511n4**
コミッセール　142, 149, 142n2
小麦　11, 14, 265, 271, 293, 313, 498, 616, 625, 634, 14n2, 246n1, 293n2, 352n1, 553n1
小麦粉　246, 288, 291, 293, 483-485, 495, 498, 582
コムーネ　193n4
コムン（→ル・コムン）39, 55, 277, 314, **39n1**, 55n3, 72n6, 191n2, 193n4
コムーン（→ラ・コムーン／レ・コムーン）130, 257, 130n16, 190n3
顧問会議（王の，→コンセー）　201
顧問官（王太子の）　512
子山羊　172
御用金係（エード役人，エル）　206n1
コラジン　501n3
コルサージュ　256n6
コルドゥレ（コルドリエ）修道院　170, 37n2, 191n5
——僧　497, 499, 500, 514, 580, 468n4, **497n3**, 501n1
コルドバ革　318
コルビー，エルノー・ド　77
コルベー／コルベーイ　172, 229, 252, 255, 270, 291, 539, 546, 628, 633
ゴール領主　87, 87n2
コロナイム（コラジン／クルネム）　501, **501n3**
コン　92, 93, **92n1**
コーン（町の名）　53n2
コンヴェティーズ（渇望）　200
勤行　291
コンジュレ　191, **191n2**, 193n4
コンスタンツ公会議　7n2, 502n3
コンスタンティノール（コンスタンティノープル）　422n1
コンセー（王の顧問会議）　161, 181, 161n1, 181n1
コンセーイ（コンセルー，王の顧問官）201, 201n8
コンセルジュ（門衛，パレの）　71, 72, 71n2
コンピーン（コンピエーニュ）　94, 97, 155,

220, 351, 398, 513, 536, 539, 572, 11n2, 15b-n1, 17n2, 94n2, 96n1, 351n4, 515n1, 542n1, 543n1, 572n2
——包囲 94, 539, 552, 94n2, 542n1, **552n4**
コンフェッション 262, 262n11
コンフラリー（→托鉢修道会） 262, 621, 262n3, 621n1

【サ】

サイコロ 499, 514
再婚 384n1, 416n1
祭壇 384
裁判 322, 304n1, 515n1
裁判所（→王家裁判所／パールマン） 466, 304n1, 411n1
財布 468
サヴゥェジ殿 130, **130n15**
サヴーズの私生児 527, 527n2
竿 426
酒蔵 190, 374
魚（→鮮魚） 253, 302n2, 353n1
さくらんぼ／さくらんぼう 275, 439, 482, 482n1
サクルマン（サクラメント／→秘蹟） 478n1
サクレクール 20n1, 41-47n6
サージ（シルクとウール混紡） 275
サースブリ伯（ソールズベリ伯トーマス・ド・モンタグ） 379, 447, 486, 493, 531, 541, **493n1**, 495n2, 531n1
サソリ 308n3
サタン 259-260
サッカー 374n3
裁きの集会 24, **24n2**
寒さ（→凍てつき） 294, 302, 306, 321, 324, 374, 456, 462, 482, 489, 629, 630
さらし台 206
サラセン人 9, 28, 72, 100, 102, 130, 172, 194-195, 250, 256, 262, 280, 325, 328, 329, 342, 355, 376, 381, 465, 466, 612, 633, 9n4, 633n2
笊 423
サル・ドー（サルート金貨） 604, 612, 604n4
サルト川 303n2
サンヴィクトー（サンヴィクトール，修道院） 9, **9n2**, 351n2
サンヴィクトー門 9n2, 351n2
サンヴィンセン（聖人） **625n1**
サンヴィンセン（の祝日） 625
サンエウセビオ枢機卿 513n5
讃課 496n3
サンガン，ギヨーム（サングァン，グィオーム／商人頭） 510-511, 610, 510-511n3
サンカントネ（五十戸組長） 12
サンクトゥム・マルティリウム（殉教者の礼拝堂） 505n2
サンクリストゥッフル（教会） 508, 508n3
サンクリストゥッフル（の祝日） **513n4**
サンクリマン（の祝日） 12, 172
サンクルー 19, 20, 23, 71, 73-74, 165, 23n3
サンクルー橋 18, 23, 83, 18n2, 18n3, 25n1
サンクレスピン（とサンクレスピニアン）の修道院長 367, 369, 367n1
サンクレスピンとサンクレスピニアンの祝日（→クレスピンと……） 233
懺悔 475
サンコーム教会（ルザルシュの） 543n1
サンコームとサンダミアン（の祝日） 57, 57n1, , 543n1
サンサクルマン（の宵宮／→御聖体の祝日） 478, **478n1**
サンジェルヴェ（教会） 153, 153n1
サンジェルヴェ-サンプロテ（の祝日） 382, **382n2**
サンジェルマン（の祝日） 256, 289, 256n2
サンジェルマン・デ・プレ（修道院／修道院長） 37, 144, 170, 226, 330, 367, 621, 37n2, 190n1, 256n2, 621n1

サンジェルマン門　170, 189, 190, 200, 207, 328, 37n2, 190n1, 468n4, 497n3
三時課　562, 496n3
参事会（ノートルダムの／→聖堂参事会）455, 519n1
サンジノッサン（→イノッサン）　233
サンジャック（の祝日）　513, 513n4
サンジャック，コンスタンス・ド　521n5
サンジャック・ド・ラ・ブーシェリー教会　496, 496n1
サンジャックの塔　496n1
サンジャック門　1, 12, 23, 87, 137, 167, 328, 414, 456, 581, 12n1, 25n6, 56n2, 414n1, 415n1, 468n4, 497n5, 581n2
サンジャム・ド・ブーヴロン　435, 435n1
サンジャン（・バティストの祝日／洗礼者ヨハネ誕生の祝日）14, 54, 102, 209, 275, 314, 327, 339, 387, 419, 423, 437, 470, 476, 479, 482, 509, 510-511, 533, 539, 609, 642, 14n1, 54n2, 314n2, 419n1, 470n1, 510-511n1, 609n1
サンジャン（・アン・グレーヴ）教会　31-33, 210, 31-33n1, 509n1
サンジャン・ウーヴァンジェリスト（の祝日）　297, 330n1
サンジャン・デコラス（の祝日／洗礼者ヨハネ殉教の祝日）　466, 466n5
サンジャン墓地　153, 307, 153n1, 307n1, 521n6
サンジョージ（の祝日）　538, 538n1
サンス　130, 220, 249, 279, 56n4, 281n1
サンス（判断力）　262, 262n13, 331n2, 591n6
サンス大司教　24, 9n1
サンセール（城）　53, **53n1,** 53n2
サンソーヴー（教会）　48-51, 589, 48-51n2
サンタヴェ（女性の共住施設）521n4, 521n5, 521n6
サンタルヌー（の祝日／聖アルヌルフの祝日）　540
サンタンテーヌ（の祝日）　552
サンタンテーン（サンタントワーヌ）大通り　117, 192, 380, 34n2, 37n2, 117n1, 454n1, 521n6
サンタンテーン城／砦　60, 66, 73-74, 117, 140, 221, 636, 117n1, 193n3
サンタンテーン門　1, 3, 87, 117, 120, 122, 143, 145, 160, 191, 193, 197, 207, 211, 214, 292, 534, 541, 601, 614, 636, 25n6, 41-47n7, 117n1, 122n2, 160n1, 191n5, 211n1, 256n3, 521n6, 530n1, 591n10
サンタンテーン・デシャン（修道院）　41-47, 614, 41-47n4
サンタンテーンの火　591n11
サンタンテーンの豚　302
サンタンテーン・ル・プチ（教会）　591, **591n11,** 591n12
サンタンドゥリ／サンタンドゥル（の祝日）　584, 497n3, 514n2
サンタンドゥリ十字 17, 193, 514, **17n2,** 18n3, 193n2, **514n3**
サンタンドゥリ信心会　198, 17n2
サンタンブレーズ（の祝日）（→アンブロシウス）497, 497n1
サンティオン，ドゥニゾ　71, 72
サンティジドール（の祝日）（→イシドルス）497n1
サンテスティェン（の祝日）（→ステパノ／エステーン発見の祝日）　105, 296, 597, 105n1
サンテスペリの御堂（グレーヴ広場）　324
サンテルェ（の祝日）　206, 291, 446, 458, 206n1, **446n1**
サンテロイ　200
サン・ドゥー（豚のラード）　242, 242n7
サントゥエン（サントゥアン）　16, 112, 16n2
サントゥスタス／トゥタス（サンテュスターシュ）（の祝日）（→ウスタス／ウタス）256n2

サントゥスタス／トゥタス（教会） 41-47, 110, 198, 509, **35n2,** 41-47n7, **110n1**, 256n2, 509n1, 509n2
サントゥタス（→サントゥスタス） 349n1
サントゥタス教区 35, 198, 200n15
サントゥルバン（の祝日）（→ウルバン） 347, 563, 563n1
サントカトリーン（聖人） 572, 573, 575, 577, 580
サントカトリーン・ドゥヴォ・デ・ゼスクーレ（サントカトリーヌ・デュ・ヴァル・デ・ゼコリエ，修道院） 34, 37, 117, **34n2,** 37n2, 117n1
サントカトリーン・ドゥ・モン修道院 227, 227n1
サントーグスティン（の祝日） 544
サントーグスティン教会（→レゾーグスティン） 571
サントクルェ（の祝日） 440, **440n1**, 440n3, 441n1
サント・クレ・ド・イェルサレム（サンタ・クローチェ）聖堂（ローマの） 600
サント・クレ・ド・イェルサレム枢機卿（法王特使／ニッコロ・アルベルガーティ） 600, 600n1
サントシャペル 324, 35n6, 291n7, 324n1, 591n6
サントジュヌヴェーヴ（サントジュヌヴィエーヴ）（修道院） 31-33, 144, 497, 12n1, 190n1, 387n2, 455n1, 497n5
サンドニ 15b, 16, 19, 20, 23, 24, 35, 41-47, 87, 89, 126, 205, 215, 257, 311, 356, 357, 364, 368, 371a, 457, 467, 487, 516, 520, 522, 638, 8n1, 12n4, 12n6, 15b-n1, 23n4, 23n5, 35n1, 208n1, 311n1, 371an1, 371an2, 457n1, 515n1, 516n1, 522n1, 523n1
サンドニ（聖人） 505, 590, 637, 498n1, 505n1, 590n1
サンドニ（の祝日） 637
サンドニ（修道院／修道院長） 276, 367, 369, 584, 12n4, 35n2, 56n2, 498n1
サンドニ大通り 208, 291, 10n4, 48-51n2, 205n2
サンドニ砦 636
サンドニ門 1, 2, 87, 163, 207, 256, 291, 519, 585, 590, 636, 637, 8n1, 10n5, 12n6, 25n6, 48-51n2, 256n5, 307n1, 466n6, 519n6, **519n12**, 530n1
サンドニ・ド・ラ・シャートル（教会） 591, 591n9
サントノレ通り 424, 582, 425n1
サントノレ門 1, 309, 519, 637, 25n6, 39n2, 149n2, 160n1, 519n6, 519n9
サントービン（サントーバン）（の祝日） 137, 137n1
サントボードゥール（聖バルティルド）（の祝日） 552
サントプセル（→プセル／ラプセル） 572
サントマ（の祝日）（→ラサントマ） 14, 327, 395, 595, 14n1, 395n1, 595n1
サントマルゲリト（聖人） 572, 573, 575, 577, 580
サンドミニック（の祝日） 581, 581n1, 581n2
サントーリン修道院 483-485n1
サントレーエ，ポトン・ド 581
サンニクラ（の祝日） 440, **440n3**
サンニクラ（・デシャン，教会） 48-51, 72, **37n1,** 48-51n2, 72n4
サンバーナー（サンベルナール）（の祝日） 612, 612n1
サンバルナベ（の祝日） 253, 279
賛美歌 410, 411
サンブネ（の祝日） 433
サンブネ（の司祭） 3n2, 13n1, 123n1, 387n1, 495n14, 500n2, 519n10, 591n11
サンブネ（サンブノワ）教会 13n1, 34n1
サンフランスェ修道会（→フランチェスコ修道会） 437, **437n5**
サンブリウー司教 519n13

サンブリス　12, 88, **12n6**
――のパン　88, 88n1
サンペール（聖父／ローマ法王）466, 466n1
サンペール（の祝日／使徒ペテロのカテドラの祝日）120, 466n1
サンペールとサンポール（の祝日）（使徒ペテロとパウロの祝日）437, 479, 609, 479n1
サンポール（使徒パウロ）502
サンポール（の日／聖パウロ記念の祝日）15a
サンポール（・デシャン教会）41-47, 456, 521, **41-47n7**, 521n6
サンポール通り　521n6
サンポールの私生児　527, 527n2
サンポール伯　419, 631, 257n2, 419n1
――（ヴァレラン／ガレラン・ド・ルクセンブー）20, 27, **20n3**, 27n2
サンポール館／屋形（王家館）62, 71, 72, 73-74, 191, 361, 362, 363, 418, 521, 591, 193n3, **521n6**
サンマーク／（の祝日）（福音史家マルコの祝日）338, 499, 502, 629, 499n1
サンマグレール（サンマグロワール）131, 200
サンマーソー（→サンマルソー）632
サンマーソー（修道院）351n2
サンマチウ（の祝日）121
サンマーティン（の祝日）24, 181, 310, 311, 362, 371a, 493, 371an2, 493n1
サンマーティン（ル・ブイアンの祝日）580
サンマーティン（サンマルタン・デシャン／修道院）37, 87, 200, 210, 517, 580, 24n1, 37n1, 48-51n2, 517n1, 521n4
サンマーティン通り　423, 521, 521n2, 521n4, 521n5
サンマーティン門　1, 79, 83, 87, 120, 131, 168, 196, 201, 276, 423, 440, 454, 517, 601, 627, 25n6, 72n4, 423n2, **517n1**, 518n1, 521n4
――の閉鎖／再開　423, 440, 517, 507n1, 517n1
サンマルク（の祝日）124, 124n1
サンマルソー　144, 226
サンマルソー門　12, 12n1
サンマレール教会　367, 441, 441n1, 509n1
三位一体の祝日（→ラ・トリニテ）279, 253n1, 478n1, 572n1
サンミッシェル（天使）572, 573, 575, 577, 580
サンミッシェル（の祝日）262, 262n1
サンミッシェル橋　12n1, 37n2
サンミッシェル門　12, **12n1**, 37n2, 56n2, 291n7
サンメリ教会　454, 504, 454n1, **504n5**, 504n6, 507n1, 521n5
サンモー・デ・フォッセ（修道院）41-47, 229, 531, 536, **41-47n1**, 531n1
サンモール　541
サンラードル（の祝日）295
サンラール（の町）8, 21, **8n1**, 21n2, 22n2
サンラール／サンラードル教会　8, 256, 454, 519, **8n1**, 256n5, 454n1, 472n2, 519n12
サンリクエー・アン・ポンティゥー　320
サンリス　130, 163, 179, 182, 185, 325, 351, 358, 515, 572, 103n1, **515n1**
サンリューフレ（礼拝堂）150, 150n1, 152n1
サンルイ・ド・ゴンザーグ　483-485n1
サンルック（の祝日）（福音史家ルカの祝日）523, 523n1
サンルーとサンジル（の祝日）426
サンルーフレ（の祝日）483-485, 483-485n1
サンルーフレ教会　**483-485n1**
サンレミ（→レミ聖人）319n1
サンレミ（の祝日）115, 286, 314, 319, 395, 412, 423, 470, 473, 550, 115n1, 314n2, 395n1, 412n3, 423n2, 470n1, 550n2
サンローラン（の祝日／祭）105, 148, 149,

250, 257, 258, 423, 454, 517, 610, 257n3, 423n2, 517n1, 568n1
サンローラン（・ドゥオー・パリ）教会 48-51, 72, 105, 185, 507, 72n4, 211n1, **507n1**, 517n1
サンローラン信心会 105
サンロレンツォ・フオーリ・レ・ムーラ（教会） 507n

【シ】

ジァン 11n3, 53n2, 513n2
——の連盟／盟約 11n3, 12n5
ジェアン，ペール 201
シェヴルーズ谷 556, 558n1
ジェジュ 504, 504n2
シエナ 502n3
シェフ・ドオー（ニンニク） 242n3
シェフ・ド・ホストゥ（世帯主） 231, 231n4
ジェール川 11n3
シェル・サント・ボードゥール 530, 530n1, 543n1
塩 293, 302, 604
塩漬けニシン（塩ニシン） 242, 286, 242n2, 495n1
時課 562, 564
鹿狩り（の見世物） 590, 590n2
四季斎日 121, 132, 377, 428, 132n1, **377n1**, 428n1
敷布（ベッドの） 334
司教 31-33, 363, 435, 442, 455, 466, 475, 588
ウィーン—— 393, 393n1
ウィンチェスター—— 513n5
クータンス—— 201
クレルモン—— 191, 196, 191n5
サンブリウー—— 519n13
シャートゥル—— 604, 191n5
ジュネーヴ—— 330n1
テルーアン—— 367, 633, 641, 588n1, 634n2
ノイオン—— 588, 588n1
ノリッチ—— 588n1
パリ—— 97, 330, 363, 367, 369, 384, 391, 393, 450, 468, 507, 588, 628, 149n2, 186n2, 297n1, 330n1, 367n2, 391n1, 450n1, 468n5, 498n1, 507n2
ボーヴェ—— 367, 515n1, 588n1
モー—— 342
ランス—— 633
ルーアン—— 391, 391n1
ル・マン—— 480n1
ローマ—— 347n1
司教叙階式 455n1
司教叙任権 181n1
司教杖 367n1, 466n4
地獄 302, 345, 468, 495, 578, 580, 495n14
地獄門（ポルト・ダンフェー，→サンミッシェル門） 56n2
司祭（プレストゥ／プレスビテー） 262, 291, 293, 371a, 567, 367n2, 567n1
四旬節（→四季斎日） 181, 247, 268, 271, 345, 402, 422, 628, 642, 121n1, 181n3, 422n1, 452n1, **526n2**
——の第一主日 377n1
私生児 343, 344, 527, 527n2
慈善 387
舌（を串刺し） 322
下着 186, 256
下穿き 21, 200, 21n3
シタビラメ 253
七聖人（サンドニの） 35, 35n2
市庁舎／市役所（オテル・ド・ラ・ヴィル） 81, 140, 458, 6n1, 6n2, 71n3, 202n1, 210n4, 307n1, 483-485n1
シチリア王（アンジュー侯ルイ２世） 156, 89n2, 156n1, 191n6
漆喰 1, 122, 122n2
尻尾（エナン） 500, 500n2
——（羊の） 272

シテ島　9n3, 12n1, 34n2, 37n2, 64n1, 71n3, 87n1, 200n1, 206n1, 324n1, 366n1, 367n2, 458n2
シテ・プランタジュネ（ル・マンの旧市街） 480n1
シドン　501n3
シナイ山　577
シヌー　214, 448, **448n1**
死の舞踏　→ダンス・マカール
支配者（→グーヴェルヌー）　453, 538, 453n1
慈悲　393, 408
シフレ，ギオーム（鋳造人）　540
ジベ（→絞首台）　10, 57, 69, 83, 427, 475, 492, 525, **10n5**, 427n1, **492n1**, 525n3
詩篇　636, 555n1, 636n1
霜　454, 603, 603n1
シモネ・プティ・ムニ　66, 67, 71, **66n1**
ジャクービン（ジャコバン／ドメニコ会修道院）　12n1, 468n4, 468n5, 581n2
ジャクービン，ルプティ　468, **468n4**, 468n5
ジャクリーン（ノートルダムの鐘）　540
瀉血　635
ジャス，ルーイ（モーのベーイ）　347
シャスティオン　167
シャストー，タングーイ・ドゥ（タヌギー・ド・シャテル）114, 119, 191, 378, 114n1, 191n5
シャストゥレー，ジャック・ド・ル（ジャック・デュ・シャトゥリエー）　455n1
シャストレ（→シャトレ）　591, 591n1
ジャック，ヴァンタドゥール伯（ヴァンタドゥー伯）　405n5
ジャック（デュ・シャトゥリエー／ド・ル・シャストゥレー）（ランス大聖堂宝物倉係の長）　455, 455n1
ジャック・ルグラン，フレール　24
シャッス（→聖遺物箱）　454, 454n1
シャートゥル（シャルトル）5, 172, 272, 403, 409, 604, 606, 632, 12n5, 493n1, 519n14
　——司教　191n5
　——の和　89n3
シャートゥル，エクトー・ド　221
シャートゥル，ルノー・ド（シャルル・ド・ヴァレの官房長）　522n1
シャトーダン　486, 495n2
シャトー・ディヴリ・ラ・バタイユ（→イヴリ・ラ・ショッセ城）　394n1
シャトレ（プレヴォ・ド・パリ・ド・ルェ，「王のパリ代官」の役所）　48-51, 194-195, 211, 220, 221, 224, 236, 314, 363, 411, 483-485, 490, 529, 6n1, 48-51n1, 150n1, 221n1, 262n5, 363n2, 369n2, 448n2, 483-485n1, 491n1, 510-511n3, 525n5, 613n1
　——前広場　10n4, 64n1, 144n1, 146n1, 150n1, 152n1, 153n1, 307n1, 496n1, 504n5
シャネーン（シャノワーヌ、聖堂参事会員） 140, 34n3
シャプ　30, 30n3
シャプロン（頭巾、角頭巾）　10n2, **17n1**
シャベル　211, 423
シャム双生児　508n1
シャラントン橋（ポン・ド・シャラントン） 67, 71, 73-74, 257, 276
シャリテ・スル・レール　355
シャルト　512n1
シャルル（5世，フランス王）9n3, 12n1, 36n2, 37n2, 64n1, 117n1, 256n3, 371an4, 483-485n1, 504n3, 525n5
——（6世，フランス王）64, 254, 283, 361, 362, 418, 591, 3n1, **5n2**, 9n1, 12n1, 26n1, 35n3, 36n2, 48-51n4, 60n2, 118n1, 310n1, 418n1, 478n1, 521n6
——（7世，フランス王）600, 633, 2n3, 118n1, 262n5, 583n4, 633n1
——（8世，フランス王）　437n5
——（2世，ロレーヌ侯）　13n2
——（3世，ナヴァール王）　5, 5n1, 60n2
——（王太子／シャルル・ド・ヴァレ／の

ちのシャルル7世）375, 2n3, 5n1, 13n2, 27n3, 181n1, 191n4, 191n6, 229n2, 303n3, 305n1, 419n1, 443-445n1, 495n7, 495n8, 503n1, 503n2, 503n3, 512n1, 512n2, 513n2, 515n1, 516n1, 522n1
——（ブルボン侯） 22n1
——・ダンジュー 89n2, 563n1, 591n10
——・ドルレアン（王太子） 10n6, 11n3, 15b-n1, 527n2
——・ル・テメレール（ブルグーン侯）276n3
シャルルマーニュ 418n1
シャルーン・スル・ソーン（シャロン・シュル・ソーヌ） 19, 19n1
シャルーンの領主（ジャン・ド・シャルーン） 19, 19n1
シャロレー伯（フィリップ・ル・ボン） 425n1
シャロン，ルイ・ド（トンネール伯）405n7
シャロン・スル・マルン（シャロン・スュール・マルヌ） 513n2
ジャン（1世，アランソン侯） 519n10
——（2世，アランソン侯） 516n1, 519n10
——（王太子） 229n2
——（・サン・プール／おそれしらずの，ブルグーン侯） 2n4, 3n1, 4n1, 9n1, 15b-n1, 17n2, 22n1, 35n4, 53n1, 259-260n2, 262n7, 405n8, 416n1, 419n1, 512n2
——（ブラバント侯） 419n1
——（ブルボン侯） 495n7
——（ベリー侯） 11n3, 425n1, 521n6
——（メスニー領主，パリ代官）295, 295n1
——（・ド・ヴィエーン／ド・ナント） 391, **391n1**
——（・ド・ラ・ヴァレ／ヴァレスティン領主，パリ代官） 304
——（・ド・ロシュテーエ／パリ司教） 391n1
——（具足商い） 351
ジャーン（シャルル6世の叔母） 60n2
——（シャルル6世の娘） 118n1
——（ジャン・サン・プールの娘） 22n1
シャンスレー（官房長／文書局長官／尚璽） 191, 194-195, 200, 367, 631, 191n4, 191n5, 367n2, 503n5, **631n1**
シャンソン・ド・ジェスト 255n2
ジャーン・ダール（ジャンヌ・ダルク）（→プセル／ラプセル） 536, 572, 573, 580, 20n4, 21n3, 34n3, 66n1, 97n3, 335n3, 442n1, 503n3, 503n4, 504n2, 504n3, 513n2, 515n1, 516n1, 519n6, 519n14, 543n1, 548n2, 572n1
ジャンティ・オンム 55, 226, 242, 378, **55n4,** 226n3
ジャン・デスコッス（→エスコッス／スコットランド勢） 276, 276n1
シャンデル／シャンドゥルー（→ろうそくの祝日）40, 302, 395, **30n6,** 40n3, 302n1, **395n3**
ジャンヌ（双子） 508
ジャンヌ・ダルク→ジャーン・ダール／ダーム・ジャーン／プセル／ラプセル
シャンパーン 447, 319n1
シャンピニー・スル・マルン 271
シャンプルーザン（パリ代官／ヴェルマンデのベーイ） 332
シャンベラン 221, 71n1
終課 562, 496n3
従騎士 497, 587
重婚（ビガーム） 384n1
シュヴシェ 521n5
十字架 10, 25, 29, 41-47, 68, 140, 193, 361, 368, 41-47n3
クレーヴ広場の—— 437, 456, 458, 437n1, 458n2
十字架称賛の祝日（→聖十字架称賛の祝日） 377n1
十字軍 347n1, 468n5, 513n5
囚人 149, 211, 222, 597
収税役 475
絨毯の商い／絨毯屋 510-511, **510-511n4**
修道院長（→アベ） 363, 466

サンクレスピンとサンクレスピニアンの――　367, 369, 367n1
サンジェルマン・デ・プレの――　367
サンドニの――　367, 369
サンマレールの――　367
十二人組　6
十分の一税（ディゼーヌ）　494n1
シュジェ（サンドニ修道院長）　35n3
ジュジェ（パルルマンの判断・裁決）　18n3
ジュスティニアーニ，パンクラチオ　524, 503n1
酒蔵係長官　68
受胎告知の祝日　374n4
十戸組（ディゼーン）　23, 423, 213n2
十戸組長（ディズネ）　76, 423, 76n2, 213n2, 423n2, 518n1
出産　326
シュテファン３世（バヴェール侯）　58-59n4
ジュート（騎馬槍試合）　117, 120, 279, 416, 596, 117n1, 27n2, **279n1**, 416n2
ジュ・ド・ポム（ペロット）　374n3
受難（の場面）　291, 291n7
受難週　529, 529n1
主任助祭　450n1
ジュネーヴ司教　330n1
主の賛歌（テ・デウム・ラウダームス）　291
守備隊（サンドニの）　528
――（ノルマンディー各所の）　355
――（パリの）　259-260, 523, 513n6
守備隊長（ヴィンセーンの森の）　541
――（パリの）　1, 18, 68, 98, 217, 19n1, 68n2, 257n2, 303n1, 510-511n2
――（ラニーの）　541
ジュ・ルニ・ビィュー（神も仏もあるものか）　200, 200n8
殉教者　220, 505, 571, 578, 590, 637, 505n1
殉教者の礼拝堂（モンマートゥル）　505n2
巡礼　320
背負い籠　148, 256, 423, 148n1
瘴気　473
上級僧侶（プレラ）　507, 565n1
小斎（→四旬節）　526, **526n2**
商人　189, 246, 254, 262, 272, 288, 306, 322, 346, 469, 518, 520, 529, 604, 623, 638, 210n4, 480n1, 483-485n1, 483-485n3, 518n4
商人頭（パリの／プレヴォ・デ・マルシャン）　5, 73- 74, 84, 128, 164, 182, 202, 257, 296, 440, 510-511, 586, 593, 610, 84n4, 113n1, 164n1, 182n2, 381n1, 483-485n1, 483-485n3, **510-511n3**, 518n4, 519n13, 520n1
――職の預かり　510-511n3
商人組合　6, 6n1
消費税　494n1
錠前（門の／→鍵）　1
書記（クレー）　168, 168n1
贖罪　466, 564, 580, 554n3
贖罪者　464, 464n1, 546n1
燭台　361
食肉業者（→肉屋）　259-260, 591, 591n12
――の組合　496n1
職人　294, 529, 336n1, 448n1, 480n1
――の組合　9
処刑　25, 140, 205, 212, 578, 18n3
処刑場（→ジベ）　10n4, 190n1, 492n1
ショス・スメレ（長靴の一種）　10n3
諸聖人の祝日（→万聖節）　522n4
ショピン／ショッピン（スピン）　242, 294, 242n8, **294n1**
ジョフレー（アンジュー伯）　480n1
助役（エシュヴァン，パリの）　123, 128, 140, 440, 510-511, 518, 520, 586, 590, 593, 610, 6n2, 113n1, 164n1, 483-485n3, 510-511n3, 518n4
助力金収納役　527
ショワジ・オ・バック（ポン・タ・シゥエジ）　96, 96n1
ジョン（ベドフォード侯）　22n1, 453n1, 513n5, 513n6, 521n6

ジョンヴェル領主（ジャン・ドゥ・ラ・トゥリムーレ） 416n1
ジョン・オブ・ゴーント（ランカスター侯） 513n5
シラッス，グィオーム 73-74, 123, 164, 202, 202n1
シリア 501
ジル・ローグスティン 563, **563n1**
ジレット 508, 508n4
シレーン 589
白十字 636
白チーズ（フロマージュ・ブラン） 302, 302n1
白ばら 532
白パン 246, 256, 267, 246n2
神学博士 561, 580
新月 374n1
シントバーフ聖堂 504n5
心の臓 388
神秘劇（ミステール） 411, 591, 591n3
真鍮と留針商い商人 141

【ス】
酢（ヴィネール） 374n2
スー（→スートゥルヌェ／スーペリジ） 158, 173-174, 175-176, 234, 240, 242, 245, 247, 250, 254, 259-260, 261b, 272, 275, 282, 283, 306, 318, 443-445, 522, **53n3**, **158n1**, 283n1, 325n3
水車 324
スヴェラン／スヴラン 250, 360, 250n7, **360n1**, 538n1
枢機卿 13, 181, 453, 513, 522, 592, 600, 628, 633, 13n2, 130n12, 453n1, 507n1, 513n5, 522n1
枢機卿会議 466
スェッソン（ソワソン） 98, 101, 177-178, 212, 248, 360, 103n1, 129n1
スェッソン伯（シャルル・ド・ブルボン） 87n4
スカプラリオ 31-33n1
頭巾 10, 17, 65, 140, 576, 10n2, **17n1**, 65n2, 371n4, 448n1, 576n1
スケールズ，トーマス・ド 416n2
スコットランド軍／勢 378, 404, 495, 276n1, 303n1, 303n3
錫 242
ズスティス（裁判所） 172
——（正義） 200, 200n16, 201
スズラン（→スヴェラン） 360n1
頭陀袋 335
スタンフォール（スタッフォード）の領主（初代バッキンガム侯ハンフリー・スタッフォード） 545, 550, 550n1, 550n2
スチエ（→セテ） 11n4, 14n2
スチュアート，ジョン（ブカン伯） 405n6
スーディアクル（副助祭） 628, 628n2
ステパノ聖人（→サンテスティェン） 387n1
スートゥルヌェ／スートゥルネ 305, **53n3**, 173-174n1, 305n1
スフォール伯 379
スプシード（助力金） 314, 314n1
スーペリ（→スルプリ／短白衣） 30, **30n4**
スーペリジ 11, 53, 133, 143, 166, 169, 173-174, 175-176, 182, 194-195, 219, 228, 231, 234, 240, 242, 245, 246, 247, 254, 259-260, 261a, 265, 266, 268, 269, 272, 275, 282, 286, 293, 302, 306, 313, 318, 346, 395, 412, 414, 443-445, 483-485, 498, 522, 526, 537, 550, 553, 612, 613, 634, 642, **53n3**, 283n1, 305n1, 483-485n5
スヘルデ（エスコー）川 103n1
炭（→木炭） 219, 294, 396n2
すみれ 6, 274, 395
すもも（プルーン） 302, 462
スリ・スー・レール（シュリー・シュール・ロワール） 416n1
スール（球） 374n3
スルコ（薄手のコート） 10n2
スルプリ（短白衣） 256, 291, 256n7
スルボーン学寮 363n2

スーレ（遊び） 374, 374n3
スロイス（エクルーズ） 524, 103n1, 524n2

【セ】
聖遺骨 543
聖遺物 29, 30, 31-33, 34, 37, 40, 41-47, 100, 262, 291, 384, 591, 29n4, 35n5, 591n6
聖遺物箱／匣 30, 35, 39, 210, 437, **210n1**, 530n1
聖歌 456
聖歌隊席（→クール） 291, 592, 291n1, 384n1, 592n1
正義の寝台 591
税金 54, 78, 95, 126, 157, 169, 220, 362, 383, 416, 436, 459, 463, 486, 525, 597, 626, 240n1, 383n1, 494n1
聖金曜日 271
誓言 375, 378, 405, 481, 514, 519
聖痕 587n1
聖祭（→ミサ） 456, 565
正餐 629
聖史劇 589
聖週間 139, 182, 554, 628, 139n1, 181n1, 554n3, 628n2
聖十字架（パレの） 29, 29n5
聖十字架称讃の祝日（ラサントクルェ） 356, 358, 489n1
聖職叙任権闘争 347n1
聖書朗読 262
聖水 363
聖体（→御聖体） 262, 512, 543, 547, 554, 566, 569, 576, 580, 586, 231n2, 478n1
——行列 478n1
——の祝日（→御聖体の祝日） 572, 364n1, 478n1, 572n1
聖釘 35, 35n5
青銅 242
聖堂参事会（ノートルダムの） 330n1, 391n1, 468n5, 443-445n1
聖杯 543
聖父（→法王） 7, 181, 442, 466, 7n1
聖母お清め（の祝日）（→シャンドゥルー） 302n1
聖母お誕生（の祝日） 410, 413, 519, 572, **519n1**, 572n3
——八日祭 356, 356n2
聖母お告げ（の祝日） 374n4
聖母像 8, 8n1
聖務 384
——停止令 568, 568n1
聖霊降臨（の大祝日／祭） 250n1, 377n1, 522n4, 572n1
咳 92, 93, 473
石弾 518, 541, 554
セクェンス，ジャン 521n5
セジュ（賢者） 557, 557n1
セジュ（シエージュ） 495, **495n11**
世帯主 375
セダン（城） 402
説教 262, 437, 468, 473, 497, 499, 500, 502, 512, 514, 561, 563, 572, 580, 468n5, 502n3
コルドゥレ僧リシャールの—— 497, 499, 500, 502, 505, 514
説教師／説教僧 473, 500, 502, 468n5, 497n3, 572n1, 573n2
説教集会 162
セッサンテーン（六十人部隊） 431, **431n3**
摂政 356, 370, 378, 407, 408, 410, 411, 413, 416, 421, 432, 446, 452, 453, 454, 460, 463, 475, 477, 481, 493, 513, 520, 552, 553, 554, 558, 581, 599, 612, 620, 622, 624, 626, 631, 641, 410n1, 452n1, 483-485n1, 483-485n5, 504n3, 520n1, 521n6, 522n1, 523n1, 552n3, 588n1, 634n2
イングランド——（グロスター侯ハンフリー） 513n5, 522n1
フランス——（ベドフォード侯ジョン） 370, 375, 376, 379, 403, 404, 405, 419, 436, 483-485, 503, 512, 521, 522, 524, 552, 553,

554, 558, 581, 599, 612, 620, 622, 624, 626, 631, 641, 419n1, 483-485n1, 513n5, 552n3, 588n1, 634n2
フランス――（ヘンリー５世）　356
摂政妃（アーン・ド・ブルグーン）　411, 454, 477, 483-485, 493, 513, 623, 483-485n1, 493n1
節食　31-33
接吻（儀礼）　591, 591n7
セテ　11, 14, 169, 242, 245, 246, 259-260, 265, 288, 291, 300, 483-485, 553, 612, 616, 625, **11n4**, **14n2**, 483-485n5, 488n1
セネスコー（セネシャル）　**458n1**
セ・ボン・エ・レオー・ザミ　262, 262n15
施与（→ほどこし）　624
施療院　262, 594, 591n11
セルヴァヴィル，ジャン・ド（エヴルーのサントーラン修道院長）　483-485n1
セルヴェーズ（ビール）　487, 494, 487n1, 494n1
セルジャン（→警吏）　115, 142, 149, 169, 206, 325, 115n2, 141n1, 142n2, 169n1, 206n2
セルジュ（→大ろうそく／ろうそく）　40, 262, **30n6**, 40n3, 262n1
セレ，ニコラ（ノートルダム聖堂参事会の録事）　519n1
セレスティン修道院（モークーシの）　57, 621, 624, 57n2
セーン（セーヌ）河岸　10n4, 56n2, 64n1, 71n3, 160n1, 190n1, 262n16, 350n1, 479n2
セーン（セーヌ）川　14, 148, 315, 324, 374, 456, 23n3, 23n5, 26n2, 259-260n1, 259-260n2, 350n1, 402n1, 437n3, 458n2, 513n2, 563n1
――の増水　122, 324, 437, 456, 458, 598, 122n1, 256n3, 437n1, 458n2
――の氷結　374, 598, 625
選挙（司教の）　455
鮮魚　522, 522n4
鮮魚商　510-511
戦場　320, 387, 388, 392, 495n1
専制者（→タイラント）　344
戦争　4, 15b, 36, 54, 55, 98, 106, 211, 226, 227, 262, 325, 379, 390, 436, 465, 493, 9n1, 28n2, 106n1, 127n1, 137n2
旋転矢　519
戦闘　355, 404, 405, 495
洗礼　464, 508, 552
洗礼者ヨハネの祝日（→サンジャン・バティスト）　54, 54n2, 419n1, 470n1

【ソ】

僧会（ノートルダムの）（→聖堂参事会／参事会）　330, 454
増水　324, 437, 456, 458, 598, 601, 611, 256n3, 437n1, 458n2
葬送　356, 367, 624, 262n5, 369n2
シャルル６世の――　369n2
ブルグーン侯の――　262n5
ヘンリー５世の――　356
――触れ人　367
総大主教（コンスタンティノープル）　391, 391n1
僧侶　423, 466, 483-485, 423n2, 454n1
上級――　507, 507n2
葬列　368
粗朶（→薪）　234, **519n4**
外堀　518
ソドム　501n3
ソーフ・コンドゥー　70, **70n1**
ソーム伯（ジャン）　130, 130n4
染め賃　269
染物屋　141
ソラマメ　238, 242, 259-260, 264, 291, 300, 302, 318, 395, 434, 488, 553, 601, 625, 242n5, 300n1, 482n1
ソールズベリ伯（→サースブリ伯／トーマス・ド・モンタグ）　400n1, 493n1
尊師　507, 507n2

ソンム川　15b-n1, 400n1, 513n6

【タ】
大学（パリ）　13, 34, 60, 71, 210, 262, 330, 363, 366, 442, 522, 578, 580, 181n1, 181n2, 206n1, 210n4, 330n1, 483-485n3, 522n1, 563n1
大学長　181, 181n1, 181n2
戴冠
　シャルル５世の――　371a, 371an4
　シャルル６世の――　371a
　ヘンリ６世の――（パリ）　583
　――式（ランス）　512n2
代官（プレヴォ・ド・パリ）　2, 9, 12, 13, 16, 23, 24, 58-59, 61, 63, 67, 68, 69, 73-74, 78, 80, 85, 95, 114, 119, 132, 134, 142, 149, 161, 177-178, 182, 187, 193, 200, 201, 203, 205, 211, 230, 244, 257, 295, 372, 332, 398, 431, 448, 582, 606, 9n3, 37n2, 58-59n3, 95n1, 149n2, 182n2, 203n2, 217n1, 230n1, 332n1, 372n1, 483-485n1, 606n1
――（王のパリ代官，プレヴォ・ドゥ・ルェ）　304n1, 483-485n3
代官職預かり　304, **304n1**
大寒波（→凍てつき／寒気）　456
大虐殺　248, 249
大行列（→行列）　441 441n1, 468n5
体刑執行人　344
大洪水（→増水）　456
待降節（アヴァン）　585, 497n3
大修道院　388n1
代償金　172, 227, 227n1
隊長（守備隊長／カピテーン）
　エスタンプの――　337
　シャートゥルの――　604
　パリの――　20, 73-74, 78, 168, 170, 201, 211, 226, 257, 299, 303, 504, 513, 303n1, 303n2, 504n3
　モーの――　347
　ル・マンの――　481
　レザルミノー勢の――　320, 581
大天使　572, 577
大肉屋組合　259, 260, 272
第二の晩課　564
大砲　185, 221, 510-511, 518, 519, 612
松明　30, 31-33, 80, 504, 80n1, 504n6
　――行列　121, 121n1, 377n1
大紋章　276n3
タイラント　280, 322, 325, 344, 345, 579, 345n3, 627n1
ダウォーグー，ギオーム（ナルボンヌ準伯）　405n8
タオル商人　510-511n4
高値（→高騰／値上がり）　11, 53, 107, 108, 122, 133, 143, 173-174, 175-176, 182, 188, 219, 220, 228, 234, 238, 256, 264, 275, 282, 288, 312, 318, 53n3, 282n1
薪　122, 173-174, 182, 183, 219, 228, 234, 242, 259-260, 264, 288, 294, 526, 538, 550, 597, 599, 122n1, 122n2, 242n5, 522n2, 583n2
焚き火　12, 55, 102, 113, 121, 192, 197, 219, 220, 437, 499, 7n3, 55n6, 56n4, 102n1, 102n3
托鉢修道会　29, 132, 363, 366, 262n3, 363n2, 563n1
ダグラス伯（スコットランド勢）　303n3
ダゴベルト王　498n1
たすき　95, 110, 13n3, 95n1
たすき掛け（の徒党／連中）　13, 20, 102, 105, 114, 115, 126, 128, 136, 148, 209, 213, 214, 220, 262, 394, 84n2, 95n1, 568n1
ダツィエン　259-260
タック（病名）　93, 93n1
磔刑像　592
脱獄　534, 534n3
楯（エスク）　189n1
　――の遊び　589
タデア（バヴェール侯妃，王妃イザボーの母）　58-59n4

楯型紋　17, 18n3, 189n1
楯持ち（エスクエ）　20, 58-59, 66, 67, 130, 371a, 20n2, 230n1
卵　133, 166, 182, 188, 219, 228, 234, 242, 250, 259-260, 261a, 264, 286, 302, 318, 488, 517, 522, 598, 605, 250n3
タマネギ　228, 242, 247, 321
ダミアン（→サンコーム）　57, 57n1
ダミエット　556, 558
ダーム　62, 214, 536, 546, 572, 536n1, **572n2**
ダムェゼル　62, 137
ダーム・ジャーン（→ジャーン・ダール）536, 546, 572, 578, 536n1, **572n2**
ダーム・ド・ウーランド（ホラント伯妃）103, 103n1
タラ　247
タラン（家）　221n5
　シャルル・――　221n5
　ジャン・――　221, 221n5
タラーン，シモネ　205
樽（→カク樽／クー樽）　171, 222, 412, 518, 551, 604, 612, 642, 14n2, 171n1, 222n1
タルブー（ル・マンの守備隊長）　481
ダルミナック，ベルナール（→アルミナック伯）　194-195
ダレー，ペール（カルム僧）　529
断食　31-33, 34, 457, 564, 566, 34n4, 457n1
ダンス・マカール（ダンス・マカーブル）　422, 497, 422n1, 497n7
男装（→男の身なり）　572, 580
ダーントー（デルネタル）通り　589, 589n3
短刀　145, 224
ダンピエー，ジャン・ド　510-511
短白衣（スルプリ）　291
タンプル　196, 200
タンプル通り　441
タンプル門（ル・タンプル）　1, 79, 87, 122, 131, 168, 441, 122n2, 256n3, 521n4
ダンマーティン（ダンマルタン）　513, 513n3
ダンマーティン伯（シャルル・ド・ラ・リヴェール）　130, **130n6**

【チ】
血の復讐　325, 325n3
血のような水　309
チェス盤　499
地下倉　458
チーズ　133, 228, 234, 242, 302, 259-260, 261a, 264, 318, 517, 522, 598, 605, 234n3, 242n9, 250n3, 522n3
　白――　182, 188
治水御料林係長官　68
地代　314, 490, 314n2, 491n1
乳　261a, 589
チャストー（城）　388, 388n1
中央市場（→レアル）　66n2
チュヴルーズ（シュヴルーズ）　177-178
朝課　564, 496n3
長子（フランス王の／→王太子）　94, 229, 94n2, 229n2
提灯（→ランターン）　75n2
町人　375
長袍祭服（カッパ）　291

【ツ】
追悼ミサ（ジャン・サン・プールの）　80n1
追放　115, 157, 161, 167, 636, 167n1
ツィンシエン，ペール　84, 84n4
通行許可証　604
杖　369, 492, 369n2
ツェヴァレー（→騎士）　114, 66n1, 114n1
月の法王（→ベネディクトゥス13世）　7n2
付け火（→放火）　338
辻説法　572n2
角（エナン）　500, 500n2
つらら　374
剣（つるぎ）（→剣けん）　388
ツロ　501n3

【テ】
ディアクル（助祭） 628, 628n2
ディオクレティアン（ディオクレティアヌス帝） 220, 259-260, 220n2
定時課 496, 496n3
ディジョン 284n2, 416n2, 430n1
ディスクレ，ジャン 508, 508n4
ディスコルド（不和）女神 200
ディズネ（十戸組長） 12, 213, 440, 518n1
ディゼーン（十戸組） 213
蹄鉄職人 2
ディナン 498n2
剃髪（トンスラ） 384n1
ティフェーン（テオファニア／エピファニア） 328, 329, 333, **328n1**, 333n1
ディマンシュ・イン・アルビ（白衣の主日） 303n1
ディミッテ（免し給え） 463, 543, 463n1
ティラニー 220
ティロン 131, 193, 196, 193n3
手押し車 519
手斧 145, 224
敵（主の） 258, 262, 468, 262n14
デシャン，インベール（助役） 510-511, 510-511n4
テーズ 426, 497
デスパンス（安物の） 494, 494n3
デスペルノン，アンドレ 60, 73-74, 84, 123, **60n3**
手相 468
鉄鎖（→鎖） 209, 342, 342n2
鉄菱 222, 222n1
テ・デウム・ラウダームス（主の賛歌） 291, 410
テニス 374n3
デフィ（挑戦状） 15b-n1
テーブル・ワイン（→ぶどう酒） 301, 301n1
出水（→増水／大洪水） 437, 458, 458n2
テルーアン司教 367, 442, 641
貂の毛皮 68, 349, 349n1
天蓋 364, 586, 590, 591, 591n12
天使（→大天使） 573, 262n1, 442n1
天然痘（→ヴェロール） 352, 634n2
テンプル，アングル・ドゥ 441, 442n1
テンプル騎士団 442n1
伝令使／伝令者（→エロー） 369, 405, 495, 521, 369n2, 519n15

【ト】
ドイツ 81
塔 165, 191, 192, 200, 576, 350n1, 437n3, 496n1, 521n6
トゥー（トゥール） 5, 7, 140, 5n3, 140, 140n4, 276n2
トゥイレール，ロベール・ド 194-195
ドゥヴィーズ（大紋章の文字帯） 276n3
ドゥヴル（貨） 412, 439, 412n3, 439n1, 487n2
ドゥエアン（司教座教会の主席司祭） 140, 140n1
投石 220, 221
盗賊 171, 325, 427, 427n1
トゥッサン（万聖節） 321, 363, 470, 474, 616, 262n7, 321n3, 448n1, 470n1
ドゥネ（→ドゥネトゥルヌェ／ドゥネペリジ） 143, 157, 166, 200, 234, 240, 242, 247, 250, 254, 256, 261a, 266, 284, 285, 286, 294, 310, 321, 323, 412, 417, 434, 439, 443-445, 451, 460, 462, 483-485, 486, 488, 611, **53n3**, 240n1, 247n1, 252n2, 284n1, 310n1, 321n1, 321n2, 323n1, 325n3, 385n2, 395n4, 412n3, 417n1, 443-445n1, 483-485n5, 487n2, 494n1, 503n3
ドゥネトゥルヌェ／ドゥネトゥルネ 321, 346, 368, 597, **53n3**, 240n1, 247n1, 284n1, **284n2**, 305n1, 314n2, 321n1, 325n2, 368n2, 371bn1, 385n1, 389n1, 483-485n5, 487n2, 597n2
ドゥネペリジ 106, 133, 166, 175-176, 188,

213, 219, 228, 234, 247, 251, 256, 261a, 267, 284, 291, 293, 301, 305, 310, 314, 346, 417, 430, 439, 460, 471, 487, 488, 522, 551, 625, 634, 240n1, 247n1, 284n1, **284n2**, 293n2, 310n1, 314n2, 321n1, 385n2, 396n2, 417n1, 417n2, 430n1, 483-485n5, 487n2
ドゥブル 368, 389, 430, 439, 443-445, 487, 368n2, 389n1, 430n1, 443-445n1, 443-445n2, 487n2, 613n1
ドゥブル・トゥルヌェ（ニケ） 321n1, 331n1, 385n2, 487n2
ドゥブル・パリジス 310n1, 368n2
ドゥミ・グェナール 310n1
ドゥミ・ニケ 331n1
ドゥミ・ブラン 412n3
灯明（→ろうそく） 37, 39
トゥームレ・サンドニ（→ルーヴレ・サンドニ） 495, 495n3
同盟 379, 513n6
ドゥルー 55, 317, 11n2, 317n1
トゥルェ（トロワ） 262, 263, 264, 265, 273, 276, 278, 279, 513, 71n2, 193n2, 214n1, 273n1, 497n3, 497n4, 513n2
——条約／——の和議 279n2, 351n2
トゥルェ，ジャン・ド 71, 71n2, 72, 72n5
トゥール貨（→トゥルネ） **53n3**
トゥールーズ 396n1
ドゥールダン城 579
ドゥルドゥレ(金貨／→クリカー) 613, **613n1**
トゥルヌェ／トゥルネ（→ドゥネトゥルヌェ／リーヴルトゥルヌェ） 385, 389, 439, 14n2
トゥールネ（トゥールノワ） 430n1
トゥールネー（集団騎馬戦） 279, **279n1**
トゥールネル屋形 591, 591n12
トゥルー・プネ（汚水溜め） 150, 150n2
トゥレゾン（裏切り） 200, 403, 404, 403n6
トゥーレーン，ジャック・ドゥ 437
トゥーレーン侯（シャルル・ド・ヴァレ，→王太子シャルル） 191n4
トゥーロンジョン，アンテーン・ドゥ 416, **416n1**
毒殺 229
特赦状 271n1
ド・クレ（柵） 519n5
トーシー領主（ニクラス・デストゥートヴィル） 130, 404, **130n12**
ドーセール，グィオーム 128, 164n1
年寄り 258, 261b, 412, 456, 502
トーチ（→松明） 356, 367, 368
土手道 21, **21n2**, 21n4, 37n3
——の惨劇 21n4
ドーフィン（ドーファン／→王太子） 155, 162, 191, 192, 229, 238, 243, 255, 262, 346, 469, 191n3, 238n2, 243n2
トマス・アクィナス 563n1
トーマス・オブ・ランカスター（クラレンス侯） 303n1
ドミニクス聖人 581n1
ドメニコ修道会 580, 468n4, 581n1
ド・ラ・クレ枢機卿（→サント・クレ・ド・イェルサレム——） 628, 628n1
ドラペー（織物業者組合員） 590, 591
トランスラシオン・ド・サンニコラ 605, **605n1**
トランペット 55, 72, 91, 121, 126, 197, 237
——吹き 6, 10, 521, 541, 589, 541n1
虜（→捕虜） 362
鳥肉 250
ドール，ジャン 325
ドルジュモン，ペール（王家官房長） 521n6
トルセ（松明型のろうそく） 262, 262n1
トルフォー（髪飾り） 500
トレシン（3ドゥネ銀貨） 385n1, 385n2
トレマ 534n4, 534n5
トロイ戦争 388n8
トロンペット（トランペット） 411
トワゾン・ドール（金羊毛騎士団） 416n1

トンスラ／トンスレ（剃髪） 384, 628n2
トンネール伯（ルイ・ド・シャロン） 405, 405n7

【ナ】

ナヴァール王（シャルル３世，シャルル・ド・ナヴァール） 5, **5n1,** 60n2
ナヴァール学寮 363n2
ナヴァール家 5n1
ペール・ド・ナヴァール（モルタン伯） 60n2
長持（作り）の職人 164, 164n2, 202n1
投槍（トゥレ） 21, **21n1**
なし（梨） 228, 234, 242, 318, 234n2, 396n2
ナバラ（→ナヴァール） 5, 5n1
鍋釜職人 2, 168
ナポレオン 381n1
ナムー伯 498n2
納屋 374
ならず者 539
ナンジス（城） 402

【ニ】

肉 242, 250, 259-260, 261a, 264, 272, 302, 306, 307, 318, 325, 403, 483-485, 593, 250n3
肉市場 307, **307n1**
肉屋（→食肉業者） 71, 77, 144, 146, 150, 152, 153, 170, 236, 272, 307, 144n1, 146n1, 150n1, 152n1, 153n1, 160n1, 215n1, **307n1**
肉屋組合（→ラ・グラン・ブーシェリ・ド・パリ） 144n1, 145n1
ニクラ・ド・ベイ 2n1, 7n3, 9n1, 18n3, 25n1, 140n4
荷車 10, 25, 68, 99, 140, 486, 519, 544, 10n1, 25n2
ニケ（貨） 389, 417, 321n1, 321n2, 331n1, 368n2, 385n2, 389n1, 412n3, 417n1, 439n1, 487n2
ニコラオス（聖人） **605n1**
ニシン 166, 171, 188, 242, 247, 604, 242n2, 247n1, 495n1
燻製―― 286, 335
塩漬け―― 286
樽詰め―― 247
生の―― 433, 522, 522n4
――の合戦（ジュルネー・デ・アラン） 495n1
尼僧 265, 360, 375
荷馬車 66, 177-178, 423, 431, 487, 495, 544
荷馬車引き 375, 495, 159n1
尿石病み 473, **473n1**
二輪馬車 395, 604
楡の木 343, 344, 345
ニレの木河岸 456, 458, 458n2
ニンニク 242, 251, 252, 259-260, 242n3
妊婦 276

【ヌ】

ヌヴー，クリン／ジェァニン 168
ヌーヴィル，コリネ・ド 527
ヌヴェール伯（フィリップ・ド・ブルグーン，ブルグーン侯の兄弟） 53n1, 130, 130n1
ヌーエ（歓声） 6, 72, 214, 358, 410, 586, 72n2, 586n1
ヌーエ（ノエル／降誕祭） 72, 115, 116, 132, 294, 321, 324, 327, 329, 333, 371b, 396, 398, 416, 642, 115n1, 132n1, 321n3, 333n1, 371bn1
ヌェレー（黒い銀貨） 331, 395, 417, 331n1, **395n4**, 417n1
盗人（→盗賊） 427, 431, 463, 556, 558, 587, 623
盗み 259-260, 271, 403
ヌフヴィル，クーラン・ド 510-511
沼地（→マレ） 256, 380, 437, 458, 256n3, 380n1, 437n1, 601n1
ヌレリ 499

【ネ】

値上がり（→高騰／高値） 53, 219, 220, 228,

234, 238, 242, 250, 251, 265, 284, 293, 294, 300, 302, 306, 487, 498, 516, 597, 605, 625, 53n3, 264n2
ネギ 321, 449, 605
猫車 140
ネストリウス派 468n5
熱（病気） 313
ネーデルラント（継承）戦争 419n1, 513n6
ネブカドネザル（2世） 366n3, 371an8
ネリジャン 331, 331n2
ネール館 350, **350n1**
ネロ（皇帝） 194-195, 259-260, 641, 194-195n2, 382n1

【ノ】

ノイオン（ノワイヨン） 588, **588n1**
ノヴェル領主 262, **262n6**
納骨堂 497
ノジャン・ル・ルェ 486, 495n2
ノートルダム（聖母昇天の祝日／アソンプシオン） 404, 404n1
ノートルダム（聖母お誕生の祝日） 468
ノートルダム（・ド・パリ） 24, 41-47, 132, 140, 210, 262, 291, 362, 363, 364, 366, 368, 411, 437, 450, 454, 455, 496, 512, 540, 546, 561, 591, 592, 48-51n4, 262n1, 262n3, 262n5, 291n7, 367n2, 454n1, 496n2, 519n1
——の鐘 540
——の聖堂参事会 330n1, 391n1, 443-445n1, 468n5, 519n1
——の御堂（墓地礼拝堂） 324, 324n1
ノートルダム教会（ブラン・メニーの） 48-51, 48-51n4
ノートルダム教会（ルメッシュの） 48-51, 48-51n4
ノートルダム・デシャン（修道院） 56, 226, 56n2
ノートルダム・ドゥブールーン・ラプティット（→ブールーン・ラプティット） 48-51
ノートルダム・ド・クレリー 541
ノートルダム・ド・ブーローニュ教会（→ブールーン・ラプティット） 39n2
ノートルダム島 456, 458
ノートルダム橋 64, 146, 150, 34n2, 37n2, 150n1
ノーブル（金貨） 283, 305, 283n1, 305n1
幟 35, 41-47, 35n5, 41-47n2
ノール 418, 418n1
ノルマンディー 125, 128, 162, 172, 180, 262, 341, 355, 522, 626, 633, 634, 227n1, 229n1, 260n1, 305n1, 402n1, 416n2, 435n1, 494n1, 495n2, 515n1, 523n1, 633n1

【ハ】

バー（バール）家
グーイ・ド・バー（プレール領主／→ル・ボー・ド・バー） 190n2
ヨランド・ド・バー 13n2
ルイ・ド・バー（バー枢機卿，バー侯） 13, **13n2**
ロベール・ド・バー（マール伯） 130n2
バー侯（エドゥアー3世，ル・ポン辺境伯） 58-59, 71, 72, 73-74, 130, **13n2,** 130n7
バイエ，ウダール（サンドニ修道院長） 194-195
ハインリヒ5世 347n1
パヴィオン 189
バヴェール（バイエルン）家 58-59n4
イザボー・ド・バヴェール（王妃） 6n2, 26n1, 36n2, 56n3, 118n1, 191n3, 191n6, 193n2, 214n1, 237n3
バヴェール侯（シュテファン3世） 58-59n4
バヴェール侯（ルートウィヒ） 58-59, 60, 71, 72, 73-74, 90, **58-59n4,** 60n2
墓（→墓地） 262, 498n1, 505n1
博士 483-485, 483-485n3
履物 261a, 261a-n2

白衣の主日（→クァジモド） **303n1**, 448n1
パークィン，ジャン　141
拍車（エスペロン，黄金の）　10, 130, 10n3, 130n8
橋　257, 303, 437, 598, 604, 483-485n1, 493n1, 504n3
　サンジャック門の――　415, 415n1
　サントノレ門の――　309
　サンマーティン門の――　423
　ボードゥェ門の――　415, 415n1
　ムーランの――　337, 373, 376, 337n1
はしけ　458
梯子　220, 334, 335, 336, 475, 528, 602, 519n5
馬車　486
馬上槍試合（→ジュート）　416n2
パースヴァンツ（紋章官属官）　519n15
バスティール（バスティーユ）　117, 160, 117n1, 160n1
パセリ　449
バーゼル公会議　600, 633
旗（→バネール／エスタンダール）　201, 222, 456, 481
　王太子の――　503n1
　摂政の――　611
　プセルの――　504, 519, 504n2, 519n7
　豚の描かれた――　425
バター（→加塩バター）　166, 175-176, 182, 188, 219, 228, 234, 242, 250, 259-260, 261a, 306, 318, 526, 526n2
旗騎士　68
裸足　29, 30, 31-33, 34, 35, 36, 37, 39, 40, 41-47, 456, 457
旗印（フランス王の）　503n1
巴旦杏（→アーモンド）　462
罰金　322, 323, 520
バッキンガム侯　550n1
パック（→復活祭）　250, 339, 420, 423, 435, 526, 642, 250n1, 333n1, 635n1
パック・フルーリ（枝の主日）　94, 604, **94n1**, 103n1
パティン（パタン）　261a, 261a-n2
パテーの合戦　506n2
パードン（贖宥）　561, 562, 564, 565, 566, 567, 569, 570, 571
バヌー　167
跳ね橋　23, 160, 163, 423, 429, 604, 23n3, 160n1, 604n3
バネール（紋章旗／旗幟）　222, 346, 20n4, 35n3, 222n2, **346n1**, **519n7**
バーバザン　134, 134n1
バビロニー（バビロン王国）　302, 362, 302n4, 371an8
バビロン　501, 366n3, 468n5
パーム球技（→ペロット）　472, **472n3**
葉物（→青物）　449
破門　468, 568, 468n5
はやり病（→疫病）　473
ばら（薔薇）　275
バラ肉（豚）　302, 302n2
バリケード　211
パリ司教　140, 367, 369, 384, 391, 393, 450, 455, 468, 507, 9n1, 48-51n4, 149n2, 367n2, 391n1, 450n1, 468n5, 498n1
パリジス（→ペリジ）　417n1
パリジス門（オルレアン）　495n11
パリス，ギィオーム　201
パリス砦（オルレアン）　495n11
パリ大学（→大学）　483-485n3
パリ代官（→代官）372, 398, 431, 448, 372n1, 483-485n1
パリ樽　414
パリ門（サンドニ門）　307, **307n1**, 316n1
ハリネズミ　171, 171n1
ハルクール伯　405
ハルフルー（町の名）　125, 126
パールマン／パルルマン（王家裁判所）　29, 201, 322, 330, 363, 448, 483-485, 522, 529, 593, 595, 610, 627, 2n1, 7n3, 9n1,

10n2, 12n5, 18n3, 56n4, 71n2, 164n1, 181n1, 201n8, 255n2, 262n5, 303n3, 330n1, 363n2, 366n1, 448n1, 483-485n3, 490n1, 508n1, 508n2, 508n3, 512n1, 512n2, 513n2, 522n1, 523n1, 524n1, 538n1
パレ（・レアル／王宮） 29, 71, 169, 196, 200, 314, 324, 367, 512, 29n3, 29n5, 35n6, 37n2, 367n2, 411n1, 512n1
——の牢屋 351
パレシァン（主任司祭） 30, 38, 30n1, 38n1, 39n1, 41-47n5
パレッス（小教区） 30, 38, 39, 40, 41-47, 48-51, 262, 437, 456, **30n1**, 38n1, 39n1, 41-47n5, 262n3, 382n1
バロン 114, 114n1
パン 11, 12, 53, 106, 133, 143, 234, 242, 246, 247, 252, 254, 256, 264, 265, 267, 284, 286, 288, 291, 293, 294, 300, 302, 313, 325, 342, 346, 389, 443-445, 460, 483-485, 503, 553, 580, 605, 612, 625, 634, 53n3, 460n1, **483-485n5**, 503n3
サンブリスの—— 12, 88, 88n1
灰色の—— 582
パン市場 601
晩課（ヴェスプル） 564, 496n3, 561n1
ハンガリー皇帝王（ジギスムント） 137
反キリスト 501, 501n3
万聖節（諸聖人の祝日）（→トゥッサン／ラ・トゥッサン） 12, 173-174, 240, 261b, 263, 448, 487, 522, 597, 262n1, 321n3, 448n1, 470n1, 487n2, 522n4
パンティン（パンタン） 16, 16n2
半纏（ジポン） 8, 8n2
バンド／バンデ（→たすき） **84n2, 95n1**, 102n2
ハンフリー（グロスター侯／フランス摂政） 303n2, 419n1, 452n1, 513n5
——（ヘレフォード伯、メアリー・オブ・ブーンの父） 303n2
パン屋 246, 267, 294, 351, 460, 582, 483-485n5

【ヒ】
火 4, 182, 200, 2201, 222, 500, 200n7
——をつける／放つ（→放火） 23, 201, 211, 226, 250, 259-260, 271, 276, 394, 428, 519, 544, 639, 96n1, 108n1
——を焚く（→かがり火／焚き火） 6, 359, 387, 409, 538, 7n3, 23n3
火あぶり（→火刑／焚刑） 259-260
ビアール球戯 499
ビィュー 200, 200n9
冷え込み（→凍てつき／寒さ） 374, 380
ビガーム（重婚） 384, **384n1**
ピカール勢（ピカルディー勢／兵） 215, 513, 523, 528, 539, 543, 513n6
ピカルディー 73-74, 129, 398, 513n6
ピガール広場 505n2
挽き賃 246, 266
ひきまわし 322
ピサ教会会議 7n2
秘蹟 384n1
ピゼ，クーリン・ド 83
棺（シャルル6世の） 363, 364, 365
羊 234, 271, 325, 234n1, 325n4
——の肉 250, 264, 272, 483-485
——の足 250
——の脚 261a
——の頭 250
——の尻尾 272
——のなめし革 318, 318n1
——のモツ 242, 250n6
羊飼い 375
羊金貨小判（プティ・ムートン） 158, 242n10
ピテ（憐れみ） 200, 201
ピドゥエ，ルノー 128, 164n1
人殺し 388, 394, 463
人質 264, 403, 404
百年戦争 402n1, 597n1

ヒョウ（雹） 15a, 603, 609, 609n4
病気 55, 93, 352, 473, 474, 458n2, 473n1
氷結（→凍結／セーン川の） 374
ビール（→セルヴェーズ） 487n1, 487n2
ビレット（→タンプル・デ・——） 31-33n1
ピント（パント） 106, 157, 219, 242, 245, 256, 261a, 294, 301, 306, 313, 318, 412, 471, 486, 537, 551, **66n3**, 242n8, 294n1, 487n2
ピント瓶 66

【フ】

ファヴェール，エスティェン・ドゥ 427
ファレーズ 180
ファン・アイク，フーベルト 504n5
フィッセル（小笊） 234, 234n3
フィッツアラン，ジョーン 303n2
フィッツアラン，リチャード（アランデル伯） 303n2
フィリップ（ヴァレ家初代） 60n2
——2世（オーグスト，威張り屋のフィリップ，フランス王） 12n1
——4世（フランス王） 31-33n1, 494n1
——6世（フランス王） 613n1
——・ル・アルディ（ごうたんな，初代ブルグーン侯） 2n4, 3n1, 9n1
——・ル・ボン（おひとよしの，ブルグーン侯） 12n1, 22n1, 25n7, 53n1, 257n2, 416n2, 419n1, 425n1, 497n2, 498n2, 513n6, 514n2, 521n6, 527n2, 552n3, 552n4, 613n1
フィル・ディュー 208
フィレンツェ 443-445n2
フィレンツェ公会議 502n3
風車 21, 22, 324, 22n2, 56n2
ブェ，シモネ・ドゥ 168, 168n1
フェスト・ディュー（→サンサクルマン／御聖体の祝日） 351, 478n1
ブェッセー（ボワセー）領主 71, 72
ブェッソン 240
ブェテー（ボワチエ） 12n5, 36n2
フェティ・パン 246, 246n2
ブェトゥー（ボワトゥー） 2n3, 30n6, 36n2
ブェトヴィーン（小銭） 331, 395, 331n1, **395n4**
ブェ・ドゥ・ルェ（ボワ・デュ・ロワ／小麦や小麦粉を量る原基） 483-485n1
ブエラ（→ブセル） 519n3
ブェロー（ボワロー），エスティェン 510-511n4
ブェンソン（ボンソン／ぶどう酒の量目） 353, 412, 353n1, 412n2
——樽 414
フォーカンベルグ，クレマン・ド 483-485n1, 490n1, 508n1, 512n1, 522n1, 523n1
フォルトゥン（運命） 189, 190, 191
フォンテーヌブロー森 216n1
フォントネー 167
ブカン伯（ジョン・スチュアート） 405, 303n3, 405n6
「福者，来たれる者」（ベネディクトゥス・クィ・ヴェニト） 291
復讐 325, 388, 388n4
袋（溺死させるための） 201, 212
武芸試合（→ジュート） 112
フーコー，ジャン（ラニーの守備隊長） 541
ブージェ（ブルジョワ） 210, **5n4**, 39n1, 55n4, **210n4**
ブージェーズ 137, 137n3
ブーシェール，シャルル 381n1
ブシコー，マレシャル（ジャン・ル・マングル） 130, 130n10, 134n2, 191n4
ブージュ（ブールジュ） 28, 52, 28n1
——包囲 28
ブシュロン家 519n13
フスターン（フスティアン織り） 275
フス派異端 513n5
ふすま 293
ブセル（→ラブセル／ジャーン・ダール） 503, 504, 519, 580, **503n1**, 503n4, 513n2, 519n7

ブソー　242, 395
豚　172, 175-176, 238, 389, 424, 521, 638
　——肉　272, 302, 428, 483-485, 598, 302n2
　——の脂身　250, 272
　サンタンテーンの——　302
豚飼い（僧院の）　375
双子　508n1
プタン　504
ブーダン（隊長，ルイ・ド・ブーダン／→ブルドン）　26, **26n2**
ブーツ　10
復活祭（→パック）　95, 139, 182, 183, 271, 272, 273, 275, 302, 303, 379, 476, 552, 554, 601, 629, 95n2, 139n1, 183n1, 250n1, 302n5, 303n1, 303n4, 308n3, 333n1, 422n1, 428n1, 448n1, 522n4, 529n1, 532n1, 555n1, 572n1
ブッソー　488, 522, 601, **488n1**
ブッレ（法王教書）　330n1
ブーテ（する）　474, 474n2
ブーテー，ラウール・ド　548n2
プティ・ジベ　211, 211n1
プティ・シャトレ　9, 71, 196, 200, 221, 437, **9n3,** 10n1, 37n2, 64n1, 221n1
プティ・タンプル（球技場）　472, 472n2
プティ・パン　242
プティ・ブラン　417, 417n1, 443-445n1, 443-445n2, 503n3
プティ・ポン（小橋）　307, 9n3, 12n1, 34n2, 37n2, 200n1, 307n1, 581n2
　——の市場　150, 150n1, 152n1
プティ・ムートン（・ドー）（羊金貨小判）　242, 443-445, **242n10,** 443-445n2
プティ・ムニ　→シモネ・プティ・ムニ
ぶどう　12, 79, 127, 163, 167, 261b, 268, 287, 308, 354, 380, 389, 412, 420, 456, 470, 476, 479, 482, 489, 516, 611, 12n2, 268n1, 470n1
　——の花　456
ぶどう酒　66, 106, 133, 157, 166, 219, 240, 242, 254, 256, 276, 287, 294, 294, 313, 318, 353, 389, 401, 403, 412, 423, 443-445, 458, 471, 483-485, 486, 487, 494, 551, 589, 598, 611, 612, 412n1, 470n1, 487n2, 494n3
ぶどう汁（ヴェール／ヴェルジュ）　374n2, 494n2
ぶどう棚　380, 380n1
ぶどう畑　338, 380, 389, 414, 535
プーパー，シャルロ　221
ブービーン　498n2
プープル（→ル・プープル）　221
フマニテ　397, 397n1
フラオン，ニクル（ニコラス・フレオン／パリ司教）　450, 455, 450n1
プラク（銀貨）　430, **430n1,** 613n1
ブラシュ（ボリッジ，ルリヂシャ）　20, 20n4
　——の花印　20, 20n4
ブラックモン，グィオーム／ルービネ　217
ブラバント（→ブレバン）　17n1
ブラバント侯（アンテーン／ジャン・サン・プールの弟）　419n1
——（ジャン／アンテーンの子）419n1, 552n4
フラン　173-174, 183, 228, 234, 242, 245, 246, 250, 252, 259-260, 261b, 265, 282, 283, 288, 291, 293, 300, 314, 323, 325, 494, 553, 616, 625, 626, **173-174n1,** 242n2, 252n2, 314n2, 483-485n5
ブラン　133, 175-176, 182, 188, 219, 228, 234, 239, 242, 246, 247, 250, 252, 261a, 285, 286, 306, 310, 318, 321, 371b, 389, 395, 412, 417, 434, 443-445, 503, 522, 550, 551, 553, 601, 605, 611, 624, 252n2, 310n1, 412n3, 417n1, 417n2, 443-445n1, 503n3, 522n3
ブラン（貨）　213, 254, 261a, 426, 439, 254n2, 261a- n2, 412n3, 553n1
ブラン・オ・ゼク（銀貨）　371bn1, **417n1,** 417n2
フランシーズ（世俗の権限を排除する特権）　149, 149n1, 152
ブランシャール（聖人）　30, 30n5
ブランシュ・ド・カスティーユ　591n6

プランシュ・ド・ミブレーの橋（→ノートルダム橋） 64, **64n1**
フランスェ聖人（→フランチェスコ） 587
フランス王
――（シャルル6世） 250, 255, 276, 279, 291, 298, 351, 358, 361, 283n1, 351n4
――（シャルル7世） 573
――（フィリップ4世） 494n1
――（王太子の自称） 375
フランス王国 55, 126, 136, 200, 215, 228, 229, 242, 243, 259-260, 262, 381, 399, 446, 493, 549, 572, 20n3, 35n3, 243n2, 416n1
フランス王妃（イザボー・ド・バヴェール） 351, 358, 401, 418
フランス刻印（貨幣の） 443-445
フランス摂政
――（ベドフォード侯ジョン） 375, 419, 432, 436, 446, 453, 483-485, 503, 512, 513, 514, 521, 522, 524, 513n5
――（ヘンリー5世） 356
フランスとイギリス／イングランドの王 533, 584, 548n2, **583n4**, 588n1, 604n4, 633n1
プランタジュネ（エニシダの花枝） 480n1
フランチェスコ（・ダッシジ） 581, 437n5, 468n4, 497n3, 587n1
――（・ダ・パオロ） 437n5
フランチェスコ修道会 437n5, 468n4, 497n3, 502n3
　――原始会則派（オプサーヴァンツ） 502n3
フランドル 11, 26, 35, 81, 103, 188, 432, 498, 17n1, 26n3, 35n4, 65n1, 103n1, 135n1, 523n1
　――の槍 21
　――四者 103n1
フランドル伯 25n7, 103n1
ブラン・マントー 105
ブラン・メニー（のノートルダム教会） 48-51, 48-51n4
ブリ（地方） 135, 264, 612, 285n2
ブリ，クーリン・ド 67
ブリ，ドゥラン・ド 141
プーリ 255
プリアム王 388
プリヴェ 543
ブリガン 16
ブリ・コント・ロベール 550
フリードリヒ2世（皇帝） 563n1
ブリュージュ（→ブルッヘ） 503n1
プリンス 403
ブール（遊び） 514
ブールヴァール（塁道） 507n1, 518n2
プルーヴァンス伯（シャルル・ダンジュー） 89n2
ブルヴィエール（抄本ミサ書） 172, 172n1
プルーヴィン 250, 618
ブルエ（する） 338, 338n1
プルーエッス（勇武） 215, 215n2
ブルエールの森 599
プルガトゥェー（→煉獄） 262n7
ブルギニョン（→ブルグノン） 331n1
ブルグノン（勢） 165, 167, 172, 187, 189, 190, 191, 193, 205, 206, 212, 242, 249, 262, 265, 281, 389, 503, 27n4, 191n1, 232n1, 331n1, 425n1
ブルグーン（勢／→ブルグノン） 328, 355, 389, 430, 543, 619, 26n1, 26n3, 98n1, 27n2, 55n3, 75n1, 117n1, 141n1, 167n1, 206n1, 215n1, 329n1, 331n1, 430n1, 543n1
ブルグーン家 2n3, 2n4, 5n3, 7n2, 9n1, 11n3, 12n1, 12n5, 15b-n2, 17n2, 19n1, 26n6, 53n1, 89n3, 230n1, 284n2, 425n1, 513n2, 513n6, 514n2, 523n2, 542n1
　アーン（フィリップ・ル・ボンの妹，ベトフォール侯の妻） 620
　アンテーン（ブレバン侯） 130n1
　カトリーン（ジャン・サン・プールの娘）

89n3
フィリップ（ヌヴェール伯） 130n1
マリー（ジャン・サン・プールの娘） 89n3
マルグリット（ジャン・サン・プールの娘） 89n3
ブルグーン侯（シャルル・ル・テメレール） 276n3
――（ジャン・サン・プール） 1, 3, 5, 6, 11, 12, 22, 23, 26, 28, 52, 54, 56, 60, 61, 64, 65, 69, 70, 71, 72, 82, 85, 86, 87, 88, 89, 91, 94, 112, 131, 133, 135, 136, 157, 162, 180, 203, 205, 214, 215, 221, 222, 228, 229, 232, 238, 261a, 261b, 262, 331, 405, 2n3, 2n4, 4n1, 9n1, 12n5, 15b, 15b-n1, 20n3, 21n4, 22n1, 25n7, 27n2, 35n4, 53n3, 56n3, 56n4, 58-59n3, 80n1, 84n3, 89n3, 91n1, 94n2, 103n1, 130n1, 135n1, 136n1, 193n2, 203n1, 203n2, 215n1, 228n2, 229n3, 259-260n2, 262n5, 262n15, 331n2, 419n1, 554n1
――（フィリップ・ル・ボン） 243, 250, 255, 257, 270, 291, 320, 328, 331, 355, 379, 389, 416, 421, 432, 436, 452, 454, 477, 478, 497, 498, 512, 513, 521, 522, 523, 524, 529, 533, 539, 550, 552, 583, 591, 608, 110n1, 229n3, 243n2, 329n1, 416n1, 416n2, 419n1, 455n1, 497n2, **498n2**, 504n3, 512n2, 513n6, 521n6, 522n1, 523n1, 550n2, 552n4, 613n1, 634n2
ブルグーン門（オルレアン） 495n11
ブルージュ（→ブルッヘ） 103, 103n1, 503n1
ブールジュ（→ブージュ） 27n3, 56n4, 53n1, 355n2, 503n1
――攻め 35n3, 60n2
ブルジュエ 483-485, 522, 544
ブルジュエ・パン 246, 246n2
ブルターン（ブルターニュ） 112, 546
ブルターン家 417, 417n
ブルターン侯 89, 154, 229, 89n3
ブルッキオーの領主 360
ブルッシェ・フレイエ（フラン・ド・ブルージュ） 103n1
ブルッヘ（ブリュージュ／ブルージュ） 524, 103n1, 416n1, 503n1
プール・デリーズ（教会） 39, 39n1
フルデン 443-445n2
プール・ドゥコムン（プール・ド・コムン，民衆の一団） 39, 39n1
ブルドン，ルイ（→ブーダン） 87, 161, 87n3
ブールノンヴィル，アンゲラン（アンゲレン）・ド 98, 98n1,
ブルボン家 87n4, 620n1
シャルル・ド・ブルボン（スェッソン伯） 87n4
ルイ・ド・ブルボン（ヴァンドーム伯） 130n9
ブルボン侯（シャルル・ド・ブルボン） 495, 495n7, 497n7
――（ジャン） 495n7
――（ルイ２世） 1, 10, 24, 58-59, 130, 10n6, 26n1, 495n7
ブルボン館／屋形 137, 222, 416, 620, **620n1**
フルモンヴィル／フレムノンヴィル，ソーヴァージュ・ド 475, 492
フルーリン 443-445, 443-445n2
フール・レヴェック 200
プルーン（すもも） 462, 605
ブールーン（ブーローニュ）の森 186, 23n4, 39n2
ブールーン・スル・メール 320, 533
ブールーン・ラ・プティット（教会） 39, 499, 39n2
――物（薪） 550
触れ 55, 88, 108, 121, 124, 142, 145, 148, 151, 152, 154, 158, 162, 182, 237, 346, 371b, 389, 417, 426, 430, 443-445, 460, 461, 371bn1, 417n2
ブレ（下穿き） 21n3
プレ，ジャン・ドゥ 128, 128n3, 164n1

ブーレ（粗朶） 522n2
プレヴォ（・デ・マーシャン／マルシャン）（→商人頭） 483-485, 518, 520, 60n3, 84n4, 182n2, 202n1, **304n1**, 510-511n3, 518n4, 522n1
——（・デ・マレショー／王軍の侍大将） 60, **60n3**
——（・ドゥ・ルェ／王のプレヴォ）（→代官） 316, 367, 475, 483-485, 518, 520, 182n2, **304n1**, 367n2, 483-485n3, 510-511n3, 520n1, 522n1
触れ売り（ぶどう酒／セルヴェーズの） 487
プレジダン・ド・プロヴァンス（ジャン・ルーヴェ） 191, 237, 191n6
プレストゥ／プレストゥル（司祭／→プレスビテー） 567, 623, 628, 623n1, 628n2
プレスビテー／プレスビテール（司祭） 231, 367, 231n4, 367n2
ブレティニー条約 262n8, 358n1
フレー（フレール）・ムヌー（ちっぽけな兄弟たち／小さき者たち）（→フランチェスコ修道会） 468, 468n4, 497n3
ブレバン，クリネ・ド 134, 134n2
ブレバン，フィリップ・ド 128, 164, 164n1
ブレバン侯（ブラバント侯，アンテーン・ド・ブルグーン／ブレバン侯アントニー） 69, 117, 121, 130, 117n1,130n1
プレラ（上級僧侶） 565, 570, 507n3
プーレーン（ポーランド）王 466, 466n1
ブレンチ・オブ・ランカスター 513n5
ブーロー（動物の毛で作った冠など） 500
プロヴァンス伯 191n6
プロクールー（代訴人、王の） 204, 204n1
プロケッシオ（→行列） 561, 561n1
フロッスール（→モツ） 250, 250n6
フロッセー（毛布／敷物） 468, 468n1
フロマージュ・ド・プレス 242, 252, 285, **242n9**, 285n2
フロマージュ・ブラン 302n1
フロマージュ・ムー 250, 250n3
フローリン（→フルーリン） 443-445n2
フロレット 305n1, 314n1, **321n1**
——（第 6 版） 284n1, 284n2
——（第 7 版） 443-445n1
不和の女神 259-260
焚刑 578, 572n1

【へ】

ぺ（単位） 456, 458, 611
ペアルド 519, 519n8
ベーイ（王の代官） 249, 332, 347, 372, 5n3, 230n1
平和 71, 189, 190, 228, 232, 255, 393
——協定／条約（→和平） 70, 255
ベエーン館（ボヘミア館） 87, 87n4
ベオン（バイヨンヌ） 11n3
ペシェ（ペケ／罪） 481, 495, **481n1**, 495n12
ベソー（ボワソー／穀物の計量単位） 434, 434n1
——枡 318
ベタンクー →モルレ・ベタンクー
ベッレ，ルーバー・ドゥ（ロベール・ド・ベッロワ） 140, 140n4
ヘドウィイジス 521n5
ベトゥセダ／ベトサイダ 501, **501n3**
ペ・ド・フェー，ロベール 627
ベドフォード侯（→ベトフォール侯） 453n1, 483-485n1, 521n6, 523n1, 552n4, 588n1
ベトフォール侯（ジョン／フランス摂政）（→ベドフォード侯） 362, 368, 370, 375, 378, 379, 512, 521, 522, 552, 612, 631, **362n2**, 522n1
ペドロ・デ・ルナ（→ベネディクトゥス 13 世） 7n2
ペヌルティーム（晦日の前日） 256, **256n2**
ベヌレ 475
ベネディクトゥス（モンテ・カッシーノ修道院長／→サンブネ） 433

ベネディクトゥス13世（法王） 7n2, 483-485n1
「ベネディクトゥス・クィ・ヴェニト」（福者、来たれる者） 291
ヘノー（エノー） 472, 475, **472n2**
ヘラルド（紋章官） 519n15
ベリー（地方名） 52, 11n3, 26n1, 26n2, 27n3, 191n4, 191n5
ベリー侯 591
——（シャルルル・ド・ヴァレ） 53n1, 53n2
——（ジャン） 1, 10, 11, 12, 13, 24, 28, 64, 65, 70, 72, 78, 87, 112, 115, 132, 10n6, 12n2, 28n2, 36n2, 56n4, 58-59n3, 72n1, 425n1
ベリー, ボーン（ボンヌ）・ド 11n3
ベーリ（代官, 北フランスの） 130, 130n16
ペリジ（パリジ／パリジス, →スーペリジ／ドゥネペリジ） 14n2
ヘリー領主（ジャック） 130, 130n13
ベール, ペール（パリの出納長） 475, 492, **475n2**, 492n1
ペール（→ル・バラ） 316, **316n1**
——（あだなをジャイアント） 194-195, 194-195n4
——・デ・エッサー 9, 12, 16, 58-59, 69, 71, 58-59n3
——・ド・カンディ（→アレクサンデル5世） 7, **7n2**, 7n3
——・ド・ナヴァール（モルタン伯） 60n2
ペルシア人 501
ベルジェー, ギヨーム・ル 581, 597
ペルシュ 404, 405
ペルス（色） 17, 214, 17n1, 538n1
ペール聖人とポール聖人の祝日（使徒ペトロと使徒パウロの祝日） 309, **309n1**
ベルトラン, ジャン（サンドニの隊長） 215, 215n1
ペール・ドルジュモン 325
ベルナール（7世, アルミナック伯／ベルナール・ダルミナック） 194-195, 262, 11n3, 425n1
ベルナール, フレール（ベルナルディーノ・ダ・シエナ） 502, 502n1, **502n3**
ベルネー門（オルレアン） 495n11
ヘロー（エロー） 589
ペロット（遊び） 374, 374n3, 472n2
ヘロデ王 589
ペローン（地名） 103, 103n1
ペローン（贖罪者, ラプセルの仲間） 546, 580, 580n3
ペンテコステ（聖霊降臨祭） 66, 158, 159, 307, 350, 456, 477, 480, 561, 570, 630, 250n1, 308n3, 478n1, 522n4
ヘント（ガン） 17n1, 65n1, 89n3, 103n1, 504n5
ヘンリー（4世／イングランド王） 620, 22n1, 303n2
——（5世／イングランド王） 356, 362, 368, 369, 375, 22n1, 36n2, 118n1, 129n1, 229n1, **303n2**, 305n1, 330n1, 350n1, 362n2, 402n1, 439n148n1, 513n5, 521n6
ヘンリ／ヘンリー（6世／イングランド王・フランス王） 326, 533, 538, 583, 584, 591, 592, 600, 633, 371b-n1, 453n1, 521n6, 532n1, 548n2, 583n4, 633n1

【ホ】
ボーヴェ 515, 11n2, **515n1**
ボーヴェ市場（肉市場） 150, 307, 150n1, 152n1, 307n1
ボーヴェ司教 367, 442, 442n1, 515n1
ボーヴェ通り 272, 307n1
法王（→聖父） 24, 181, 184, 466, 561, 563, 564, 570, 571, 583, 7n1, 48-51n4, 137n1, 181n1, 181n3, 330n1, 391n1, 450n1, 563n1, 591n10
法王庁（アヴィノン） 502n2
——（ローマ） 194-195, 37n2, 513n5
法王特使 512, 583, 600, 512n2, 513n5
放火（→火） 265, 288, 303, 355, 360, 543, 632

砲丸　519
暴君／暴政（→タイラント）　259-260, 328, 612, 615
帽子　256, 371a, 475, 500, 591, 593, 595, 371a-n4, 475n2, 500n2
宝石　262, 379
砲兵隊長　194-195
宝物倉係の長　455, 455n1
牧杖（司教杖）　367, 367n1
北征（王太子勢の）　506n2, 513n2
干し草　122
ボージェ　**303n3**, 405n5
ボージャンシー　319
保証金　522
ボス（疫病）　225, 634, 635, **634n2**
ボース（平野）　55, 612, 495n2
ポタージュ（→青物）　352
墓地　80, 83, 153, 206, 231, 233, 307, 315, 10n4, 75n2, 130n11, 307n1, 497n7, 504n5, 509n1, 521n6
ホッケー　374n3
ボーデ／ボードゥェ門（ボルデル門）　141, 150, 206, 328, 414, 150n1, 152n1, **328n3**, 414n1, 415n1
ホテル・ダルミナック（→アルミナック屋敷）　425n1
ホテル・ディュー　233, **437n3**, 591n9
ホテル・ド・ラ・ヴィル（市役所／→オテル・ド・ラ・ヴィル）　210n4
ほどこし（→施与）　284, 325
ボードウィン２世（ラテン帝国）　591n6
ポートフィン通り　441, 441n1
ボノー，グィオーム（コルメエ修道院長）　483-485n1
ボーフォート，トーマス（エクセトゥル侯）　522n1
——，ヘンリー（ヴィセートゥル枢機卿／サンエウセビオ枢機卿）　**513n5**, 522n1
ボヘミア王（ヨハン・フォン・ルクセンブルク）　87n4
ボヘミア館（ベエーン館）　87, 87n4
ボー・ペール（ご立派な修道士方）580, 580n4
ボーモン　163, 270, 371a, 640
ホランド侯（ウィルヘルム）　229, 229n3
ホラント伯　419n1
ホラント伯妃（→ダーム・ド・ウーランド）　103, 103n1
捕虜　98, 99, 129, 130, 187, 193, 211, 290, 335, 336, 341, 378, 381, 387, 403, 481, 495, 527, 541, 542, 545, 572, 581, 604, 623, 636, 638, 495n7
堀割　519, 291n4, 518n2, 519n7, 521n6
保塁　232, 510-511, 232n1, 510-511n2
ボルデル門（サンマルソー門／→ボーデ／ボードゥェ門）12, 200, 12n1, 117n1
ポルト・ダンフェー（地獄門、→サンミッシェル門）　12n1, 56n2
惚れ薬　502n6
ボレタ（粗朶束）　519n4, 519n5
ポワチエ　331n1, 416n1
ボン／ボーン　512, 525, 529, 546, 591, 637, 262n16, 504n3, 512n4, 546n1, 591n5
ボーン・ヴィル（→ラ・ボーン・ヴィル）　15b, 55, 58-59, 60, 71, 103, 211, 220, 242, 252, 346, 431, 512, 513, 55n1, 130n16, 512n4
ボーンヴォー　317
ポン・サント・メサンス（メッサン）163, 270
ボーン・ジャン　88, 113, 226, 262, 88n2, 90n2, 262n15
ポンソー　255, 589
ポンソン（ぶどう酒の量目）　412n2
ポン・タ・シゥェジ（ショワジ・オ・バック）　96, 96n1
ボーン・ダルテ（ボンヌ・ダルトワ）　53n1, 416n2
ポンツェラ（→プセル）　503n1
ボンディ（森）　173-174, 173-174n1

ポンディ物（薪） 173-174, 219, 550, 173- 174n1
ポントゥェーズ（ポントワーズ） 41-47, 70, 190, 238, 250, 256, 257, 262, 357, 468, 513, 608, 15b-n1, 41-47n9, 243n1, 513n1
ポン•ドゥック（ブルグーン侯ジャン•サン•プール） 259-260
ポン・ド・シャラントン 276
ポン•ト・シャンジュ（両替橋） 34n2, 483-485n1, 591n9
ポン・ド・ラルシュ 217
ポンヌフ（ポン•サンミッシェル） 437, 437n4
ポン・ノートルダム（→ノートルダム橋） 437
ボンプー／ボンプレ，エスティェーン・ド 128, 164, 128n3, 164n1

【マ】

マイエンヌ川 303n2
埋葬 362, 364, 369, 504, 371a
マーエ（メーエ） 310, **310n1**
マクシミアン（副帝マクシミアヌス） 220, 220n2
マーゴ（パーム球技の名手） 472
マーコン 130
魔女 557n1
マシー領主（エモン） 615, 615n1
マーシン 483-485
マース（ムーズ）川 498n2
マダゲール（マンドラゴラ） 502, **502n6**
マダム・サンタヴェ（ヘドウィイジス／→サンタヴェ） 521, 521n4, 521n5
待ち伏せ 303, 519, 581
町役場 314
祭 7, 58-59, 255, 325, 340, 350, 387, 409, 455, 456, 483-485, 587, 7n3, 425n1, 595n1, 605n1
マティン（→朝課） 561, 561n1
マーティン（枢機卿／のちの法王マルティヌス5世） 181, 184
マーティン／マルティヌス5世（法王） 561, 564, 570, 391n1
マテュー聖人の祝日（聖マタイの祝日／→サンマチウ） 84, 84n1
マトゥリン僧院／修道院 13, 34, 80, 519, 13n1, **34n1**, 519n13
魔法 468, 7n2
マリー（シャルル6世の娘） 118n1
——（ジャン・サン・プールの娘） 22n1, 89n3
——（ルイ2世の娘，王太子シャルルの妻） 5n1
——・ダンジュー（ルイの娘，シャルル7世の妻） 156n1
マリア（マリー／聖母） 320, 437, 589, 320n1
マール（重量の単位） 242, 245, 261a, 325, 346, 395n4, 487n2
マール（春蒔きの穀類） 352, 352n1
マール，ヘンリ・ド（シャンスレ・ド・フランス） 77, 194-195, 77n1
——，ルムン（毛織物商） 510-511
（聖女）マルグリット（の祝日） 70
マルグリット（ジャン・サン・プールの娘） 22n1, 89n3
——・ド・ナヴァール 591n12
——・ド・バヴェール（ジャン・サン・プール妃） 22n1, 229n3
（聖）マルコ（の祝日／→サンマーク） 531
マルシャン，アンドリ 85, 114, 119
——，ヌーエ 202
マルソー，エティエン（エティエンヌ・マルセル，パリ商人頭） 483-485n1
——，ジャン 123, 123n3
マルトゥート（悪税／「悪いものすべて」） 597, 597n1
マール伯（ロベール・ド・バー） 130, 130n2
マルン（マルヌ）川 541, 550, 611, 48-51n4, 58-59n2, 77n1, 513n2

マルン（マルヌ）物（薪） 234, 288
マレ（沼沢地） 601, 256n3, **352n1**, 380n1, 437n1, 601n1
マレシャル・ド・フランス 606, 606n1
マレスコー（マレシャル） 416n2, **458n1**, 606n1
マレストゥレ，ジャン・ド（サンブリウー司教） 519n13
マレール聖人 30, 30n5
マングル，ジャン・ル（マレシャル・ブシコー） 191n4
マンサー・ドゥブェ 26
マングー 615, 615n1
マント（地名） 243, 373, 581, 598, 622, 626, 493n1
マント／マントー（服） 349, 371a, 576, 448n1
マンドラゴラ（→マダゲール） 502n6
万能 423

【ミ】
ミカエル（大天使／→サンミッシェル） 262n1
ミサ（→歌ミサ／大ミサ） 149, 231, 261b, 262, 293, 363, 366, 368, 369, 437, 564, 609, 262n5, 262n7, 303n1, 555n1, 561n1, 568n1
水場 374, 521n4, 521n5
ミセルコルディア・ドミニ 555
蜜ろう 123n1
ミトラ 363
緑物／緑の葉物（→青物） 601, 605
身代金 16, 25, 85, 100, 167, 172, 185, 187, 257, 259-260, 344, 345, 381, 394, 495, 522, 530, 534, 545, 550, 602, 638342n2
ミブレーの板道（→プランシュ・ド・ミブレー） 64n1
耳飾り 467
ミラノ侯家 58-59n4
ミラノ大司教 7n2
ミリー 633
ミリティア（民軍／民兵） 190, 513, **15b-n2**, 39n1, 193n5, 200n15, 431n3
ミンストレル（メネストレー／歌芸人・吟唱詩人） 255, 255n2
ミント（貨幣製造所） 430n1

【ム】
ムー（液体の容量） 169, 483-485, 412n1
ムー（樽） 470, 470n1
ムーイ領主 130, 130n14
ムェメー（モワメール） 447, **447n1**
麦 211, 226, 242, 245, 246, 259-260, 266, 275, 293, 294, 300, 353, 398, 403, 428, 462, 482, 513, 544, 553, 582, 598, 612, 616, 634, 635, 53n3, 483-485n5
麦畑 458
ムーシ（モンセヌー・ド／領主） 541
ムーズ（マース）川 498n2
ムステー（修道院） 388, 388n1
ムートン（去勢羊） 175-176, 182
ムートン（・ドー／金貨） 254, 461, 242n10, **461n1**
ムードン 456
ムーラン 250, 337, 373, 374, 376, 378, 252n3
——の橋 337, 373, 376
ムーリジョン（騎士） 120
ムルムレ 142, 142n3
ムルン（ムラン） 191, 220, 252, 255, 281, 288, 289, 290, 291, 56n4, 252n3, 281n1

【メ】
メアリー・オブ・ブーン 303n2
牝牛 172, 271, 272, 541, 638, 640
メーエ・トゥルネーズ 331, 346, 331n1
メ・サ・ノテ 231, 231n4
牝馬 172
メステー（メテー） 246, **246n1**
メストゥル（→メートル） 140n4
メス・バス 231, 231n4
牝ロバ 172

メッス（→ミサ） 595
メッスソレネル（盛式ミサ／荘厳ミサ） 595, 595n2
メッセル（ミッセル，ミサ典書） 172, 172n1
メートル（メストゥル） 26, 71, 72, 140, 191, 194-195, 201, 210, 237, 296, 297, 347, 441, 450, 71n2, 135n1, 140n4, 141n1, 191n4, 194-195n4, 210n4
メニルモンタン川 519n13
メーヌ伯女（アランブルジ） 480n1
メネストレー 409, **409n1**, 541n1
牝羊 172, 271
メムェール・ド・ディュー（神を思う心） 200
メルシェ（小間物屋） 510-511n4
メレ（銀貨） 395n4
メロー（ジュトン／円金） 254, 254n2, **514n2**
メーン（メーヌ）川 303n2
雌鶏 374

【モ】
モー（・アン・ブリ） 41-47, 130, 211, 220, 324, 333, 334, 337, 340, 342, 343, 345, 357, 41-48n8, 135n1, 335n1, **336n1**, 341n1
モーヴィレー，フィリップ・ド 322, 627, 325n1, 627n1
モーヴェーズ 262, 262n9
猛暑 352
盲人（と豚の余興） 424, 425, 425n1
モークーシ 57, 9n1, 57n2
木炭 122, 228, 259-260, 526
モーコンセーイ（無思慮） 200
モーコンナ，アンゲラン 221
モスク 351n2
モーゼ 577
モツ 261a, 272, 306, 250n6
もっこ 68
モット・アンド・ベイリー 558n1
モーテルリー通り 458, 598, 625, 625n1
モネ 154, 158
物乞い 262, 636
モーブエ通り 521, **521n4**
モーブエの水場 521n4, 521n5
モーベール広場 200, 247, 302, 324, 601, 324n1, 387n2
股引 68, 275, 282, 576
モル（薪） 173-174, 219, 234, 259-260, 522, 526, 550, 173- 174n1, 259-260n3, **522n2**, 526n1
モルタン伯（ペール・ド・ナヴァール） 60, **60n2**
モールパ 615, 615n1
モルレ・ベタンクー（ルノー・ド・ベタンクー／ベタンクール） 12, **12n5,** 53n3
モレ（・アン・ガスティネ／モレ・シュール・ロワン） 216, 220, 216n1
モレー，シモン（パリ代官） 372, **606n1**
モンジェーの塔 554, 135n1, 554n2
モンジュエ（フランス王家の紋章官） 519n15
門
——をあける／ひらく／破る 84, 88, 190, 192, 214, 423, 429, 440
——を閉める／ふさぐ／壁を建てる 79, 84, 87, 133, 147, 163, 207, 214, 226, 309, 404, 440, 517, **1n4**, 79n1, 147n1, 440n2, 440n3, 517n1
——を漆喰で塗りつぶす 1, **1n4**, 79n1
——の錠前と鍵をとりかえる 1
モンジゾン（モンジュロン） 40, 40n2
紋章 371a, 417, 514, 585, 638, 276n3, 430n1, 519n7, 519n15
紋章院制度 519n15
紋章官（エロー／ヘラルド） 552, 519n15
紋章楯 262, 262n6
紋章幟 276, 276n3
モンス 430n1
モンセヌー・サンドゥニ 505, 505n1
モンタギオン 400, **400n1**
モンタグ，ジェラー・ド 36n2

——，ジャン・ド　9, 24, 57, 36n2
——，トーマス・ド　400n1, 493n1
モンタルジ　460, 469, 483-485n5
モンティヴィレー　180
モンディデ（モンディディエ）　15b, 15b-n1
モンテメ（→ムェメー）　447
モントルー・ウ・フォー・イーオン（モントロー・フォール・ヨンヌ）279, 279n2
モントロー　280, 259-260n2
——の謀殺　**259-260n2**, 512n2
門番　604, 614
モンフォーコン　10n5
モンマートゥル（モンマルトル）　16, 20, 454, 16n2, **20n1**, 437n3, 454n1, 505n2
モンマートゥル（尼僧院）　41-47, 41-47n6
モンマートゥル門　1, 20, 429, 20n1, 21n2, 37n3, 505n2, 519n6
モンムリアン　206
モンモランシー　12n6, 530n1
モンモランシー領主（→ジャン・ド・ルクセンブール）　527n2
モンルージュ　167
モンレリー　177-178, 220, 226, 220n1, 226n2, 437n3

【ヤ】

矢　191, 221, 428, 481, 503, 519, 530, 495n9, 519n9
山羊　172, 638
焼き討ち（→放火）　262
夜警（隊）　6, 9, 294, 6n1
夜警隊長　132, 218
ヤコバ・フォン・バイエルン（エノー伯）　**419n1**, 430n1
ヤコビタ（ヤコビト／ヤコピット）　468n5
ヤコブ（使徒）　581n2
——（族長）　325n4
野菜　293, 403, 516, 352n1
野生人　589
屋台酒の売子　593
家賃　314, 321, 325, 397, 490, 314n2, 321n2, 491n1
家主（の権利保護）　490n1
矢来　117
槍　25, 271, 343, 405, 495, 495n9
槍筋二本分　324, 324n1
槍隊／槍兵隊　199, 334
有輪重量犂　352n1
雪　302, 324, 374, 597, 603

【ユ】

ユダ王国　371an8
ユダヤ人　31-33, 210, 501, 31-33n1
ユーディ（ユーディット）　519, **519n14**
弓射手／弓兵　303, 477, 495, 513, 262n2, 276n1, 513n5
弓隊／弓兵隊　199, 276, 431, 276n1
ユリ紋　17, 371a, 585, 586, 592, 18n3, 346n1
——金貨（フィレンツェの／フルーリン）　443-445n2
——銀貨（フランスの）　443-445n1
——の紋章楯　371bn1
弓勢　428

【ヨ】

八日祭（ペンテコステの）　561, 562, 564, 567, 612n1
幼児　261a, 352
妖術　502, 502n6
養生所　262
妖精の泉　573
羊毛　325, 325n4
余興（エスバトマン／盲人と豚の）424, 425n1
予言者　503
ヨセフ　589
ヨハネ（洗礼者）　102n1, 102n3
——の祝日（サンジャンの祭／サンジャン・バティスト）　54, 54n2, 102n1

ヨーハン・フォン・バイエルン　419n1
ヨハンネス23世（法王）　7n2
ヨランド・ダラゴン（アンジュー侯妃／シチリア王妃）　5n1, 13n2, 156n1, 191n6, 503n3, 591n10
ヨランド・ド・バー（ヨランド・ダラゴンの母）　13n2
鎧武者（コット・ダーム）　406

【ラ】

ライオン（メダルの）　213, 213n3
ライク（リエージュ）　552n4
雷光　258, 479
ライパン　553n1
ライ麦　246, 634, 246n1, 553n1
雷鳴　576
ライン・フローリン　443-445n2
ラヴィル／ラ・ヴィル（セーン右岸の街区）　55, 65, 68, 72, 95, 122, 149, 215, 34n2, 37n2, 39n2, 55n1, 64n1, **65n1,** 71n5, 87n1, 117n1, 122n3, 149n2, 200n1, 591n9
ラヴィル・レヴェック（パリ司教の領地）　186, 149n2, 186n2
ラ・ヴィレット　211
ラ・ウーズ，ル・ブールン・ド　73-74, 78, 85, 73-74n1
ラウー・ド・ゴークー（ラウー6世）27n3
ラウレンティウス（→サンローラン）　507n1
ラグィエ，レモン（父）　237n3
――（子）　237, 237n3
ラグランシュ　519n13
ラ・グラン・ブーシェリ・ド・パリ　146, 236, **146n1,** 150n1, 152n1, 160n1
ラ・グラン・メッス（大ミサ）　561, 561n1
ラ・ゲール，ルモネ・ド　134, 194-195, 201, 134n1
ラ・コムーン　193, 226, 435, 481, **15b-n2, 193n4,** 193n5, 226n5, 226n4, 226n6
ラサントクルェ（聖十字架称讃の祝日）　489
ラサントマ　395, 395n1
ラ・シテ　480n1
ラシャッス（古城）　530, 530n1
ラシャペル／ラ・シャペル・サンドニ　12, 16, 215, 466, 467, **12n4,** 16n2, 215n3, 466n6
ラ・シャペル（通り）　466n6
ラ・シャロンヌリー（横町）　497, **497n7**
ラ・シャンヴァリー（通り）　509, **509n1,** 509n2
ラ・ショッセ・ディヴリ　394n1
ラセペード（通り）　351n2
ラ・ダンド（→疫病）　473, 474, **473n1**
ラッパ　541, 541n1
ラッパ吹き（→トランペット吹き）　229
ラッピオ，ウーグ　610
ラード　252, 261a, 242n7
ラ・トゥリムーイ館　2, 2n3
ラ・トゥレムーイ／トゥリムーレ領主（ジャン・ド・ラ・トレモイユ）**2n3,** 416, 416n1
ラ・トリニテ（→三位一体の祝日）　201, 233, 253, 589, 253n1, 478n1
ラ・ノートルダム（→受胎告知の祝日）374, 374n4
ラニー・スル・マルン（ラニー・スュール・マルヌ）　135, 211, 541, 554, 606, 611, 135n1, 554n2, 606n1
――包囲　606, 612
ラバスティル（バスティーユ）　591n10
ラ・ヒール（レザルミノーの隊長）　579, 638
ラピーン（掠奪）　200
ラ・フェロンヌリー（横町）　497n7
ラ・フォンテーン・ド・ラ・レーン　589, 589n3
ラ・ブーシェリ（→ラ・グラン・ブーシェリ・ド・パリ）　146, 170, 64n1, 153n1, 170n2

ラプセル（→プセル） 519, 536, 572, 573, 580, 519n1, 519n10, 519n14, 548n2, 572n2
ラブレ，シャルル・ド（王軍長） 130
ラ・ヘオムリー（通り） 351
ラ・ボーン・ヴィル（→ボーン・ヴィル） 2, 180, 550, 592, **2n5,** 68n1, **200n15**
ラ・ボーン・シテ 529, 529n1
ラミ，ギヨーム 441, 442n1
ラ・モット 558, 559, 560, **558n1**
ララール，ゴーテー 218
ラ・リヴェール，シャルル・ド（ダンマーティン伯） 130n6
ラール（塩漬けにした豚の脂身） 231, 231n1
ラルシェ，ジャン 262, 262n2
ラルシン（窃盗） 200
ラ・ロシェル総督 134
ラ・ロック（騎士） 120
ラーン 101, 103, 103n1
ランカスター家 17n2, 22n1, 26n1, 36n2, 118n1, 303n2, 402n1, 494n1, 495n2, 513n5, 521n6, 523n2
ランカスター侯（ジョン・オブ・ゴーント） 513n5
ランス 512n2, 513n2
——（大聖堂） 455, 455n1
ランソン（代償金） 227n1
ランターン 2, 9, 75, 220, 30n6, 75n2
ランディ（大市） 208, 256, 438, 457, 467, 482, 208n1
ランドリ聖人（の祝日） 66
ランプー，ジャケ 168
ランベン，ジャック 230

【リ】

リヴェール，ジャック・ド・ラ 58-59, 66, 71, 80
リーヴル（重量） 166, 175-176, 182, 188, 219, 228, 234, 239, 242, 247, 250, 262, 268, 285, 306, 318, 439, 537, 624, 48-51n4, 242n2, 252n2, 283n1, 285n1, 285n2, 314n2, 316n1, 613n1
リーヴル（通貨） 158, 342, 490, 158n1, 173-174n1
リーヴルトゥルヌエ 466, 490
リーヴルペリジ 171, 494, 634, 283n1
リエージュ（→レジュ） 5n2, 552n4
リオン（金貨） 25, 25n7
離教者 194-195
リケンティア 483-485n1
リシャール，フレール（コルドゥレ僧） 497, 502, 505, 580, **497n3**, 497n4, 502n1, 502n4, 509n2, 580n4
リチャード２世（イングランド王） 303n2
リッシュモン伯 130
リナンクー（クリニャンクール） 16, 16n2, 452n1
リボード 504, 519, 519n8
掠奪 170, 171, 177-178, 185, 186, 190, 191, 259-260, 265, 270, 271, 276, 329, 351, 360, 405, 480, 495, 528, 530, 537, 541, 543, 583, 632, 639, 170n1, 325n4
リュー 11, 40, 106, 131, 170, 172, 261b, 265, 288, 378, 403, 404, 431, 457, 495, **11n2**, 457n1, 495n13
両替 323, 346, 443-445, 323n1
両替商／両替屋 73-74, 128, 346, 443-445, 591, 164n1, 221n5
両替橋（大橋／ポン・ト・シャンジュ） 37n2, 483-484- 485n1
リラダン城 475
リラダン領主（ジャン・ド・ヴィレ） 163, 190, 200, 513, 534, 606, 513n1, **513n6**
りんご 171, 228, 234, 242, 302, 318, 396, 526, 171n1, 396n1, 396n2

【ル】

ル，グィオーム・ド 123n1
ルーアン 55, 128, 180, 199, 227, 238, 241,

305, 306, 325, 337, 357, 416, 551, 572, 581, 583, 602, 18n2, 55n1, 217n1, 305n1, 391n1, 497n3, 515n1, 548n2, 572n1, 573n2
ルーアン大司教　391, 391n1
ルーアン砦（オルレアン）　495n11
ルイ（オルレアン侯／ルイ・ドルレアン）　3n1, 7n2, 10n6, 35n4, 262n8, 521n6
——（ギエーンヌ侯／王太子）　2n3, 6n2, 22n1, 26n1, 56n4, 57n2, 58-59n2, 58-59n3, 229n2
——２世（アンジュー侯／シチリア王）　5, 95, 156, 5n1, 95n1, 156n1, 591n10
——３世（アンジュー侯）　22n1
——７世（フランス王）　135n1
——９世（サンルイ／フランス王）　497n7, 563n1, 591n6, 620n1
——11世（フランス王）　437n5
——14世（フランス王）　497n7
——・ド・バー（→バー枢機卿）　13n2
——・ド・マール（フランドル伯）　25n7
塁道（ブールヴァール）　518, 518n2
ルヴァレ　332, 332n1
ルヴェ・デュ・コール　262n5
ルーヴェー（地名）　581, 583, 581n3, 583n2
ルーヴェー（ルーヴィエ），ジャン・ド（プレジダン・ド・プロヴァンス）　123, 237, 123n2, 191n6
——，ニコラス・ド　123n2
ルーヴル（城）　61, 62, 63, 71, 72, 73-74, 86, 132, 137, 201, 214, 341, 342, 620, 201n6, 352n1
ルーヴル，ジャン・ド（モーの隊長）　347
ル・カルテ・デ・アル（レアル周辺の区）　205, 205n2
ルクセンブール，ヴァレラン・ド（サンポール伯）　**20n3**, 27n1
——，ジャン・ド（サンポールの私生児）　527n2
——，ジャン・ド（リニー伯）　536, 522n1
——，ルイ・ド（テルーアン司教／官房長）　588n1
ル・コク，ウーグ（商人頭）　296, 519n13
ル・コムン　200, 211, 215, 220, 363, 481, 90n1, 200n5, 200n15, 211n2, 221n2, 221n6, 226n5, 226n6, 363n2, 431n3, 483-485n4
ル・サクルマン（聖体の秘蹟）　478n1
ルザルシュ　513, 513n3, 543n1
ルジナン城　352n1
ルーシー伯（ジャン・ド・ルーシー）　130, 130n3
ル・シャペル・ド・サンドニ　410
ルージュ侯（バイエルン侯ルートウィヒ３世）　291, **291n1**
ルスト・ディュー（ホテル・ディュー）　437, **437n3**
ルス殿（イギリス人騎士）　541
ルソーヴィル　129
ル・タンプル（→タンプル門）　122
ルートウィヒ（バイエルン侯，デア・バイエル）　58-59n4, 60n2
——３世（バイエルン侯）　291n1
ルネ・ダンジュー　13n2
ルノー（・メッル）　140, 140n4
ル・バラ（ヴェラ），ペール　316, **316n1**
ル・パレ（→パレ）　366, 483-485, 366n1
ル・ブージェ　544
ル・プープル　200, 203, 220, 200n1, 200n15, 221n6, 226n6
ルブル（銀貨）　254, 284, **254n2**, 284n2
ル・ボー・シール・ド・バー（プレール領主グーイ・ド・バー）　190, 230, 244, 190n2, 230n1
ル・ポン辺境伯（バー侯エドゥアー３世）　130, 130n7
ル・ボン・ルェ・シャルル（→シャルル６世）　361
ル・マーシェ（モーの）　336, 340, **341n1**
ル・マソン，ロベール　191, 237, 191n4
ル・マン　303, 421, 480, 303n1, 303n3, **480n1**

ルミオーりんご　396, **396n1**
ルメッシュ（のノートルダム教会）　48-51, 48-51n4
ルラーン（ロレーヌ）　573
ル・ルェ・ドゥ・シシル通り　591n10, 591n11
ルルス，シウー・ド　206
ルレール川（→レール川）303, 303n1, **303n3**

【レ】
レ（森／→コストレ）　173-174n1
レアル（地区）　525, 525n5
レアル（中央市場）10, 25, 26, 66, 67, 85, 140, 200, 247, 293, 360, 525, 526, 529, 637, 2n3, 10n1, **10n4,** 21n2, 25n1, 35n2, **66n2,** 200n1, 200n15, 205n2, 255n2, 256n2, 396n2, 512n1, 525n4, 526n2
令状（家賃地代についての）　490, 491, 491n1
レオー　512, 591, 504n3, 512n4, 591n5
レオパール（銀貨）　487n2
レクァルトゥネ（区長）　518, 518n1
レ・グーヴェルヌー（→グーヴェルヌー）　583, 583n3
レ・コムーン　55, 226, 376, 378, 55n1, 55n4, 226n5
レザルミナ／レザルミノー（→アルミナック党）　16, 18, 20, 21, 22, 23, 24, 52, 54, 55, 194-195, 197, 211, 216, 220, 222, 226, 229, 232, 234, 248, 250, 261a, 264, 265, 271, 272, 276, 278, 282, 288, 303, 317, 319, 320, 328, 334, 335, 336, 346, 351, 355, 373, 376, 378, 379, 387, 390, 392, 398, 399, 402, 403, 404, 405, 406, 409, 414, 428, 480, 481, 495, 503, 504, 506, 510-511, 512, 513, 515, 518, 519, 520, 522, 523, 524, 527, 528, 529, 530, 531, 533, 534, 536, 537, 541, 544, 546, 549, 552, 580, 581, 583, 602, 608, 611, 632, 638, 639, 16n4, **18n1,** 19n1, 22n2, 23n4, 34n3, 55n1, 226n4, 232n1, 264n2, 303n1, 303n2, 351n4, 400n1, 408n1, 428n1, 480n1, 503n2, 506n1, 506n2, 512n1, 512n2, 512n3, 519n1, 519n5, 543n1, 611n1, 633n1, 638n1
レザングレ（→イギリス勢）　506n1, 506n2, 523n2
レ・ザンファン・ド・パリ（レ・ザンファン・サン・スーシ）　411, **411n1**
レジュ（リエージュ）498, 2n1, 2n2, 4n1, 498n2, 552n4
レジュ司教　2, 2n1, **2n2**
レスクラ，ペール・ド　194-195, 201
レストル，ウスタス・ド　77, 77n2
レゾーグスティン（修道院）　479, 561, 621, **479n2,** 563n1
レゾードリエット（教会）　625n1
レゾン（理性）　200, 200n16, 201
レ・テュイルリー　160, 160n1
レ・トゥーレル（砦）　493n1, 504n3
——の戦い　**504n3**
レ・フィル・ディュー（レ・フィーユ・ディュー／施療院）　48-51n2
レ・プルメール・ヴェスプル（最初の晩課）　561, 561n1
レポシュロン　519, 519n13
レ・マーティー（巡礼者たちの礼拝堂）37, 41-47, 37n3, 41-47n6
レミ／レミギウス（聖人／→サンレミ）　286n1, 470n1, 550n2
レール（ロワール）川　355, 493, 503, 5n3, 11n3, 15b-n1, 53n1, 271n1, 276n2, 303n2, 303n3, 493n1, 503n1, 504n3, 513n2, 519n10
煉獄（プルガトゥェー）　262n7
煉獄の助っ人女たちの礼拝堂　505n2
レンヌ　27n4, 31-33n1

【ロ】
ろう（蠟）　48-51n4, 123n1
牢（牢屋／牢獄）　26, 63, 66, 67, 71, 85, 131, 139, 140, 161, 162, 167, 169, 172, 181, 191,

200, 201, 290, 320, 325, 341, 351, 376, 431, 544, 604, 622, 26n3, 181n2, 191n5
老人　303, 457, 462, 479
ろうそく 262, 285, 306, 318, 504, 569, 621, 624, 262n1, 395n3, 504n6
――行列　395n3
――の祝日（→シャンドゥルー）　395n3
六時課　562, 496n3
ロケット　468, 468n2
ロシュフォール　428, 486, 428n1, 495n2
ロスター侯（→グロスター侯）452
ローズマリー　380, 380n1
ロッシュ　519n10
ロッス・バテル（中央本隊）　495, **495n5**
ロバ　172, 403
ロベール・ド・クレルモン　620n1
――・ド・トゥーレン　24
ローマ　466, 519, 524, 502n3, 507n
ロルムェ，ヴィンセン　204, 204n1
ロン　331, **331n2**
ローン（ローヌ）川　19n1
ロンドン塔　35n2, 130n12, 495n7, s527n2
ロンドン砦（オルレアン）495n7, 495n11
ロンバール勢　405, 409

【ワ】

ワイン（→ぶどう酒）　228, 228n3
若者 225, 231, 233, 313, 345, 426, 456, 345n10, 411n1, 483- 485n1, 495n7, 503n1, 519n10
和平（和議／和解協定）54, 55, 70, 71, 76, 85, 108, 109, 117, 121, 124, 229, 378, 405, 512, 619, 622, 26n1, 56n1, 56n4, 410n1, 419n1, 583n4